南开大学爱国主义教育丛书

李向阳 总主编

百年芳华 更日新

南开大学党委宣传部 编

南开大学加强新时代爱国主义
教育实践案例集

南开大学出版社

天津

图书在版编目(CIP)数据

　　百年芳华更日新:南开大学加强新时代爱国主义教
育实践案例集/南开大学党委宣传部编. — 天津:南
开大学出版社,2023.8
　　(南开大学爱国主义教育丛书/李向阳总主编)
　　ISBN 978-7-310-06401-4

　　Ⅰ.①百… Ⅱ.①南… Ⅲ.①南开大学－爱国主义教
育－教学研究 Ⅳ.①G641.4

　　中国国家版本馆 CIP 数据核字(2023)第 013149 号

百年芳华更日新
——南开大学加强新时代爱国主义教育实践案例集
BAINIAN FANGHUA GENGRIXIN——NANKAI DAXUE
JIAQIANG XINSHIDAI AIGUO ZHUYI JIAOYU SHIJIAN ANLIJI

南开大学出版社出版发行
出版人:陈　敬
地址:天津市南开区卫津路 94 号　　邮政编码:300071
营销部电话:(022)23508339　营销部传真:(022)23508542
https://nkup.nankai.edu.cn

天津泰宇印务有限公司印刷　全国各地新华书店经销
2023 年 8 月第 1 版　　2023 年 8 月第 1 次印刷
230×170 毫米　16 开本　23.5 印张　323 千字
定价:118.00 元

如遇图书印装质量问题,请与本社营销部联系调换,电话:(022)23508339

编　委　会

本书主编：赖鸿杰

编　　者：刘　斯　张　姝　张涵斐　孟晓阳

　　　　　魏可滢　吴宇晶　董志欣　魏千帆

答好"爱国三问" 谱写时代新篇（代序）*

杨庆山

2019 年 1 月 17 日，习近平总书记来到南开大学视察，参观了百年校史主题展览和元素有机化学国家重点实验室，与师生亲切交流。那天的新开湖畔、石先楼前，习近平总书记向 5000 多名师生招手致意，师生们齐声高喊"爱我中华，振兴中华"，共同唱响《我和我的祖国》，成为南开人最激动难忘的一幕。

习近平总书记视察时，寄语南开师生要把学习的具体目标同民族复兴的宏大目标结合起来，为之而奋斗。习近平总书记指出："爱国主义是中华民族的民族心、民族魂。南开大学具有光荣的爱国主义传统，这是南开的魂。"习近平总书记强调："张伯苓老校长有'三问'——你是中国人吗？你爱中国吗？你愿意中国好吗？这既是历史之问，也是时代之问、未来之问。我们就要把这个事情做好。"

南开是由一群不服输的中国人创办的，在民族危亡中诞生，在抗战烽火中坚守，在改革大潮中拼搏，在复兴图强中担当……百年来始终以周恩来校友为杰出楷模，作育英才、繁荣学术、传承文明，书写了爱国报国、兴学强国的光辉篇章。

南开的爱国传统是与生俱来的，始终与中国共产党相偕行、与国家民族共命运，以实现中华民族伟大复兴为己任。从"爱国志士"的教育

---

* 本文是南开大学党委书记杨庆山同志在教育部思想政治工作司指导的"牢记嘱托，勇毅前进"2022 年高校党组织示范微党课展播活动中的讲话。

初衷，到振聋发聩的"爱国三问"，再到投笔从戎的家国情怀，都是南开一以贯之的特质。历史上，马骏、于方舟、郭永怀等先烈前辈用热血和生命作出了践行诠释；在新时代，阿斯哈尔·努尔太等南开学子以"爱国之心"和"报国之行"不断赓续传承。

南开人的报国情怀是代代相传的，始终秉承"文以治国、理以强国、商以富国"理念和"知中国，服务中国"宗旨，扎根中国大地、解决中国问题、服务中国发展。杨石先老校长毅然放弃从事多年的药物化学研究，转而投身国家急需的有机农药化学研究；何炳林院士默默无闻主持离子交换树脂研究，为我国第一颗原子弹研制作出重要贡献；周其林院士团队 20 年辛勤耕耘，研发出了高效手性螺环催化剂等，都是生动的例证。

党的十八大以来，习近平总书记多次对南开大学给予关怀勉励，充分肯定南开校训，要求南开成为巡视整改的标杆，给南开参军入伍八学子回信勉励等，都体现了习近平总书记和党中央对百年南开的高度重视和殷切期望。我们不负厚爱重托，围绕学习贯彻落实习近平总书记来校视察重要讲话精神和重要回信勉励指示精神，制定"谱写六个新篇章"实施意见，提出 6 方面 24 项 125 条任务举措，持续督责问效狠抓落实。我们踔厉奋发、笃行不怠，取得一系列重要成果成效：党建思政贯通融合，奏响了"爱国三问"时代强音，6 个单位入选全国党建工作标杆院系、样板支部，化学学院党委获评全国先进基层党组织，"三位一体""师生四同"育人模式特色鲜明，一大批南开学子在基层、西部、军营和国家重点行业领域奋斗奉献；教学科研有力提升，诠释了"融入大我"报国使命，获评全国教书育人楷模、黄大年式教师团队，荣获国家自然科学一等奖，师资队伍建设明显加强，一流学科建设有新的突破，"大平台、大项目、大团队、大成果"聚焦国家战略需求持续发力……南开人沿着习近平总书记指引的方向，推动新发展，书写新答卷，用实际行动捍卫"两个确立"、做到"两个维护"。

奋进新征程、建功新时代，我们要牢记殷殷嘱托，将"爱国三问"一代一代问下去、答下去，用爱国主义情怀启智润心，引领师生铸爱国魂、立鸿鹄志、做奋斗者，努力为实现中华民族伟大复兴作出新的更大的贡献！

目　录

推广案例

优秀案例

示范案例

牢记嘱托 答好新时代的"爱国三问"

——以百年南开校史文化助力新时代爱国主义教育

引 言

2020年9月18日，是通识课"百年南开校史文化"新学期的第一堂课，在这个有特殊纪念意义的日子里，师生走出教室，深入八里台校区爱国主义教育基地，来到习近平总书记曾经参观考察过的"爱国奋斗 公能日新——南开大学百年校史主题展"，参观展览、聆听校歌、念诵碑文……深刻体会习近平总书记称赞的百年南开的办学灵魂——光荣的爱国主义传统，深刻感受与国家和民族共命运，与时代和社会相偕行，与党史、新中国史、改革开放史、社会主义发展史一脉相承的百年南开校史。

"希望我们都能从百年南开爱国奋斗的历史故事中汲取滋养、获得启迪，增强秉公尽能、刚毅坚卓的信心和勇气！"课程负责人李向阳老师说。商学院 2019 级本科生苏倚萱将课程体验分享在朋友圈，获得大量点赞，她在学习反馈中写道，对于南开，自己印象最深的就是"爱国"！

一、背景情况

党的十八大以来，以习近平同志为核心的党中央高度重视爱国主义教育，固本培元、凝心铸魂，作出一系列重要部署，推动爱国主义教育取得显著成效。2019 年 11 月，中共中央、国务院制定印发《新时代爱国主义教育实施纲要》，从总体要求、基本内容、面向对象、实践载体、氛围营造、组织领导等方面作出了具体指示，强调充分发挥课堂教学的主渠道作用、建好用好爱国主义教育基地，尤其提出强化校训校歌校史的爱国主义教育功能，组织开展丰富多彩的校园文化活动。

2020 年，南开大学党委印发文件，要求紧紧结合深入学习宣传贯彻习近平总书记视察南开大学重要讲话精神和习近平总书记对南开大学的一系列重要指示批示精神，全面贯彻落实《新时代爱国主义教育实施纲要》，进一步弘扬南开爱国主义光荣传统，精心打造爱国本色彰显、时代底色厚重、南开特色鲜明的爱国主义教育品牌，不断激发广大师生爱党爱国爱社会主义的巨大热情，在新时代新百年接续谱写爱国奋斗、公能日新的崭新篇章。

习近平总书记视察南开大学以来，学校在传承发扬南开优良的爱国主义教育传统的基础上，进一步发挥优势，注重特色，充分利用百年南开校史文化中丰富的爱国教育资源，尤其是依托习近平总书记视察南开时参观过的校史展览，习近平总书记视察讲话和回信勉励中提到的典型南开人、南开事，面向师生校友及社会各界开放讲解校史展览、组建南开大学爱国奋斗精神宣讲团和南开公能校史文化宣讲团、开设爱国主义教育通识课"百年南开校史文化"、制作推出图文影音各类与百年南开校史文化相融合的媒体产品……扩大南开特色爱国主义教育的站位高度、普及广度、参与深度、传播强度和情感温度，牢记习近平总书记的殷殷嘱托，努力答好新时代的"爱国三问"。

二、主要做法

（一）贯穿主题主线——允公允能、日新月异

学校把习近平总书记提出的南开的魂——光荣的爱国主义传统，作为师生入校教育的第一课，作为南开教育的常修课。

开学典礼上，校长、学长带领大家重温"爱国三问"；入学、入职报到后，全体新生、新教职工参观校史展览。每年九一八、烈士纪念日、抗战胜利纪念日、一二·九、校庆日、校殇日、周总理入学纪念日以及新生开学、学生毕业等重要时间节点，学校都会举行爱国主义教育相关主题活动，弘扬与社会主义核心价值观内在要求相一致的"允公允能、日新月异"校训精神。

杰出校友周恩来是爱国奉献南开人的典型，是践行校训精神的典范。集体最高荣誉"周恩来班"评选、个人最高荣誉"周恩来奖学金"评比、大型学术活动周恩来国际研讨会、周恩来精神宣讲……学校以杰出校友周恩来为楷模，培养学生健全人格。

在校史专家的悉心培训指导下，学校安排近百名学生参与校史展览和爱国主义教育基地的讲解服务工作，让师生校友及社会各界在参观校史、学习校史、讲解校史的过程中，进一步坚定理想信念，传承红色基因，激发爱国力行。学生讲解员、南开公能校史文化宣讲团团长黎可涵同学表示：在讲解时，可以真切感受到参观者对南开先贤和百年校史的崇敬之情，陪伴他们参观的过程也是对百年南开"爱国奋斗、公能日新"光荣历程再感知、再学习、再体会的过程。

在以"百年南开校史文化"为爱国主义教育主题的各类活动中，师生们为先贤们砥砺入骨、炽热坦荡的爱国情愫所感动，为前辈们丹心碧

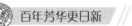

血、隽永深长的报国豪举所鼓舞。他们表示，印象最深刻的，还是习近平总书记所称赞的"爱国三问"，作为新百年的新南开人，也要追随先贤脚步，立公增能，秉公尽能，不负学校培养，不负国家所望。

（二）用好渠道阵地——家国天下，知行合一

历经战火淬砺的南开，蕴含丰富的革命历史、红色文化等教育资源。解读精神财富，滋养一代新人，成为通过主渠道、主阵地开展新时代爱国主义的"秘诀"。新时代的南开紧紧围绕厚植爱国主义情怀，用百年南开爱国奋斗故事充实教学内容，用八里台校区爱国主义教育基地的红色资源丰富教学实践。

学校依托"中国发展""百年南开校史文化""当代中国爱国主义理论与实践""中华人民共和国史研究""中国古典诗词中的品格与修养"等课程基础，建设爱国主义教育课程群。课堂讲授说爱国、互动讨论谈爱国、师生交流话爱国、实践教学讲爱国，课堂课程成为充盈爱国报国热情的生动载体，激发学生爱党、爱国、爱社会主义、爱人民、爱学校的深厚情感，爱国情、报国行自觉融入个人成长，奏响了"爱国三问"时代强音。

"百年南开初心使命""南开校训的时代内涵""相会于中华腾飞世界时""大学者，大师之谓也"……在"百年南开校史文化"的课堂上，授课教师结合自己的研究领域和最新成果，同学通过参与式、互动式的有效学习，从时代背景、思想发展、实践历程、人物特性等诸多方面，共同深度剖析"百年南开的爱国基因"。学生们普遍反映，这样学习，凝聚浓厚的南开乡土之情，使我们明白爱国主义校史、爱国奋斗的故事就发生在我们身边，发生在我们生活的校园，这样的共情共鸣共生，更加亲切、更加真实，更具有说服力。

2019 年新学期伊始，学校开设了"习近平新时代中国特色社会主义思想概论"课程，遴选优秀教师专题授课，引导学生坚定中国特色社会主义道路自信、理论自信、制度自信、文化自信，厚植爱国主义情怀。

秉承"知中国，服务中国"的办学宗旨，南开注重发挥社会实践对

学生爱国精神的塑造功能。学校推出社会实践一流课程的南开版——"'知行合一'服务学习 2.0",开放"计算机教育与科技扶贫""人工智能服务社区医疗""中华诗教的传承与实践"等 16 门服务学习通识选修课,引导学生运用所学知识技能解决当前社会中存在的实际问题,让他们实地实景亲身感受专业知识在服务社会、文化传承中的重要作用,从情感上对学科专业更加认同,令他们学好专业、爱国报国的志向更加坚定、热情更加高涨。

近年来,南开探索形成了"师生四同"(同学同研、同行同讲)的社会实践育人新模式,在鲜活生动的实践中,强化了对国家民族的情感认同和爱国报国的坚定信念。在"知行南开"暑期社会实践中,"小我融入大我　南开与祖国同行"主题社会实践中,500 余支实践队、近万名师生深入基层,或宣讲新时代新思想,或以专业知识服务当地发展。

南开大学八里台校区是全国唯一一所以一个完整校区入选省部级爱国主义教育基地的单位。这里是南开师生的精神殿堂、南开校友的精神家园、社会各界的精神高地,是开展理想信念和爱国主义教育的重要阵地。在爱国主义教育基地校园导览团师生的热心服务下,疫情前,基地吸引了广大市民及外省市大中小学生慕名前来参观;疫情期间,师生通过线上直播、微宣讲等方式,持续讲述南开爱国奋斗的故事。

(三)唱响主音主声:永远年青,愈益奋励

2019 年春,南开大学爱国奋斗精神宣讲团组建,知名院士、专家学者、青年学生、党政管理干部、一线记者成为南开爱国奋斗优良传统和爱国主义教育的宣讲者、传播者,他们从不同角度讲述南开爱国奋斗的光辉历史和南开人在立德树人、教学科研、脱贫攻坚一线、服务经济社会发展、文化传承创新等方面接续奋斗的动人故事,声情并茂地展现一代代南开人把小我融入大我、扎根基层、服务人民、践行初心、矢志报国的情怀在天津数十所高校巡回宣讲,唱响了百年南开爱国奋斗主旋律。

2019 年 4 月 16 日出版的《求是》杂志第 8 期,发表了由中共天津市委宣传部、教育工委,南开大学联合调研组撰写的《百年南开"爱国三问"的传承》一文。1月18日至20日,《新闻联播》连续3天报道总书记来校新闻、南开师生反响及百年南开立德树人情况,讲述了百年南开以"允公允能、日新月异"为校训,抗日战争时期师生同赴沙场,改革征程高举育人创新旗帜的精彩故事。10月20日的《新闻联播》报道南开以德为先、立德铸魂,将爱国主义融入教育教学全过程,培育学生爱国情怀的办学理念和生动实践。《兴学强国 风华正茂》《"爱国三问"的世纪赓续 在南开读懂中国"大学气质"》《一个世纪的坚守与探索》《百年风雨报国路 逐梦扬帆再启航》《"公能"薪火 百年传承》《阅读南开:百年教育史的中国样本》……各级各类主流媒体在各自全媒体平台的重要版面位置栏目节目,推出专题专版专栏报道百年南开的爱国主义教育。

学校以爱国奋斗为主题,编纂出版百年校史丛书、爱国主义教育丛书等一系列出版物,开通校史网和校史微博,播讲南开故事,弘扬南开精神,以史鉴今,资教育人,继往开来,为恢弘壮阔的"爱国三问"留声立言。在天津市委宣传部的指导下,南开与天津文联共同合作的"爱国三问"主题歌词征集活动策划开展。学校积极参与组织"青春为祖国歌唱"网络拉歌活动并全力推动宣传。以"爱国奋斗 公能日新"为主题的南开文化周末系列活动面向全校各单位征集师生原创文化艺术作品,学校打造全网近10万人次收听的音频节目《南开百年校史联播》、连续多年制作校园广播《开镪史迹》,推出校园原创精品话剧《杨石先》《永怀》《沸海方舟》等,持续讲好"爱国三问"的历史故事和时代内涵。

三、经验启示

一是突出国家社会的要求。一直以来,南开大学在加强新时代爱国主义教育中,紧扣习近平总书记系列重要讲话,尤其是习近平总书记视察南开大学的重要讲话和给南开八名入伍大学生的重要回信中所指出的爱国奉献的精神,这也是结合南开特色弘扬新时代爱国主义教育的主题重点,不断加深师生对习近平总书记所指出的"南开的魂""小我融入大我""把爱国之心化为报国之行"等重要论述的理解。

二是瞄准文化价值的追求。因国衰而生、为国难而毁、逢国立而复、缘国富而兴、由国强而盛。百年来，南开始终与国家民族命运紧密相连，与时代社会发展同频共振。爱国、报国、富国、强国，是巍巍南开百年发展的关键词。在南开特色的新时代爱国主义教育中，就是要围绕"允公允能、日新月异"的核心价值，去介绍百年南开爱国"是什么"，去思考南开人一以贯之的爱国是"为什么"，去探讨实践新时代的南开如何去爱国、去"做什么"。

三是关注师生成长的需求。南开特色的新时代的爱国主义教育，应是被动学习与主动学习的结合，是有效交流与沉浸体验的交互，是知识掌握、能力提升、价值塑造的多赢。师生共同分享探讨，教育资源珍贵丰富，学习任务新颖活泼，能让作为伴随着中华民族强起来的这一代青年人，既能感受百年南开有辉煌的过去，也能感受其更加有光明广阔的未来，从身边切实的实例体会到中华民族伟大复兴，体会到国家富强的文化自信，体会到新时代大学生的历史责任，从而激发其爱国报国的豪情。

四、深入思考

（一）如何进一步激发师生开展新时代爱国主义教育的主动性、参与性

在爱国主义教育中，如何结合南开特色，如何根据个人特点，调动最具主观能动性的因素——人，人的情感，人的活力，从而使得"育"比"教"作用更明显，"习"比"学"效果更突出，仍需要我们长期研究。

（二）如何做到新时代爱国主义教育的鲜活性、有效性

如何深入挖掘百年南开校史文化中与学科文化、家乡文化、兴趣文化、生活文化等紧密相连的爱国主义元素，凝聚线上线下情感能量，使得南开特色的爱国主义教育更加贴近师生校友的话题，值得我们进一步深入探讨研究。

（赖鸿杰，南开大学党委宣传部）

百年南开化学 十秩科教报国

引 言

南开化学历史悠久,起源于1919年南开大学建校伊始的理科化学门。1921年,南开大学化学系成立。2021年是南开大学化学学科创建100周年,百年来南开化学秉承"允公允能、日新月异"的校训,一步一个脚印行至今日,始终与祖国同命运共成长,脚踏实地,以严谨的科学理念和严格的学术精神,勤勉治学,育人不辍,为中国化学科教事业做出了重要贡献。

一、背景情况

以教育救国为初心创建的南开大学是中国教育史上一所特色鲜明、学风优良的高等学府，在其百年的发展历程中，南开化学始终跟随。1919年，南开大学正式成立，学校最初设立了文、理、商三科，而化学就是理科四个学门中的重要组成之一。1921年，南开大学正式成立化学系，邱宗岳教授担任第一任系主任。化学系初建之时，虽筚路蓝缕，但却开启了不凡征程的第一步。南开化学的历史画卷就此展开，百年辉煌的宏伟事业由此奠基。

百年来，南开化学发扬爱国主义传统，汇聚了杨石先、高振衡、何炳林、陈茹玉、陈荣悌、申泮文、李正名、程津培、宋礼成、周其林、陈军等几代杰出化学家，形成了元素有机化学、能源材料化学、大分子与超分子化学等优势学科方向，开发出我国首批有机磷杀虫剂、分离富集铀离子交换树脂和第一支镍氢电池，成为世界知名、特色鲜明的化学教育科研高地。毛泽东主席、周恩来总理、习近平总书记先后视察并高度评价南开化学发展成就。

站在南开大学化学学科创建 100 周年的重要历史节点，南开化学全面回顾学科历史，梳理南开化学坚持爱国主义为核心的科教报国历程，总结服务国家建设所取得的成绩，在学科创建 100 周年纪念活动中加强对师生校友的爱国主义教育，根植爱国主义情怀，仰望星空，脚踏实地，为服务国家战略需求做突出贡献，凝心聚力向"世界一流学科"稳步前进，打造世界化学科教高峰，为实现中华民族伟大复兴的中国梦贡献力量。

二、主要做法

（一）贯穿主线，凝聚共识

化学学院深入学习落实习近平总书记视察南开大学重要讲话精神，把工作的具体目标同民族复兴的宏大目标结合起来，把小我融入大我。

以学科创建 100 周年启动仪式，倒计时 300 天、200 天、100 天等重要节点为契机，联络团结南开化学师生校友，凝聚共识，共同为学科发展献计出力。

2020 年 10 月 16 日举办南开大学化学学科创建 100 周年启动仪式，成立以学院老领导、老教师为主体的顾问委员会，指导纪念活动的筹备工作。以老一辈科学家的爱国敬业的奉献精神，指导纪念活动的有序开展，继承与发扬南开化学先贤严谨务实的态度、为国家科教事业发展鞠躬尽瘁的情操，以此鼓励后学树立理想，明确目标，勤奋刻苦。

举办"共铸辉煌，同享荣光"南开化学攀登计划研讨会暨南开大学化学学科创建 100 周年倒计时 300 天仪式，邀请南开化学企业家校友参加。仪式上，成立南开大学化学学科发展委员会，致聘 62 名南开企业家校友代表为南开大学化学学科发展大使，校友们共同追忆先贤大师的精神品格与学术风采，研讨学科发展与产学研融合，深入合作，凝心聚力，一同为国家化学事业发展和化学化工产业建设贡献南开智慧与力量。

举办"青春筑梦，化有华彰"南开化学荣誉盛典暨南开大学化学学科创建 100 周年倒计时 200 天仪式，活动以南开化学在校学生为主体，表彰在学业、科研中表现突出、成绩优异的先进典型，树立榜样标杆，彰显了南开化学的青春蓬勃力量，见证了南开化学百年红色基因和优良传统的传承与发扬。

在倒计时 100 天，举办"化学之美，代代相传"南开化学薪火夏令营，来自全国不同地区的南开化学校友家庭参加。夏令营结合南开化学深厚底蕴与科学特色，形成趣味化学科普、学科历史宣讲、红色文化教育、大学生活体验、城市特色游览等五大主题，开展了参观周恩来邓颖超纪念馆活动，领略伟人全心全意为人民服务的光辉一生；聆听化学科普讲座、南开化学学科展馆宣讲，走进化学科研实验室，全方位、直观性地深刻感受百年学府风采，领略自然科学之美。鼓励新一代化学爱好者厚植爱国主义情怀，树立远大理想，激发青少年对化学科学的兴趣和创新探索。

（二）围绕主旨，全面展示

自纪念活动启动以来，化学学院围绕"历史足迹""科教报国""人才辈出""众志成城""化学之美""筑梦青春"六大主题，举办了贯穿全年的以学术交流、科学普及、校友发展、学生活动等为主要内容的系列活动，旨在通过丰富的活动向师生、校友、学科同仁及社会各界展示南开化学爱国奋斗的优良传统与精神，使南开化学成为爱国主义教育的主要宣传阵地。

纪念活动凸显了南开化学崇尚学术、追求卓越的科教精神。45场"百年南开化学大讲堂"成功举办，包括26位院士在内的106位国内外知名专家和杰出校友受邀带来精彩纷呈的学术报告；重量级会议"化学学科发展论坛"顺利召开，29所知名高校的化学学科领导共聚一堂，研讨化学学科的建设路径与发展大计，为国家化学科教事业的前进贡献力量。

纪念活动还成为南开化学凝聚广大校友、强化情感联系的纽带。以"南开化学校友行"系列活动的开创和持续推进为契机，众多校友踊跃参与南开化学的建设工作，为学科发展建言献策、贡献智慧、倾注力量，对母校、对院系的拳拳情谊因之而更加亲切可感，熠熠生辉。

纪念活动系统总结了南开化学爱国奉献、砥砺前行、弦歌不辍的辉煌历史。化学学院组织编纂并出版了《南开化学百年简史》《南开化学百年贡献》《南开化学百年耕耘》《南开化学百年树人》系列丛书，记录了南开化学与国家民族同呼吸、共命运的历史足迹，展示了南开化学对民族复兴所做的贡献，诠释了南开化学人对国家民族的无限热爱与无悔付出。同时，南开化学主题灯光表演闪耀天津广播电视塔，专题片《南开化学，弦歌百年》于天津电视台播出，话剧《杨石先》在光华剧院展演等活动也梳理了南开化学的百年沿革，铭记南开化学人的伟岸精神与不凡贡献，诠释了科教报国的历史积淀，以史励志，开创未来，展现了几代南开化学人的艰苦奋斗和忘我付出，打造出一堂生动的爱国主义教育课，并使之走向社会，惠及大众，形成广泛影响，担负起南开人爱国主义宣传员的社会责任。

（三）纪念大会，凝练升华

2021年10月16日，南开大学化学学科创建100周年大会召开，这是全体南开化学人的重要日子。当天，会场中央国旗高挂，"不忘初心，牢记使命，爱国奋斗，公能日新"的标语振奋人心，体现了百年南开化学牢记使命，矢志报国。纪念大会回顾了南开化学以爱国主义为鲜明主线的百年奋进历史、总结科教报国十秩学脉传承；鲜明地展示了南开化学坚守教育报国初心，坚持为党育人、为国育才，始终与党和国家前途命运同向而行的使命担当，形成爱国主义教育大课堂。

纪念大会回顾了习近平总书记视察南开大学，察看化学学院和元素有机化学国家重点实验室的重要讲话。总书记强调要加快一流大学和一流学科建设，加强基础研究，力争在原始创新和自主创新上出更多成果，勇攀世界科技高峰。

通过纪念大会，南开化学全体师生决心持续深入学习贯彻落实习近平总书记视察南开大学重要讲话精神，落实立德树人根本任务，全面加快建设南开品格、中国特色、世界一流大学，努力书写坚持"四个面向"、勇攀科技高峰的优异答卷，与兄弟院所携手助力我国教育和科技事业腾飞，为实现中华民族伟大复兴做出新的更大贡献。

三、经验启示

一是坚持学科历史传承。南开大学化学学科经历百年栉风沐雨，始终坚持以国家富强、民族复兴为使命，从邱宗岳、杨石先等先贤起，南开化学人已将自己的人生融入国家命运与时代变迁，这是南开化学人的红色基因与血脉。坚持南开化学历史传承，加强新时代爱国主义教育，紧扣习近平总书记相关系列重要讲话精神，做出南开化学人的历史贡献。

二是结合学科特色践行爱国主义教育。南开化学坚持以爱国主义为核心，形成深厚积淀，专注学科发展，提升科研教学水平，努力创造原始创新成果，解决卡脖子问题，助力学科发展，以贡献化学科教事业发展践行爱国主义教育。

三是团结师生、校友力量，凝聚共识。深刻了解南开化学人团结一心、众志成城的关键作用。爱国主义是流淌在南开化学人血液中的重要基因，是形成合力、凝心聚力的核心力量，南开化学人始终坚守初心，砥砺前行，忠实履行科教报国的使命担当。

四、深入思考

在爱国主义教育中，如何结合南开化学的学科特色，开展形式更为多样的教育活动，并根据师生个人特点，进行灵活调整，以最大限度地调动其主观能动性。如何在爱国主义教育中将在校师生与校友联系得更为紧密，以扩展学院爱国主义教育的辐射范围，在新百年中做出南开化学更大的贡献。

（曹君，南开大学化学学院）

"师生四同" 矢志报国 实践育人再谱新篇

——推动建立师生互促共进的全方位育人格局

引 言

南开大学"师生同行"社会实践项目自 2018 年启动以来,在学校党委的高度重视与坚强领导下,围绕学校立德树人根本任务,坚持在实践育人中将人才培养、学科建设与服务国家战略紧密融合,力促一、二课堂相融合,教师思政与学生思政相贯通,逐步发展为师生"同学、同研、同讲、同行"的"师生四同"实践育人模式。三年多来,18600 余名师生组建近 2000 个团队前往全国 31 个省级行政区开展形式多样的社会实践活动，取得显著成果。

一、背景情况

南开大学坚持立德树人，弘扬"知中国，服务中国"的光荣传统，引导一代代南开人赓续"实践"传统，用脚步丈量祖国大地，深入了解国情民情，特别是紧密围绕增强学生服务国家服务人民的社会责任感、勇于探索的创新精神、善于解决问题的实践能力这一主线，加强实践育人工作总体规划，注重学思结合、知行统一，注重因材施教、拓展平台，用社会主义核心价值观统领实践工作，引导学生在实践中受教育、长才干、作贡献，为培养"爱国、励志、求真、力行"、公能兼备的时代新人做出更大贡献。

社会实践在南开有着悠久的传统，始终浸润着"爱国主义""服务国家""奉献社会"的使命担当。自百年前南开建校之初，张伯苓老校长即提出"知中国，服务中国"的理念，并亲自主持成立"社会视察委员会"，要求教师带领学生深入调查研究工作，要求学生在调查后写出详细报告，并组织汇报讨论，约请相关专家评定成绩。当时，"学生足迹遍布工、商、文、教、交通、通讯部门及司法、军、政乃至外国租界"，引领中国教育界风气，首开南开"实践育人"之先河。此后，一代又一代南开人不断践行这一光荣传统，将学习和实践紧密结合，在实践中服务国家发展，留下了灿烂的篇章。

二、主要做法

（一）赓续南开百年爱国传统，做好实践育人顶层设计

在学校党委的高度重视下，近四年来，已有学生近 39500 人次、教师近 1000 人次组成 8800 多支实践队分赴全国 32 个省级行政区及海外参与实践，获得国家级奖项 30 余项、天津市奖项 80 余项，建立南开书屋 391 座（358 座已建成，33 座处于审核中）、实践基地 230 个（175 个已

经建成，55 个处于审核之中），累计捐赠图书 20 万余册，为 30 个省级行政区的十余万困难群众、留守儿童带去精神食粮。

与此同时，不断强化实践育人"一主四重"顶层设计，即紧密围绕增强学生服务国家服务人民的社会责任感、勇于探索的创新精神和善于解决问题的实践能力这一主线，重点实施"坚定中国信仰"红色文化育人、"牢树中国自信"国情民情调研、"扎根中国大地"服务国家战略以及"讲好中国故事"海外社会实践等四个实践专项。以百年校庆为契机，启动"南开 521"实践计划，通过主线贯穿、持续积累的扎实成果，推动南开实践育人在服务新时代国家发展、民族复兴的进程中再谱爱国奉献新篇章。

（二）以红色文化育人为切入点，坚定中国信仰，高扬爱国主义旗帜

充分发挥青马班、理论社团的龙头作用，先后组织 600 余支专项实践队赴 26 个省级行政区传承红色基因，走进乡村、社区、企业开展 100 余场红色宣讲，进行 230 余项红色课题调研，与校内思政课建设遥相呼应、形成育人合力。

（三）引导师生扎根中国大地、牢树中国自信，服务国家重大发展战略和人民需求

2018 年启动的"师生同行"实践计划，以"同行"为载体，推动"同学""同研""同讲"，累计 300 多名教师入选，150 余项教师课题与学生实践立项对接，一、二课堂有效融合，实践成为师生"受教育、长才干、作贡献"的互动平台，成为学校推动三全育人、加强师德师风建设的重要抓手。

项目入选全国高校首批思政精品项目，学校团委作为唯一高校团委代表，在 2020 年共青团青年发展重点工作解读会上就学校深入推进实践育人工作作典型发言。值得一提的是，在教育部思政司主办的"小我融入大我，青春献给祖国"2019 年高校师生主题社会实践启动会上，时任南开大学党委副书记杨克欣作为高校党委代表，汇报南开大学"师生同行，矢志报国"实践育人工程项目的成果经验。

（四）探索推动"讲好中国故事"学生海外实践和留学生社会实践，牢树四个正确认识

学校围绕"人类命运共同体"、"一带一路"倡议、中美青年创客交流等内容，支持师生赴乌兹别克斯坦、美国等近 10 个国家交流实践。持续推动"我眼中的中国与世界"留学生社会实践支持计划，引导更多留学生、港澳台学生在实践中认知中国，讲好中国故事。

三、经验启示

经过几年的持续推动，"师生四同"实践育人项目逐步成为学校围绕立德树人根本任务、加强和改进师生思想政治工作、构建三全育人"大思政"格局的有力载体和抓手，入选教育部首批高校思想政治工作精品项目，师生"同学同研"工作室入选中国科协 2021 年学风传承示范基地。在学校党委的高度重视和大力支持下，"师生四同"实践育人项目在广大南开师生中有较高程度的认知了解和价值认同，项目成效也广受认可好评。

（一）党委高度重视和支持推动是项目持续发展的根本保证

校党委深刻把握高等教育四个服务的发展方向，围绕立德树人根本任务，高位凝聚"师生四同"实践育人共识与合力。正是因为有了党委的高度重视，项目才能逐步深入人心、吸引师生参与，有力获得各方资源支持，并得以持续深入发展。

（二）依托学科服务国家社会需求是项目走深走实的不竭动力

项目从设计之初，就充分重视将教学、科研等学科资源成果与学生社会实践紧密融合。师生以实践活动为载体，自觉将论文写在祖国大地上，在实践中更加充分地将学科特色和专业优势转化为服务社会的能力。同时，实践成果也对教学、科研形成反哺，在一、二课堂协同高质量发展的同时，实现知识传授与价值引领同频共振。

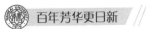

（三）充分发挥师生共同体作用是项目贯通教师思政与学生思政的关键

项目充分发挥了教师主导和学生主体的协同作用，师生在教学相长中学以致用、服务家国、增进情谊，在项目中形成受教育、长才干、作贡献的学习共同体与服务共同体，从而为推动"大思政"育人格局的形成做出积极贡献。

（四）加强顶层设计与部门协同是项目持续完善的重要保障

项目启动伊始，在校党委指导下，团委立足新时代新要求更新实践育人理念思路，围绕立德树人中心大局加强顶层设计，形成"一主四重"实践模块与"师生同行"育人模式。在此基础上，团委主动联系对接党委教师工作部、校工会、科研部、社科部、马克思主义学院等有关单位，加强协同、整合资源、凝聚合力，逐步将项目发展为具有南开特色的"师生四同"模式，项目思路愈加清晰、保障措施持续完善。

四、深入思考

（一）突出党组织作用发挥，强化党建领航

一是要进一步加强二级单位党委的领导统筹作用，继续从教师党支部、学生党支部共建"师生四同"党支部着手，以党建引领"师生四同"实践育人项目推进。二是要围绕学习贯彻习近平总书记重要讲话精神，立足学科特色，通过开展"师生四同"实践活动来深化学习教育，积极探索、及时总结好做法好经验。三是强化党建带团建，充分发挥师生党员的先锋模范作用，引导带动更多青年师生投身"师生四同"实践活动，在"同学"时下功夫，在"同研"时勤思考，在"同讲"时做表率，在"同行"时勇担当。

（二）突出服务国家战略，提升大局贡献度

一是强化主动对接，向合作省市、单位征集地方和行业发展亟待解决的问题作为实践立项选题，探索实行"揭榜挂帅"制度，向师生团队征集解决方案，鼓励开展多学科交叉的基础性、支撑性和战略性研究，

提升"四同"质量，学以致用服务国家发展战略。二是引导师生心怀"国之大者"，主动对接龙头企业、基层单位等联合开展大学生实习实践计划，推动更多青年学生在行业研发一线、工程现场或田间地头、基层一线磨炼锻炼，将来到祖国最需要的地方建功立业。三是加强对"师生四同"实践育人项目的成果梳理和经验总结，服务学校和学科发展建设。四是加强对实践成果的交流推广，搭建更充分的实践成果交流平台，特别是针对跨学院、跨学科的实践成果交流。

（三）突出激励引导和规范化建设，加强工作保障

一是完善扶持政策，加大经费投入，在学校扩大整体经费投入的基础上，推动各专业学院全面设立专项资金用于支持学生社会实践，吸纳更多师生参与"师生四同"实践活动。二是为确保项目规范化专业化运行，需要加强"师生四同"实践活动的"课程化"建设，研究制定科学的培养计划、培训方式、评价办法，开发编写面向学生、教师的针对性强、操作性强的辅导教程、宣讲读本、培训手册，形成高水平的指导教材体系。三是制定精准有效的教师激励措施，并加强对有关政策执行的监督。大力选树宣传先进典型，提升师生参与项目的荣誉感、获得感。四是加强"师生四同"工作室建设的整体规划和协同推进，进一步明确工作室建设目的、建设标准等，对建设成效显著的"工作室"进行案例推广和评优表彰。五是按照"类型多元、联合共建、常态运行、注重实效、协同育人"的原则扎实推进社会实践基地建设，做好基地的跟踪维护和升级迭代建设，健全工作机制，推动社会实践基地建设科学化、规范化发展，最大限度发挥实践基地对实践活动的支持保障作用。

（四）突出常态化与系统性，优化体制机制

一是工作全年"不断线"，打破目前"师生四同"实践活动主要集中在寒暑假、线下实施的界限，构建"大实践"格局。形成参观寻访、宣传宣讲、考察调研、科技创新、公益服务等内容结合，线上线下空间结

合的常态化实践模式。二是在"师生四同"实践项目设计实施中，兼顾
"五育融合"的培养目标，促进德育、智育、体育、美育、劳育等在实践
过程中融合共生，助力学生综合素质全面提升。

（李文茹、张思一，南开大学团委）

知中国 知世界 服务中国

—— 努力打造新时代中国特色社会主义政治经济学创新高地

引 言

"知中国，服务中国"是南开早期确立的办学宗旨，旨在坚持本土化和国际化融合发展，不断提升教育教学质量和理论创新水平，为国家经济社会发展和中华民族伟大复兴提供人才和智力支持。新时代南开经济学科建设的主旨之一，就是要坚持"知中国，服务中国"，担当起发展和完善中国特色社会主义政治经济学的时代使命，不断开拓当代中国马克思主义政治经济学、21 世纪马克思主义政治经济学新境界，努力打造新时代中国特色社会主义政治经济学创新高地。

一、背景情况

党的十八大以来，习近平总书记多次强调要学好用好政治经济学，要立足我国国情和我国发展实践，坚持中国特色社会主义政治经济学重大原则，发展当代中国马克思主义政治经济学。2016 年 5 月 17 日，习近平总书记主持召开哲学社会科学工作座谈会并发表重要讲话，强调结合中国特色社会主义伟大实践，加快构建中国特色哲学社会科学。

中国特色社会主义政治经济学是新中国成立 70 多年、改革开放 40 多年来取得的最重大的理论成就之一。事实证明，中国共产党领导中国人民不仅可以创造世所罕见的经济快速发展奇迹，而且可以创造与之相匹配的理论成果。

二、主要做法

（一）继承和发扬南开经济学科的传统优势，与时俱进地发展中国特色社会主义政治经济学

"土货化"培养爱国南开人。南开大学早期部分课程的美式教育模式曾经引发教授和学生的严重对立，促使老校长张伯苓进行反思："此种教育既非学生之需要，复不适合中国之国情。"1928 年《南开大学发展方案》明确提出反对"洋货"教育，坚持"土货化"办学方针，即"以中国历史、中国社会为学术背景，以解决中国问题为教育目标的大学"，致力研究和培养"乃关于中国问题之科学知识，乃至中国问题之科学人才"，要坚持"吾人为新南开所抱定之志愿，不外'知中国''服务中国'二语"。长期以来，南开经济学科为国家和民族培养了一大批经世济国的专业人才。

战火中推进经济学中国化。南开大学创立之始就设有商科，1923 年和 1927 年分别设立了经济系和经济研究所，何廉教授任经济研究所所长。何廉教授等经济学家倡导"知中国，服务中国"，从学理的角度研究和解决中国的工业化问题，主持编制的《（战后）第一期经济建设原则》和《第

一期国家经济建设总方案物资建设五年计划草案（提要）》（1945年竣稿），集中展现了关于中国工业化的构想。同时，还致力于经济学教学的"中国化"，强调结合中国实际研究中国国情，在南开大学招收和培养了中国最早的一批经济学研究生，为我国经济学教育和发展做出了卓越贡献。

"南开指数"享誉世界。抗日战争期间，南开经济研究所广泛开展经济和社会调查，连续多年对外发布华北批发物价指数、天津工人生活费指数、天津对外汇率指数、上海外汇指数等，形成了享誉中外的"南开指数"，长期为国际学术界提供研究中国经济的权威数据，也成为政府决策的重要参考，为南开经济学科带来广泛且公认的国际声誉。

政经学科助改革。南开政治经济学科有悠久历史。新中国成立前，南开就有学者研究马克思主义政治经济学和政治经济学说史。新中国成立后，南开是最早开设马克思主义政治经济学课程的高校之一。其间，经济学院机构虽历经调整变迁，但经济学科仍坚持长期设有政治经济学专业。改革开放后，南开政治经济学科成为高校最早的国家重点学科之一，在教育部进行的学科评估中，多次位居全国第二。老一代经济学家谷书堂教授在国内率先提出"按生产要素贡献分配"等观点，为党和国家决策提供了重要理论参考，对推动我国经济体制改革发挥了重要作用。以逄锦聚教授为学科带头人的南开经济学者，长期坚持在政治经济学教学和科研工作一线，为南开的学科建设和发展做出卓越贡献。

（二）协同创新，彰显南开经济学科的时代特征，不断提升中国特色社会主义政治经济学的领先地位和辐射影响力

南开政治经济学科始终响应中央和国家在经济学教学科研领域的发展需要，坚持发挥协同发展和学科辐射作用，成功培育和建设发展多个国家和省部级重点研究机构，如国家级"2011计划"中国特色社会主义经济建设协同创新中心、教育部人文社会科学重点研究基地南开大学政治经济学研究中心、中宣部重点支持建设的南开大学全国中国特色社会主义政治经济学研究中心等，在经济学理论创新、咨政建言、人才培养等方面做出重大贡献。

2014 年，以南开经济学科为核心，响应国家"高等学校创新能力提升计划"，牵头南京大学、中国人民大学、中国社科院和国家统计局，成立"中国特色社会主义经济建设协同创新中心"并获批为国家级"2011计划"协同创新中心。该中心创新顶层治理结构，建立了由协同单位共同组成的理事会，科学制定顶层设计和政策制度，并在运行机制、经费支持、人员管理、团队建设、考核激励等方面打破固有约束瓶颈，形成多元、开放、动态的"改革特区"运行模式。中心运行以来，按照"国家急需、世界一流、制度先进、贡献突出"的总体要求，以建设中国特色社会主义经济理论创新高地、高水平新型智库、经济学拔尖创新人才培养重镇为目标，在科学研究、人才培养、学术交流、智库建设、机制体制创新等方面取得了实质性进展，形成了厚实高效的协同创新文化氛围。目前，南开政治经济学科正在着力整合资源和凝聚队伍，成立南开大学习近平新时代中国特色社会主义经济思想研究中心，更好践行"知中国，服务中国"的办学宗旨。

（三）教学创新，坚持立德树人之本，开创中国特色社会主义政治经济学人才培养新境界

习近平总书记在"培养社会主义建设者和接班人"的重要论述中强调，要重视和解决好"培养什么人、怎样培养人、为谁培养人"的根本问题。南开政治经济学科为培养拥护中国共产党领导和我国社会主义制度、立志为中国特色社会主义事业奋斗终身的经济学人才，始终坚持以马克思主义为指导，长期探索理论经济学拔尖人才培养方式创新。

在日常教学中，南开政治经济学科不断加强马克思主义理论在教学中的主导地位，推动经典名著进课堂，有效丰富和完善马克思主义经济学课程体系。在原有基础上增设了马克思主义经济学名著导读、《资本论》政治经济学、中国特色社会主义政治经济学、马克思主义经济学说史、数理政治经济学、经济理论与政策前沿等课程。率先在国内给经济学院全院本科生、硕士生和博士生开设"中国特色社会主义政治经济学"课，形成覆盖本硕博三个阶段的中国特色社会主义政治经济学课程体系。积极筹备面向南开大学全体本科生的"名师引领通识课"——中国特色社会主义政治经济学前沿问题，于 2022 年秋季面向南开大学全体本科生开设。

作为培养创新型人才的重要措施，南开政治经济学科高度重视实践教学，以"知中国 知世界 服务中国"为宗旨，建设多个教学实习基地和学生社会实践活动组织。组织教师带领学生开展海外教学交流活动和国内各地区的社会调研实践活动，不仅有力地开拓了学生学术视野，同时撰写了大量的研究报告，取得良好效果。

三、经验启示

（一）科学研究成果丰硕迈向新台阶

为响应习近平总书记的号召，南开政治经济学科队伍承担一批国家和省部级重大课题，在《人民日报》《光明日报》《求是》等主流报刊发表 100 余篇重要理论文章；上报 300 多项应用成果为党和政府采纳，产生了巨大的经济和社会效益；发表 550 多项高水平理论成果，为我国现代化建设、经济理论创新和学科发展做出重大贡献，在马克思主义政治经济学基本原理、中国特色社会主义政治经济学研究等领域的系列成果产生重大影响，居于全国前列。多位教师参与马克思主义理论研究和建设工程，逄锦聚教授受聘为中央马工程咨询委员和国家教材委专家委员会委员，多人担任首席专家和重要成员，参与起草中央政治局集体学习讲稿。

在逄锦聚教授的带领下，南开政治经济学科团队联合攻关，相继撰写出版了《中国特色社会主义政治经济学通论》《中国特色社会主义政治经济学概论》《奋斗与创新——新中国经济理论与实践 70 年》《中国特色社会主义政治经济学》等多部著作和教材。其中，《中国特色社会主义政治经济学通论》在习近平总书记视察南开大学时得到重点翻阅，并获第八届高等学校科学研究优秀成果奖（人文社会科学）二等奖、第十六届天津市社会科学优秀成果奖一等奖、第七届中华优秀出版物奖等，被大英图书馆等全球知名学术机构收为藏书。

（二）经济学拔尖创新人才培养模式日趋完善

中心坚持课堂教学-校园文化-社会实践"三位一体"的育人模式，逄锦聚教授主持编写的《马克思主义基本原理概论》等马工程教材为全国高校本科生思政课通用教材，受到中央领导和广大师生的肯定。由政治经济学科为主申报的《政治经济学》教材和"经济学基础创新人才培养模式的理论与实践探索"均获国家级教学成果一等奖，逄锦聚教授荣获"全国高校国家经济学基础人才培养基地建设终身成就奖"和"南开大学教育教学终身成就奖"。

（三）中国特色社会主义政治经济学学术交流和话语传播能力不断提升

南开政治经济学科牵头于 2016 年创办"全国政治经济学大讲堂"，至今已成功举办 12 期，培训全国高校、社科院、党校等各系统专业人才3000 余人次，成为中国特色社会主义政治经济学理论宣讲和队伍建设、人才培养的重要载体。成立了南开大学习近平新时代中国特色社会主义思想宣讲"教授团"，逄锦聚教授等政治经济学科骨干教师被聘请为专家。"宣讲团"和"教授团"成员结合学术研究专长，分专题分角度从新时代、新思想、新矛盾、新目标、新征程、党的建设新要求等不同方面进行宣讲，力求更好地联系实际、回应师生关注关切，针对性和实效性得到有力提升。

南开政治经济学科《中国特色社会主义政治经济学通论》《现代经济学大典》等多部标志性成果入选"中华学术外译项目"，将在全球出版发行，有效提升了学术传播水平和国际影响力。

（四）中国特色社会主义新型智库建设取得重要进展

南开政治经济学科以"知中国，服务中国"为宗旨，积极开展政策研究，多年来为中央部委和地方政府提供咨询报告 600 余份，内容涉及治国理政经济思想、"一带一路"建设、供给侧结构性改革、京津冀协同发展等重大理论与现实问题。中国特色社会主义经济建设协同创新中心和政治经济学研究中心均成功入选"中国智库索引"(CTTI)首批来源智库，并获得"2017CTTI-BPA 智库最佳实践奖"最佳研究报告二等奖，中国特色社会主义经济建设协同创新中心成功入选 2018CTTI 高校智库百强榜。

逄锦聚教授撰写的《经济发展新常态中的主要矛盾和供给侧机构性改革》荣获"2017CTTI-BPA 智库最佳实践案例"最佳报告奖；逄锦聚教授等撰写的《中国共产党对马克思主义政治经济学的创新发展、世界贡献和基本经验》入选庆祝中国共产党成立 100 周年理论研讨会论文；中国特色社会主义经济建设协同创新中心申报的"《中国国家经济治理思想演进》研究"入选"2019 年度 CTTI 智库最佳实践案例"。

四、深入思考

（一）坚持以习近平新时代中国特色社会主义思想为指导，务求守正创新

面对世界百年未有之大变局和新时代中国特色社会主义发展的新机遇和新挑战，南开政治经济学科坚持习近平新时代中国特色社会主义经济思想，积极承担发展和完善中国特色社会主义政治经济学的学术使命，不断开拓当代中国马克思主义政治经济学、21 世纪马克思主义政治经济学新境界，同时坚持立德树人，将理论创新成果积极转化为教学成果，为全面建设社会主义现代化国家提供智力和人才支持。

（二）坚持系统思维，不断强化科研攻关、人才培养和智库咨询等重大任务的融合发展

南开政治经济学科长期坚持系统观念，立足发挥传统优势，积极利用新资源和新机遇，重视协同发展和融合发展，不断突破固有瓶颈和局限，将科研攻关、人才培养和智库咨询等重大任务融合发展、协同发展，取得了全面高质量发展的良好成效。

（三）坚持开放格局和未来视野，不断为南开"双一流"建设贡献发力

当前，世界正处于百年未有之大变局，在变动中求发展，就要坚持

稳中求进的工作基调，完整准确全面地贯彻新发展理念，加快构建新发展格局。南开政治经济学科在"知中国，服务中国"的办学宗旨上，创新性地提出"知中国 知世界 服务中国"，不断坚持开放格局和未来视野，以主动适应新的历史要求的积极姿态，与时俱进地加强建设和发展，围绕重大任务，不断学习和适应新阶段新理念新格局提出的新要求，锚定经济社会发展需要，进一步科研创新、人才培养创新、体制机制创新、社会服务创新，提高科研、人才培养、社会服务质量，努力为"新百年 新南开"发展征程和"双一流"建设，做出政治经济学科的应有贡献。

（荆克迪，南开大学经济学院）

弘扬南开美育传统　厚植爱国主义情怀

——南开大学京剧传承基地爱国主义教育实践

引　言

2021年5月28日，南开大学京剧传承基地携原创校史剧《爱国三问》走进天津耀华中学。该剧通过讲述抗日战争时期南开师生不屈不挠的顽强斗争鼓舞当代青年爱党爱国、勇挑重担。这种别开生面的教育方式是南开百年戏剧教育传统的延续，更是新时期以美育促进爱国主义教育的新探索。

一、背景情况

南开大学京剧传承基地自 2018 年入选"教育部首批中华优秀传统文化传承基地"以来，在深入学习领会习近平总书记重要论述和讲话精神的基础上，秉承着弘扬南开美育传统、厚植爱国主义情怀的宗旨，积极探索具有南开特色的爱国主义教育理念与方法，积极通过美育和文化传承促进课程思政建设，固本培元、凝心铸魂，开展了卓有成效的工作。

二、主要做法

（一）讲好美育党课——明理增信 崇德力行

京剧党课——迎来春色换人间。2021 年 4 月 23 日，一堂以"迎来春色换人间"为主题的"京剧党课"在南开大学津南图书馆举办。这堂课用京剧艺术讲述辉煌党史故事，通过对《白毛女》《红灯记》《沙家浜》《智取威虎山》等红色经典剧目的现场演绎和深入解读，生动诠释了中国共产党人始终与人民同呼吸、共命运、心连心，永远把人民对美好生活的向往作为奋斗目标的精神血脉。

音乐党课——他们用音乐记写时代。2021 年 10 月 15 日，基地邀请音乐学家靳学东教授以聂耳、冼星海、王莘、施光南四位作曲家的人生经历为切入点，讲述了《义勇军进行曲》《黄河大合唱》《歌唱祖国》《在希望的田野上》等优秀作品的创作背景，深入分析了音乐家与音乐作品富含的爱国主义情怀和时代精神，生动阐释了"旋律里的使命担当"。同学们纷纷表示："这样别开生面的艺术讲座既是一场音乐盛宴，也能让大家深刻感受到艺术家们讴歌伟大时代、书写人民伟大实践、塑造中国形象、讲好中国故事的奋斗历程，为自己树立光辉的榜样。"

学生"主讲"的党课——庆祝建党百年京剧专场演出。2021 年 6 月 13 日，南开大学京剧传承基地在田家炳音乐厅举办"南开大学庆祝建党 100 周年京剧专场演出"。整台演出分为"红色经典""国粹芳华""共同祝愿""艺谱新篇"四个篇章，演出主体为来自全校各院系的数十名中外学生。

基地聘请了六位专业京剧教师，对同学们进行唱念做舞的全方位训练，在老师们的精心教导下，同学们的一颦一笑、一动一静渐渐有了国粹艺术的神韵，一出出经典剧目片段也渐渐成型。基地还邀请优秀青年京剧演员张桐与南开大学合唱团主唱刘柯含同学共同录制了歌曲《京剧情》，基地全体师生与南开大学国旗护卫队共同参加了在八里台和津南两处校园的拍摄，以一首唯美动人的京剧视频记录下青春与国粹的美好相逢。

演出当天，多位艺术家亲临现场，与青年学子们一起传唱经典，其中包括年近九旬的京剧表演艺术家刘志广先生。本场演出吸引了众多师生、校友前来观看，同学们说："在我们最风华正茂的时候赶上党的百年华诞，一定要展示出自己最优秀、最努力、最有团队精神的一面。"通过参加戏剧活动，增强个人才干，增强服务社会的能力与意识，这也正是南开百年戏剧教育的宗旨和追求。

（二）弘扬南开美育传统——以美育人　以文化人

习近平总书记强调，要"传承和弘扬中华美学精神"，"要坚守中华文化立场、传承中华文化基因，展现中华审美风范"。2018 年 8 月，他在给中央美术学院老教授的回信中说："做好美育工作，要坚持立德树人，扎根时代生活，遵循美育特点，弘扬中华美育精神，让祖国青年一代身心都健康成长。"

基地牢记总书记的话语，以美育促进课程思政建设，发挥艺术教育的独特优势，充分开发富含情感与文化内蕴的符号，传播中国文化的深层内涵，传承中华传统美学精神、中华传统美德，坚守中华文化立场、传承中华文化基因，展现中华审美风范。为了更有效地激活年轻一代的"文化基因"，基地努力让课程突破单一的课堂教授模式，采用现场展示互动的教学方法，将课堂变成生动活泼的"剧场"和"音乐厅"，并将课堂讲授与课外活动相结合，深受学生喜爱。

基地已举办系列艺术讲座 300 余场，形成"京剧与社会主义核心价值观""京剧与中华传统美学精神""用京剧讲南开故事""用京剧讲中国故事"等几个系列。为配合院校与社区党建工作，基地在南开大学商学院、天津市王顶堤商贸区党群服务中心、天津中学、天津武清六力中学举办专题艺术讲座，与南开大学图书馆合作举办"幻彩霓裳——京剧服饰文化展"，并开展现地教学。新冠疫情防控期间，基地率先举办"艺起抗疫赏国粹""云上谈艺""京剧亲子活动""模拟文化市集"等系列线上线下艺术活动，用国粹艺术振奋精神、鼓舞斗志、抚慰心灵，给学生们上了一堂又一堂有温度、有情怀、有力量、有格局，又充满艺术气息的思想政治课。

（三）京剧校史剧《爱国三问》——原创精品 特色项目

2019 年 1 月 17 日，习近平总书记视察南开大学，他特别提到张伯苓老校长有"三问"——你是中国人吗？你爱中国吗？你愿意中国好吗？"这既是历史之问，也是时代之问、未来之问。我们就要把这个事情做好。"我们应深入落实总书记讲话精神，把"爱国三问"传承下去，用民族艺术瑰宝去教育青年一代，把文化的血脉延续下去。

南开大学可歌可泣的历史篇章通过京剧博大精深、美轮美奂的艺术形式表现出来，春风化雨、润物无声，激发起青年学子强烈的爱国情感。用浓墨重彩的国粹艺术来表现高校师生在抗日烽烟中浴火重生的辉煌画卷，既是对爱国精神的弘扬，更是对中国戏剧教育传统的延续。基地创作的京剧校史剧《爱国三问》，着重表现从九一八事变到抗日战争胜利这段历史时期，南开大学的抗日救亡运动，目的在于让今天的学子牢记历史，更加深刻地理解实现民族复兴中国梦的伟大意义，增强责任和使命意识，担当起历史和时代赋予当代人的重任。该剧着重表现南开大学在抗日战争中遭遇的苦难，以及师生们的坚守与抗争，展现了"公能日新"的南开人，是如何经过抗战烽火的洗礼不断升华，成为伟大民族精神和抗战精神的具体体现，表现了先进知识分子们对中国共产党和新中国的坚定信念。在艺术形式上，该剧融合了京剧与话剧的表现手法，旨在传承与发扬南开悠久的戏剧教育传统，使世人铭记大学对中国话剧运动、中国京剧海外传播做出的卓越贡献。

厚重的爱国情怀和新颖的表现形式深深打动了现场观众，当剧场内回荡起发人深省的"爱国三问"时，不论是青春洋溢的学生，还是鬓发苍苍的退休教师，台下所有人都成了剧中角色，泪花闪烁在每一个人的眼眶中，颂党爱国之情更是激荡在每一个人的心头。同学们纷纷表示，为了让我们有一张平静的书桌，前辈们付出了巨大的牺牲，正是他们不屈不挠的英勇奋斗为我们换来了今天的幸福生活，我们应该发扬爱国主义精神立志成才，报效祖国。

通过原创京剧的排练演出，将"传统艺术进校园"变成"传统艺术在校园"，创建"爱国颂党原创京剧"这一新的育人品牌，2021 年 9 月起该剧被列入新生入学教育内容。同时，该剧还以"送戏到学校"的方式面向大中小学师生演出，并配合爱国主义教育专题讲座、京剧艺术讲座，积极拓展线上演出和交流渠道，深化"戏曲进校园"的文化内涵，创新招生宣传手段。2021 年 8 月 15 日，中央人民广播电台"文艺之声"栏目为该剧制作了专题节目，在广播和新媒体客户端同时播出，深受好评。

目前，基地正在积极推动爱国颂党校史剧《爱国三问》赴全国南开系列学校巡演，让更多青年学子从南开先贤的英雄事迹中得到教育和鼓舞。

（四）建设中华美育课程思政协同创新中心——形成大中小幼一体化三全育人格局

为推进构建三全育人格局，创新文化传承、美育教育模式，基地与天津音乐学院、天津工艺美术职业学院、天津艺术职业学院、天津南开中学、天津耀华中学、天津中学等 28 家单位签订合作框架协议，共建"南开大学中华美育课程思政协同创新中心"。各签约单位借助友好合作关系，共同组建美育教学研究教研团队，通过集体备课、观摩等方式提升教学和研究能力，并积极搭建辅学体系，着力打造艺术教育课程思政一体化，形成以社会主义核心价值观为指引、以中华传统美育为载体的课程思政建设体系，探索美育课程思政建设方案。

三、经验启示

一是坚持以文化传承落实立德树人根本任务。习近平总书记强调："不忘历史才能开辟未来，善于继承才能善于创新。优秀传统文化是一个国家、一个民族传承和发展的根本，如果丢掉了，就割断了精神命脉。我们要善于把弘扬优秀传统文化和发展现实文化有机统一起来，紧密结合起来，在继承中发展，在发展中继承。"中华传统艺术作为一个整体所呈现出来的是迥异于西方美学传统的中华美学精神，其"讲求托物言志、寓理于情，讲求言简意赅、凝练节制，讲求形神兼备、意境深远，强调知、情、意、行相统一"的优良品格，早已融汇在华夏儿女的血脉中，成为中国人文化自信的重要来源。近代以来，中西方文化输入、输出比例的失调，使很多青少年在成长的关键时期与传统艺术失之交臂。不了解，何谈自信，何谈爱或不爱，何谈弘扬？我们要做的就是铺设一条让艺术通向心灵的道路，帮助青年学子在理解的基础上逐渐认同、热爱，在文化自觉的基础上建立坚定的文化自信和文化担当意识。我们要努力引领学生通过传统艺术来感受中华传统美学精神的无穷魅力，鼓励他们与艺术交朋友，让他们与中华民族的优秀命脉贴得更紧，与涵养社会主义核心价值观的重要源泉贴得更紧。

二是坚持以美育教育促进课程思政建设。对于以爱国主义为核心的思政教育，每一门课程都是一片田、一段渠，而这片田、这段渠的任务就是要帮助青年学子在文化自觉的基础上，增强文化自信和文化担当意识。事实上，用艺术教育完善人格、提升服务社会与报效祖国的能力，正是南开百年戏剧教育传统所一贯坚持和倡导的。南开大学首任校长张伯苓先生把戏剧活动视为学校教育的一种手段，希望借此锻炼学生的处世能力、组织能力、团体精神、演讲能力，以便将来能唤醒民众、振作人心、达到改良社会的目的。可以说，南开的艺术教育始终与时代精神、民族命运息息相关，始终服务于"育才救国"的创校初心。我们仍然要传承和发扬这种理念，让美育为"育才强国"服务。

三是要用好红色资源，用原创京剧讲好南开爱国历史。在已有的"盛世雅韵中华情""青春国粹喜相逢"两个以中华优秀传统文化传承创新为宗旨的文化品牌的基础上，基地正在着力创建"颂党爱国原创京剧"这一新的育人品牌。通过原创京剧创作，将"传统艺术进校园"变成"传统艺术在校园"，以先进的理念、严谨的态度、扎实的学养将党中央的号召落到实处，以教学、科研、实践相结合的模式，以学校、社会交流协作的方法，让青年学子在传统艺术的无穷魅力中获得精神的陶冶，更由衷地热爱民族优秀传统文化。

四、深入思考

南开大学京剧传承基地以美育教育推进爱国主义教育的探索实践，是对学校美育工作和文化传承创新工作的新开掘。经过不懈努力，"青春国粹喜相逢"等已成为南开大学以美育弘扬爱国主义精神、传承中华文化血脉、促进大学素质教育的文化品牌。今后，基地将继续通过对传统艺术的深入解读，以富于民族性、国际性、时代感的视角阐释中国人独特的精神追求、道德追求与审美追求，引导青年学子以热诚的心灵，寻找属于华夏儿女的满足与自豪，自觉成为中华优秀传统文化的传承者与传播者。

（刘佳，南开大学汉语言文化学院；王钦，天津工艺美术职业学院）

智慧教学战疫情 把"实验室"带回家

——弘扬抗疫精神 共显教育担当 尽心呈现一堂爱国主义教育实践大课

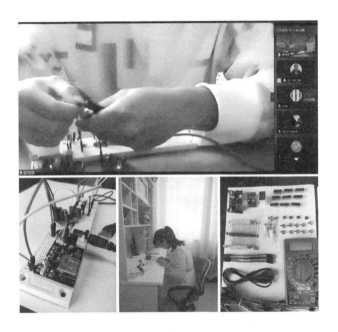

引 言

2020 年 4 月 29 日，南开大学电子信息与光学工程学院"数字电子技术实验"教学团队将自主设计的为学生打造的安全便携实验教具——"数字电路实验家庭工坊"，包装成254件承载着战疫责任与育人使命的快递，发往了身处天南海北的 2018 级电光学子家中。经过精心的打磨和紧张的筹备，新工科远程教学、居家实验的教学实践正式拉开了帷幕。云实验、邮寄"实验室"的尝试,实现了大学生创新能力培养不断线,探索了"云时代"工科实践教育新路径。

一、背景情况

在"抗击疫情,全力保障在线教学质量"的总体要求下,南开大学电子信息实验教学中心(以下简称"实验中心")的教师们,认真落实党中央、天津市委指示精神和学校疫情防控领导小组的工作部署,强化政治意识,提升政治站位,凝心聚力深入研究,周密谋划教学预案,统筹线上教学工作,探索变革创新,强化协同育人,实现了学生"一人一策"、教学"一课一策",彰显了教师党员的责任担当。

二、主要做法

(一)创新探索 破解云教学困境

为加强新冠病毒感染疫情防控工作,保障学校教学等工作正常进行,做到"不停学""不停教""不延期",实验中心提前触发意识,积极讨论备案。2020 年春季学期,实验中心共涉及 28 门本科生理论与实验课,老师们凝心聚力,仔细梳理各课程的教学特征,不断论证实验课程在线教学可行性,为每门课程都制定了多条教学预案,以保证无论何时复课都能顺利开展教学,实现在线教学全覆盖;对学生的学习条件和学习方案进行摸排,制定不同学生的学习方案、学习计划。就连远在港澳地区的学生,教师们也想方设法、几经周折将"实验家庭工坊"寄送到学生手中,确保在线学习"不落下一个学生"。

实验中心根据疫情防控的安排调整,将实验课程的线上教学主要设置成三种方式:以"数字电子技术实验"为代表,教学团队自主设计了安全便携的实验教具——"数字电路实验家庭工坊",并用快递的方式发往学生家中,实现线上远程教学;以"现代信息技术实验"课为例,调整线上线下课时比例与安排,通过线上教学将抗疫精神与爱国主义教育融进实验教学,把科研报国贯穿教学全过程;以"PLC 原理与实验"课程为例，建设虚拟仿真实验平台，学生可以先通过软件仿真完成实验设计，通过远程或线下实验操控 PLC（可编程逻辑控制器）实训平台完成控制实验。

（二）育人为本　用好思政大课堂

习近平总书记在全国高校思想政治工作会议上指出，要使各类课程与思想政治理论课同向同行，形成协同效应。抗疫也是一堂思政大课，实验教师经过精心研究设计，将抗疫精神与爱国主义教育润物细无声地融进实验教学。以"现代信息技术实验"课为例，在无人机控制实验的讲授中，讲授无人机在抗疫中发挥的关键作用，同时援引钱学森、潘厚仁、孙家栋等卓越科学家的典型案例，赞扬他们筚路蓝缕、艰苦奋斗，为民族复兴、国家富强殚精竭虑的奉献精神。课后不久恰逢中国航天纪念日，学生道出最真实的感受，"越长大越感觉唯有为了民族复兴大业奉献青春，克服一切艰难险阻的人和精神才最让人感动、最值得追逐"。"服务学习：3D 打印与应用"课程，结合思政教育热点进行模型设计，在建模打印的过程中深化学生的爱国情怀和报国担当，将 3D 打印实验设计实践过程中遇到的问题与爱国主义故事、抗疫精神相结合，鼓励学生思考人生、解决难题，实现过程育人。同学们设计打印了抗击疫情主题作品，并感慨地说："这些作品承载着我们对那些奋战在抗疫一线同志们的敬意，在实验过程中我们也克服了很多技术问题，就像新冠疫情防控这个没有硝烟的战场，只要我们团结一心，一起为家国而战，就可以战胜一切困难。"

（三）对标争先　合力笃行守初心

面对新工科实验课程线上教学的难点，实验中心专门开展了"不忘初心，师生合力战疫情；不负韶华，公能笃行护良才"主题教学研讨，交流大家对课程建设、教学质量监控、学生积极性调动等的建议，围绕抗疫期间作为一名党员教师如何在一线教学中发挥先锋模范作用，畅谈自己的思考和体会。党员教师充分利用疫情防控期间在线教学的经验，将教学实践转化为推动教育改革发展的重要机遇。

共抗疫情,爱国力行,实验中心的教师用自己的行动向全社会传播着教育工作者的正能量。以"践行"为重点,通过丰富的教学活动、先进的教学手段、坚定的教育理念,教育引导着学生爱国、奋斗、团结、进取,将抗击疫情等爱国主义教育主题融入每一处教学环节,通过营造氛围、积极创作、精准施教等方式,与学生共成长。

三、经验启示

一是坚定立德树人为本,激发学生爱国主义情怀。南开师生一直不忘习近平总书记视察南开时的嘱托:"只有把小我融入大我,才会有海一样的胸怀、山一样的崇高。"疫情面前我们坚守着各自的工作岗位,团结奋斗攻克难关。学生在收到课程"大礼包"的时候,纷纷发表感慨;在课程中了解到所学的知识在祖国的抗疫中起到关键作用时,激发起了更强的学习报国热情。家在新疆的学生阿丽米热说:"从天津到新疆,五天的邮寄路程承载着老师们对教学的严谨精神、认真态度。让我深深感动的同时,也激发了我作为'今日少年,明日脊梁'的使命担当。我们一定不会辜负老师、学校和国家的培育,定将加倍学习,努力回报母校、回报社会、回报祖国!"

二是强化教师责任担当,推进爱国主义教育引领示范。教师党员冲锋在前,带头打造示范"金课",扎实推进新工科建设再深化、再突破、再出发,彰显了最强的责任担当。课程"大礼包"及创新教学模式得到了社会各界的关注和肯定,《天津日报》《每日新报》《天津工人报》《新京报》、凤凰网、新浪网、搜狐网、腾讯新闻、新浪微博、干部培训网、中国战略新兴产业网等媒体纷纷报道,兄弟院校竞相点赞,很多其他高校及教育工作者亦对此教学方法感兴趣,纷纷与实验中心开展教学经验交流。

三是凸显团队堡垒作用,各方面积累爱国主义教育经验。实验中心树立"疫情就是命令,防控就是责任"的政治意识,有针对性地开展工作,从课程解读、教学设计、课堂教学策略等多方面积累了丰富的经验。

实验中心对困难学生开展了多种形式的帮扶，不让家庭有困难的学生因为疫情延误了学业；在课程方面开展自制仪器等教学改革，从各个角度充分发挥了一线教师团队的先进性、模范性和战斗堡垒作用。

四、深入思考

（一）如何通过课程思政等爱国主义教育进一步激发师生高度的政治责任感和使命感

强化专业实践教学立德树人、思政育人功能，把爱国主义教育融入指导学生实践、人才培养全过程。新工科实践类课程的思政融入重点难点在于实践过程中学生思政水平与专业素养的精准评估与提升，因此实验课程教师要着眼于新时代发展背景，创新教学模式，提高思政育人水平，才能把思想政治教育更好地贯穿于指导学生的全过程，实现全程育人、全方位育人。

（二）如何建立长效机制深入探索研究新工科实践类课程的有效教学与爱国主义教育联动性

化疫情危机为爱国主义教育契机，创新媒介技术，教学生学会实践、学会思考、学会探索，在今后教师线上线下混合式"金课"的建设与改革、大中小学生科技训练营等教学培养方面都可以得到深度的融合。这种教学模式，对于提高学生的创新性思维，将课程由传统的课堂转变为以学生为主导的实验实践课程起到了十分重要的作用。

（三）如何打造贯穿式的实验教学体系实现新时代爱国主义教育的助力实践与示范推广

通过此次教育实践，我们更加坚信工科实践类的在线教学不仅是可行的，而且具备一些传统课堂所没有的优势，值得深入探索和研究。自主设计的教学套件，可以推广至所有工科实践类基础课堂，包括小班研讨的实践活动、电子电路基础等实验课堂。未来实验中心将打造一套具有衔接性、通用性、整合性和创新性的贯穿式课程实验平台，营造创新无边界、思维无界限的人才培养生态。随时随地的线上教学、便携化的实践手段,不仅在服务师生,而且在科技人员培训、远程答辩、等级考试、就业面试考察等方面都将发挥巨大作用。未来可以探索尝试进一步结合人工智能、5G 通信等现代技术环境,勇塑前瞻性思维、勇闯技术进步无人区。

(张颖,南开大学电子信息与光学工程学院)

校军融合"四同四创" 共筑爱国育人平台

——南开青年红色创业实践创新爱国主义教育新模式

引　言

3500 公里，是南开大学与新疆抗美援朝英模部队的距离。一个在渤海之滨，一个在边陲之地，却因一个教育公益项目，让学校与部队、师生与战士联系了起来。

南开大学公能星火师生团队是这次跨越千里军民"牵手"的组织者，从 2018 年至今，师生先后 6 次奔赴新疆抗美援朝英模部队。在这过程中，师生与部队战士同行、同训、同学、同研，大家互帮互助、共同成长。

一、背景情况

南开大学公能星火师生团队持续深入学习贯彻习近平总书记视察南开大学重要讲话和回信、勉励精神，把"爱国强军"作为落实爱国主义育人的核心，在深化爱国主义教育工作中主动创新，探索新路径，尝试新方法，推动"青年红色筑梦之旅"红色创业实践与爱国主义教育深度融合，发挥高校教育资源优势，挖掘英模部队红色资源，孵化创业项目，把大学生"国防教育+志愿服务+专业实践+创业实践"协同贯通，形成了校军融合"四同四创"爱国主义教育新模式。

二、主要做法

公能星火团队积极构建校军融合"四同四创"爱国主义教育新模式。"校军融合"，就是发挥校军双方优势，促进教育资源和红色资源深度整合，推进校军一体化；"四同"，指通过社会实践走进一线部队，服务部队需求，强化教师引导、学生主导的服务实践，师生官兵同训、同学、同研、同讲，推动师生官兵一体化；"四创"，是把高校育人工作中的"国防教育、志愿服务、专业实践、创业实践"四方面工作进行协同贯通，系统化地将"强军爱国"元素设计融入以上环节，形成连锁反应，培育红色创业项目，激活根植部队发展的红色创业实践，取得了显著成效。

（一）校军融合：促进教育资源和红色资源深度整合，推进校军一体化

推动校军资源流动，打造共赢的"强军课堂"。推动资源整合，建设"强军课堂"，将高校教育资源引入部队，服务强军人才培养，线上线下提升官兵素质，形成"能力提升—技能认证—就业引导"强军人才培养路径，让战士参军即入学，退伍即成才；将部队红色资源引入高校，服务高校国防安全教育和征兵宣传，部队成为高校爱国主义教育的"第二课堂"，学生走进部队和官兵同行实践，受到军人"红色"精神感染，"红

色"爱国主义教育元素自然融入。

推动校军思政育人一体化，师生官兵伙伴式成长。一是团队建设，构建"专业教师—理论教师（校军地）—实践教师（校军地）—思政辅导员"的教师团队，聘任部队一线指战员为导师，与教学团队协同授课。二是稳定持续的基地建设，建立南开大学红色文化育人社会实践基地和服务学习社会实践基地，签署全面的共建协议，在基地内共建"南开书屋"，南开书屋成为官兵学习提升的空间，同时，也成为学生走进部队后，与官兵共同学习和成长的空间。

在部队"红色"精神浸润下，以学生主导，部队导师引导，专业教师指导，思政辅导员辅导，通过伙伴式学习和仪式育人，建设有温度、有信念的师生官兵成长型"强军课堂"，实现学生和官兵"双主体"共同成长。

（二）"四同"：师生官兵同训、同学、同研、同讲，推动师生官兵一体化

走远路！走难路！主动服务人才强军战略，以服务实践提升爱国主义育人成效。通过社会实践走进一线部队，服务部队官兵技能提升需求，强化教师引导、学生主导的服务实践和实践基地的建设，坚持共建需求意愿强的一线部队和英模部队。从 2018 年起，师生每年服务 3500 公里外新疆抗美援朝英模部队"鸡鸣山模仿战斗连"等部队基地，推动"强军人才培养数字素养综合能力提升项目"，与官兵同学、同训，既是"师生"又是"战友"，通过"专业+实践+服务"，实现爱国主义教育、国防教育、专业教育和服务社会的有机结合，厚植家国情怀。师生团队从 2018 年至今，4 年 6 次走进英模部队，行程 12 万余里。

走新路！走长路！红色实践激发学生领导力和创新力。学生走进部队、服务部队的过程，是对部队和官兵的又一次深入了解和调研。学生们把调研发现的新需求进行总结梳理，为后续的服务实践找好了方向，每一次走进部队的服务实践都是下一次实践的调研和准备，在发展中形成成熟的服务产品，为红色创业做好准备。

（三）"四创"：推动国防教育、志愿服务、专业实践、创业实践四方面协同

"国防安全+服务实践+专业实践+创业实践"协同贯通。系统化地将爱国主义教育元素设计融入以上环节，立足爱国主义实践育人，以服务强军为抓手，以社会实践课程为支撑，以学生红色创业项目为驱动，引导学生走进军营，树立家国情怀。学生在服务部队的实践中，提升专业能力，在服务实践中激发创业热情，培育创业项目，形成了"服务引领—课程支撑—创业驱动"的育人特色。

创新开设以服务部队为内容的社会实践通识课程。为解决在走进部队，服务部队过程中，学生表现出的服务意识、服务能力、人才和团队延续性等问题，2020 年，团队结合南开大学服务学习 2.0 课程模式，开设"服务学习：影像与社会"社会实践通识课程，通过服务学习课程的方式，在学生走进部队实践前便开始关注部队，提升他们服务部队的专业能力。该课程培养出成为一个集聚南开大学 10 个学院、11 个专业方向的数十人的服务实践团队，学生成为推动服务实践的"带头人"。

爱国主义教育服务实践，激活红色创业实践。把在服务实践中发现的问题，通过服务学习课程的学习提出解决方案，通过南开大学系统的创业孵化和培育，将根植于部队需求的服务实践转化为服务产品，从而激活红色创业实践，培育红色创业项目。

三、经验启示

（一）校军融合成效获得部队和高校双主体认可

在部队方面，模式辐射新疆、河北、山东等地多支英模部队，与共建部队签署 5 年协议；线下培训官兵达到 1.2 万人次，180 人次获得能力认证证书；与部队共建 3 所"南开书屋"，累计藏书 6 万余册，原武警新疆总队政委王爱国少将对项目高度肯定。

高校方面，校军融合模式在新疆、河北、天津等全国十余所高校进行推广，得到了兄弟高校的认可。感动中国年度人物叶嘉莹教授题词"中

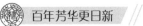

华古典诗词进入军营",获得中央电视台国防军事频道、中国军视网、新疆武警官微、《天津日报》等 16 家媒体报道。

（二）学生红色创业实践成果突出，展现青年大学生的责任和担当

学生红色创业实践项目在教育部、共青团中央、退役军人事务部等部门举办的创业赛事中获得佳绩，获得"互联网+""挑战杯""创青春"等创业赛事等荣誉 6 项。

团队"校军融合-强军人才培养前哨站"项目获教育部等 12 部委主办的第七届中国国际"互联网+"红旅赛道全国铜奖；获共青团中央等 7 部委主办的第五届中国青年志愿服务公益创业赛全国银奖，该奖项是自 2014 年大赛创办以来，天津市五个银奖项目中唯一的高校项目（金奖项目空缺），是南开大学在全国志愿服务项目和创业领域评比中获得的最高荣誉。

（三）培育一流课程，建设一流教学队伍，建设传承"红色精神"的创新课堂

创新开设的面向部队需求的"服务学习：影像与社会"社会实践通识课程，获评天津市爱国主义教育案例优质课程、天津市一流本科建设课程，开设的服务学习课程成为军事理论课和军训之外，大学生走进部队、服务部队的平台。

教师团队被共建部队聘任为"校军共建特聘导师"，获评南开大学青年五四奖章（集体）、南开大学学生创新创业先进指导教师、南开大学师生同行社会实践十佳指导教师等荣誉称号。

（四）师生官兵共创，让爱国主义教育在媒体发声

模式推动大学生利用专业知识服务部队官兵技能提升需求，以大学生为主体，通过校军共筑的"强军课堂"平台，策划并制作了技能型、知识型、素养型三类课程 100 余期，涵盖思政、心理、数字、科技、文学等方面。其中，与部队共建的知识栏目《诗词中的军旅情怀》在新疆武警官微上线 6 期，《青春向党 校军同行》8 期微党课筹备上线，辐射影响近 60 万名军人军属。

四、深入思考

部队是锻造青年责任和担当的大熔炉，公能星火团队构建的校军融合"四同四创"爱国主义教育的新模式，推动了大学生以专业知识服务部队官兵发展需求，以服务实践走进部队，在解决部队需求中培育红色创业项目。

该模式把培养学生爱国强军作为灵魂，把服务国家战略急需作为根本，把创新创业实践作为育人途径，拓展学生专业学习潜力，激发学生自主学习激情，以实践带动创新，以服务转化创业，成为爱国主义教育的新模式。

（刘帅，南开大学文学院）

追寻永怀足迹 厚植爱国情怀

引 言

  为充分贯彻落实习总书记视察南开大学重要讲话精神，落实《新时代爱国主义教育实施纲要》精神，坚持以习近平新时代中国特色社会主义思想为指引，以引导学生"四个正确认识"为导向，以立德树人为根本，以社会主义核心价值观为引领，以培养担当民族复兴大任的时代新人为落脚点，秉承南开大学"知中国，服务中国"的办学宗旨，强化思想引领，凸显学科特色，创新活动形式，着力打造"4+N"永怀爱国主义教育品牌，即"校史、院史教育+暑期社会实践+永怀事迹宣讲+永怀话剧展演+新媒体多平台多形式宣传"。

一、背景情况

物理科学学院高举爱国主义旗帜，结合物理学科专业背景，将物理实践型爱国主义教育工作做深做实。追寻郭永怀生平事迹，将红色育人资源转化为学生践行"知中国，服务中国"办学宗旨的实际行动。

以追忆学习郭永怀事迹为主线，引导学生感悟发扬郭永怀放弃国外优越条件毅然归国，报效祖国的爱国主义精神和撑起民族脊梁的"两弹一星"精神。前往山东荣成、青海原子城，追念革命先辈，传承红色基因，前往社区服务基层，深入藏区助力科普。围绕郭永怀成长足迹"重走永怀求学科研路"，去往荣成、北大、中科院力学所、中科大座谈交流。青年师生共赴云南昆明寻访西南联大，感悟兴学救国、为国育才的峥嵘岁月和感人事迹。

二、主要举措

（一）多措并举，将物理实践型爱国主义教育工作做深做实

发挥先进人物精神引领作用，搭建理论宣讲平台开展爱国主义教育。充分凸显先进人物精神在思政教育中的引领作用，丰富校史院情教育形式，培养学生爱国主义精神，依托实践成果组建"学生永怀精神宣讲团"，搭建"教师指导、学生主导"的爱国主义教育特色理论宣讲平台。学生团队结合实践收获所得，自主挖掘永怀事迹，整理宣讲材料，在校内外开展理论宣讲，通过图文推送、宣讲视频、排演话剧等形式开展爱国主义教育，扩大品牌影响力，提升精神引领价值。深入社区街道、中小学宣讲永怀事迹，传扬永怀爱国情怀，传承永怀精神。通过多层次全方位的实践活动引导学生切身感悟、践行和传承"两弹一星"精神，深入思考南开人的责任和使命，用实际行动诠释南开人光荣的爱国主义传统。

依靠实践品牌，打造"学习—实践—服务"三位一体的全过程爱国

主义教育机制。依托学院永怀团校、永怀团干校、"学生永怀精神宣讲团"平台，积极开展理论学习活动，提升思想水平，宣扬爱国主义精神。加强"学"与"践"相统一，与荣成、青海原子城构建长期交流实践机制，搭建常态化社会实践工作体系，将学生爱国主义教育融入社会实践项目全过程，引导学生了解党史国情、感悟中华文化、增进家国情怀、增强民族自豪感，做到知行合一，践行新时代爱国主义。

（二）把准关键，将爱国主义教育工作融会贯通

拓展平台载体。建设实践基地平台，进一步加强与实践基地的沟通交流，拓宽合作范围，丰富合作内容，深挖教育基地的爱国主义元素。建设宣讲、话剧展演平台，从郭永怀事迹收集整理到剧本材料编写、演员招募、话剧编排，学生浸润式、体验式地参与其中，进一步推动其制度化、规范化、长远化发展。建设新媒体宣传平台，适应新时代新形势，选择学生喜闻乐见的新媒体宣传平台如微信、微博、哔哩哔哩、抖音等进行多形式全方位的宣传，进一步扩大实践+爱国主义教育效果。自2017年"传永怀薪火，担公能使命"系列实践活动启动以来，实践团已建立社会实践基地3处，开展调研形成2篇报告，建立南开书屋2所，筹集图书近2000册，相关事迹被南开大学、红色荣成等公众号报道，赴青海原子城暑期实践团的事迹还被中青网平台宣传报道。

突破重点难点。打通第一课堂和第二课堂之间的实践壁垒，探索构建"大实践"爱国育人框架。将物理学科专业知识与实践紧密集合，在实践中利用专业所学服务国家、社会发展需求。激励专业教师、管理干部参与指导实践爱国育人活动，制定完善的教师参与实践爱国育人活动规范，将全员育人、全过程育人和全方位育人落到实处。曾获2018年天津市大中专学生志愿者暑期文化科技卫生"三下乡"社会实践活动优秀团队，2019年全国大中专学生暑期"三下乡"社会实践"千校千项"优秀团队案例、优秀实践者2人、优秀摄影奖、"镜头中的三下乡"成果遴选活动优秀通讯员、"百篇优秀调研报告"。

创建爱国主义育人品牌。物理科学学院以杰出校友郭永怀为榜样，从课堂专业知识学习到社会实践事迹宣讲、话剧展演，形成永怀系列爱国主义教育品牌，成为多样有效的教育平台，有效推动了第一课堂与第二课堂的深度融合，提升了实践爱国育人的质量水平，让社会实践成为师生"受教育、长才干、做贡献"的互动平台。学生自编自导自演话剧《永怀》，入选南开大学爱国主义精品话剧剧目，先后在武清区、宁河区、静海区进行专场展演，依托实践成果成立的"学生永怀精神宣讲团"目前已开展 80 余场次宣讲，范围覆盖各学院党团支部、宝坻一中、南开附小、佳荣里社区等单位，受众共达 50000 余人，相关事迹被人民网、新华网、《天津日报》、天津电视台等众多媒体报道。

三、经验启示

打造社会实践第二课堂，充分挖掘校外爱国主义元素育人作用，丰富新时代爱国主义教育实践载体。依托社会实践打造"学习—践行—奉献"模式的第二课堂，搭建"学习—实践—服务"三位一体育人模式，推进"三全育人"一体化育人体系建设。通过学思践悟的方式帮助学生走出学校、深入社会、感悟国情提质、体会国力提升，活跃学生课余生活，培育学生家国情怀，填补学生精神空白，改善和加强学生的思想教育工作，帮助学生在实践中完善对国家、社会、民族的认知从而提升民族自豪感、增进家国情怀，激发爱国主义和集体主义精神，在实践活动和志愿服务中践行当代青年的责任和使命。

探究校园理论宣讲集体发展模式，加强先进爱国人物的精神引领。依托社会实践建立的"学生永怀精神宣讲团"，通过实地调研和交流座谈学习吸收相关经验、完善宣讲内容、提升宣讲水平，在开展宣讲的实践中发现自身问题并逐步改进，最终通过提升宣讲质量、扩大宣讲范围、创新宣讲形式，不断加强先进爱国人物的精神引领作用，为其他同类型校园宣讲集体的发展提供了模式参考。

校校协同、对接基层单位，针对性模式扩展科普渠道。构建高校科普力量联合组织体系，加强各部门的资源共享、合作创新，形成"1+1＞

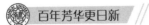

2"的工作效果。高校科普力量直接对接基层科普单位，针对性共享科普资源，以志愿服务、党团活动等形式充分壮大科普志愿者队伍、扩展科普工作渠道和覆盖面积、加强科普效果。在倡导科学方法、普及科学知识、提升科学素质的基础上，更加突出政治引领和价值引领，科普"大国重器"、科技强国，大力弘扬科学精神、科学家精神，既是科普教育，更是爱国主义教育。

四、深入思考

坚持遵循规律，勇于改革创新，凸显专业优势，改进爱国主义教育方法，创新爱国主义教育载体，强化浸润式价值塑造，激活爱国主义教育的内生动力。注重分层分类精准施策，不同层次学习阶段学生侧重点不同，提升爱国主义教育带来的获得感。

坚持协同联动，完善支持机制，推动党团班建设、学生社团活动、社会实践、志愿服务等载体有机融合，形成爱国主义教育统筹推进工作格局。建立健全考核评价机制，通过项目化运作，推动爱国主义教育项目建设。深入挖掘永怀精神与事迹的爱国主义元素，结合南开校史、物理科学学院院史，将爱国主义教育、理想信念教育、学科知识、科学家精神与实践锻炼相结合；开展暑期社会实践，将"知中国，服务中国"的办学宗旨深化为"爱中华，复兴中华"的实际行动。

加强与实践基地的沟通合作，通过"实地走访、浸润式体验、四史理论学习"三位一体的生动鲜活、亲切质朴的方式，让爱国主义教育入脑入心，促进知行合一。推进永怀宣讲和话剧，凸显学科优势，广泛弘扬科研报国精神和科学家精神。将第一课堂与第二课堂相结合，师生同向同行、同学同研，让学生在深刻领悟的基础上讲好演好"两弹一星"烈士的爱国奉献事迹，以体验式、浸润式的教育激发学生的爱国热情。

搭建新媒体宣传平台，多渠道多形式发出中国声音、讲好中国故事、弘扬中国精神。在微信、微博、知乎、哔哩哔哩、抖音等多种新媒体平台广泛发声，积极正向引导，让永怀事迹入脑入心，让爱国主义精神直达学生心底、直击学生心灵。

（张学良、李凡一、吴宵宵、辛琦，南开大学物理科学学院）

"小空间"里的"大文章"

——以校园运动空间助力新时代爱国主义教育

引　言

百余年前，青年毛泽东《体育之研究》一文在《新青年》横空出世，激活了中华民族沉睡已久的体育基因，体育事业开始在"觉醒年代"萌芽，在延安宝塔山下成长，并在新中国成立后发展壮大。在中国共产党的领导下，从许海峰的首金回击，到奥运会、世锦赛的金牌包揽，中华民族在五星红旗冉冉升起与《义勇军进行曲》的铿锵奏响中把"东亚病夫"的侮辱牌匾一脚踢碎，震惊了世界。体育成为百年党史中不可或缺的元素，百年体育史可谓一部从重视体育到体育强国的奋斗史。

又是百年前，张伯苓心系祖国、胸怀山河，抛出"爱国三问""奥运三问"的时代之声，"强国必先强种，强种必先强身"成为时代强音，南开体育事业也在这种回响中萌芽起步。从"德智体三育并进而不偏废"的育人之理，到南开"仁侠"之标准、"五虎"之传奇，再到如今南开体育事业的蓬勃发展，老校长"以体救国"之理念滋养了一批又一批敢拼敢搏、突破自我的南开人，他们在救亡图存和实现中华民族伟大复兴的征程上书写着一篇篇不朽的爱国华章。体育成为百年南开爱国主义传统最厚重的文化符号之一，百年南开体育史就是一部"强种兴国、以体救国"的教育史。

爱国主义是南开的魂，体育则是南开爱国主义中亮丽的色彩。为庆祝中国共产党成立 100 周年，弘扬南开体育精神，近年来，体育场馆管理中心秉持"见微知著"的工作理念，从小处、细处和难处入手，以"小空间做大文章"为思路，结合工作特点，相继打造了"文化、趣味、网络"三类校园运动空间，旨在以文化人、以体育人，用南开体育之美共绘南开爱国主义教育的同心圆。

一、背景情况

党中央历来重视体育事业与人民健康，特别是党的十八大以来，全民健身、健康中国上升为国家战略。习近平总书记强调，"体育承载着国家强盛、民族振兴的梦想。体育强则中国强，国运兴则体育兴"，"发展体育事业不仅是实现中国梦的重要内容，还能为中华民族伟大复兴提供凝心聚气的强大精神力量"。在党中央的领导下，我国体育事业取得长足发展。根据国家体育总局发布的《2020 年全国体育场地统计调查数据》，截至 2020 年底，全国共有体育场地 371.34 万个，体育场地面积 30.99 亿平方米，人均体育场地面积达到 2.20 平方米。

但与此同时，体育场地尤其是高校体育场馆还存在空置率高、利用率低等问题，其中一个重要原因是学生参与度不足。学业压力、对互联网的依赖等因素致使大学生群体对于体育锻炼的自觉意识和重视程度不够，体质状况与健康素质仍有待增强。如何提高体育场馆利用率和吸引力，进而有效引导和帮助大学生树立主动锻炼的体育习惯，并从中磨炼坚强意志和拼搏精神成为高校体育教学和管理部门的时代课题。作为中国顶尖高校之一，南开大学具有悠久的体育文化和爱国主义传统。老校长张伯苓被誉为"中国奥运第一人"，他的"爱国三问"和"奥运三问"成为时代强音，"德智体三育并进而不偏废"的育人理念是为高校教育之标杆。今天，我们立足于本职工作，通过探索和打造校园运动微空间，努力寻找激发校园运动活力的新思路，既是尝试解决当前网络时代高校体育育人症结的一种努力，也是传承南开爱国主义传统和体育荣光的一种接力，是时代与历史赋予我们的双重责任。

二、主要做法

（一）以文化空间赋"韵"，举办百年体育展

打造校园运动空间，选择适宜的主题和基调是第一要义。适逢建党百年与建校百年"双华诞"，体育场馆管理中心通过举办"百年体育展"等活动打造场馆文化空间，明确"以体育人"的爱国主义主题，旨在引导师生重温体育发展中的历史辉煌，传承南开体育精神，担负民族复兴伟大使命。

在 2019 年和 2021 年，体育部体育场馆管理中心分别在津南和八里台校区围绕不同主题和线索，图文并茂地再现了南开与新中国的体育历史风貌。津南校区主要以校史为线索，重点展览张伯苓的体育思想与体育实践，南开体育教学，运动队建设、群众体育和体质健康标准测试，体育组织管理和体育场馆建设，南开体育名人和荣誉等五个部分，全景式地回顾了百年来南开体育所走过的峥嵘岁月，展示了一代代南开体育人守初心、担使命，为党和国家的体育事业矢志奋斗的赤诚情怀。八里台校区主要以党史为线索，分为四个板块，重点展览新民主主义革命时

期、新中国成立后、改革开放后以及新世纪以来的国家体育事业发展风貌，通过大量翔实珍贵的图片、史料，展现了百年来党的体育指导思想的发展历程和体育工作取得的伟大成就，生动描绘了南开大学在中国共产党领导下重视体育工作、锐意进取、不断突破的历史画卷。

（二）以趣味空间提"质"，打造"享趣运动联盟"运动空间

打造校园运动空间，既要主题鲜明、富有红色韵味，更要有过硬的内容和依托，使之富有灵性，妙趣横生。体育场馆管理中心秉持老校长"三育并进"和"完全人格"的育人理念，按照"自觉体育、全面体育、终身体育"的发展思路，不断创新体育运动的载体，打造"享趣运动联盟"运动空间，旨在把体育运动融入学习生活，推动"体育生活化、生活体育化"，积极引导广大学生"走出宿舍、走下网络、走向操场"，在学习知识中感受体育之美，享受运动之乐。

"享趣运动联盟"运动空间以体育运动的四个阶段即"自测—热身—运动—放松"为线索，设立自测、科普、运动和休闲四个主题区域，通过 BMI（Body Mass Index，身体质量指数）体型测试墙、健康大富翁、动感单车、迷你足球等师生群体喜闻乐见的运动实景和趣味游戏开展沉浸式、体验式的体育知识科普活动，寓教于乐、寓体育知识于空间实景，在老师和同学们的欢声笑语中潜移默化地塑造着他们的运动理念和体育习惯，积极营造激扬青春、活力四射的校园体育文化氛围。

（三）以网络空间化"形"，开发体育场馆智慧化建设软件系统

打造校园运动空间，选对"形式"很重要。近年来，体育场馆管理中心秉持"服务师生、奉献南开"的工作理念，以信息化为切口，不断改进服务的形式与质量。

在场地预订方面，体育场馆管理中心深耕微信预订渠道，研发推出第二代网络预订系统，实现体育场地 24 小时自助预退订服务，退订截止时间缩短至开场前 2 小时；在场地管理方面，体育场馆管理中心在校内首次大范围应用面部识别技术，全面实现无纸化自助入场，并限时限流以应对疫情防控常态化需要；在场地资费方面，体育场馆管理中心以在

"体育场馆管理中心"微信公众号发放调查问卷的形式，广泛听取师生意见建议，积极制定了《进一步优化体育场馆开放方式及收费标准的方案》，全面降低校内体育场地使用资费，并探索"忙闲"时段差异化收费模式，部分场地完全免费开放，旨在通过打造和改进网络空间，创新运动服务形式，进一步提升体育场馆服务质量，优化师生服务体验，构建师生之间互联互通的网络之桥。

三、经验启示

一是生动立体地再现了百年党史和百年校史中的爱国主义情怀和体育育人底色。百年体育展打破传统历史展流水账的叙事模式，以时间为线索，通过图文并茂的真实故事，尤其是南开人的身边故事切入史实，令同学们能真切和深刻地感受到其中蕴藏的爱国主义情怀和红色体育文化，帮助同学们理解体育工作的重要性和强化体育锻炼的必要性，旨在将体育文化贯穿于学校人才培养和人格塑造的全过程。展览除接待学工部、统计学院、商学院本科生第二党支部等多个单位、团体前来参观学习外，更吸引了来馆运动的广大师生驻足观瞻。

二是以"趣味运动空间"为媒介，培养南开人的体育精神，推动南开体育文化建设。享趣运动空间主打年轻化、趣味化和生活化，通过寓教于乐的互动实践和真实的运动场景让原本枯燥乏味的体育教育"活起来"、体育知识"动起来"，让同学们真切地感受到体育的魅力，提高同学们参与体育锻炼的积极性和主动性，让更多的南开人"爱体育、懂体育、会体育"，营造"师生爱体育、全民皆锻炼"的良好氛围，创造属于新时代南开人的体育荣光。享趣运动空间已成为广大学生校园文化生活的一部分，除师生个人外，也吸引了不少师生群体前来参与，如龙舟协会、研究生院、商学院博士生党支部等，深受师生喜爱。

三是以打造网络空间为契机，推动信息化服务提质增效，搭建师生良性沟通渠道。通过优化微信公众号服务功能、升级体育场馆预订系统、设置面部识别通道等举措，积极推动体育场馆信息化服务提质增效。目前，两校区体育场馆预订便捷，场地利用率高，羽毛球等热门运动场地更是"一票难求"，师生运动热情十分高涨。针对师生较为关注的资费问题，体育场馆管理中心迅速做出应对，在师生之间反响热烈，好评如潮。

四、深入思考

一是必须坚持党的领导、贯彻党的政策，用教育新思路回应时代考题。坚持党的领导、贯彻党的政策是取得一切胜利的战斗法宝，是高校开展教育工作的根本遵循。2021 年，适逢党的百年华诞，党中央高瞻远瞩地发出了党史学习教育的"动员令"，号召全党认真学习党的历史，深刻体会党的性质和宗旨，以奋进姿态继续推进中国特色社会主义事业迈向新征程。值此契机，体育场馆管理中心坚持学史力行，奋进争先，积极响应党中央号召和推进学校的工作部署，以爱国为主题，以体育为线索，深挖南开大学爱国主义历史传统中的体育底色，通过展览等场景化的形式生动再现了中国共产党人尤其是南开体育先辈"强种兴国、以体救国"的伟大创举，开辟了党史校史学习教育的新思路，用实际行动贯彻党的政策，回应时代考题。

二是必须服务于学校发展大局，用育人新模式助力学校"双一流"工作建设。近年来，南开大学以习近平新时代中国特色社会主义思想为指引，构建了覆盖全员、全过程、全方位的"三全育人"教育工作格局，探索新时代爱国主义教育的有效路径，为全校各院系部门开展教育工作指明了方向。值此背景，体育场馆管理中心聚焦学校发展大局，围绕立德树人的根本任务，以体育为牵引，着力推动"三全育人"和"五育融合"，通过打造各类运动"微空间"，探索实现体育文化"场景化"、体育运动"趣味化"、体育知识"动态化"，把爱国主义教育融入学生日常运动，用崭新的育人模式助力学校"双一流"建设和"十四五"规划，切实服务好学校中心工作和发展大局。

三是必须扎根学生群体，调整工作思路，用供需新视角探索高校体育场馆运行管理路径。2021 年，北京冬奥会场馆建设全面完工，在广泛建设体育场馆的基础上如何进一步运营好体育场馆，尤其是运营好诸多高校体育场馆成为社会热门话题。基于此，体育场馆管理中心从场馆运行管理的"供给侧"入手，引发学生的"需求侧"改革，进而有效解决校园体育运动遇冷的问题症结，为其他高校体育场馆运行管理提供参考。为此，体育场馆管理中心深度扎根学生群体，广泛收集意见建议，打造同学们喜闻乐见的运动空间吸引同学，选择同学们竞相追捧的运动形式留住同学，开辟同学们习惯常用的预约渠道方便同学，以此点燃同学们心中的体育之火，营造"爱体育、懂体育、会体育"的良好运动氛围。

（安勇，南开大学体育部体育场馆管理中心）

党建固本 外语赋能 培养爱国力行的外语人

引 言

　　南开大学外国语学院以基层党建工作为抓手，牢牢抓住课程思政"主渠道"、第二课堂"主动脉"、教师队伍"主心骨"，推动"党建+外语课程"，促进知识传授与价值引领有机融合；开展"党建+外语实践"，增强知行合一和中国文化传播；组建"党建+外语突击队"，彰显责任担当和大国风范，为培育爱国力行的新时代外语人打造坚强堡垒。

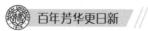

一、背景情况

南开大学外国语学院自 1919 年成立的南开大学英文学门起，至今已有百余年历史。在百年发展历史中，南开大学外国语学院始终将培育外语专业学生的爱国主义情怀放在育人首要位置。

高校外语专业是中西文化思想激烈碰撞的前沿学科，在促进国际文化交流、思想融会的同时，学院也面临着外语类学生思想开放、个性鲜明、价值多元等客观现实，因此格外注重始终坚持立德树人，将爱国主义教育融入教育教学全过程。

二、主要做法

（一）夯实阵地：构建课程思政"主渠道"，将外语课上出"思政味儿"

学院加强顶层设计，成立"思政进外语课堂指导与推进委员会"，扎实推进外语课程思政建设，努力让专业课程上出"思政味儿"，既"有意思"又"有意义"，该举措先后获《光明日报》《中国教育报》等媒体专题报道。通过实施"三个一"工程，即塑造一批外语课程思政优秀教师，打造一批外语课程思政精品课程，培育一批课程思政精品科研项目，实现了专业教师人人挑起"思政担"，外语课堂处处充满"中国表达"，科研成果个个写在"祖国大地"上。有的博士生导师主持我国濒危语系调查与研究，五年来多次带领学生深入我国南疆边境地区开展少数民族语言田野调查，与帕米尔高原偏远村落少数民族同吃同住同劳动，连续数月记录母语者的珍贵原始语料。这不仅增强了学生研究实践能力和创新能力，也进一步培育了学生的爱国主义精神和中华民族共同体意识。各个专业教师也将专业与国情、社情结合，以"四个自信"和爱国主义为指引深入研究，陆续开展了"中国政治话语英译术语库建设"及"拉美学者眼中的周恩来与中拉关系"等研究。

学院定期举办"外语思政和思政外语"教学研讨和教学比赛，充分挖掘课程思政元素，提升教师素质，打造出一批"外语+思政"的金牌讲师；大力推进《习近平谈治国理政》多语版本进教材、进课堂、进头脑，打造出"英语研究式学习""西方文明溯源""区域国别研究导论"等课程思政精品课，其中"当代中国政治话语及翻译"入选天津市高校新时代"课程思政"改革精品课。依托区域国别研究等七大研究中心，开展中国政治话语双语术语知识库建设等研究，服务于中国特色话语体系构建。外籍教师乐小悦翻译《中国特色社会主义为什么行》意大利语版，用世界眼光讲好中国故事，获评天津市"海河英才奖"提名奖。

（二）提升内涵：打通第二课堂"主动脉"，深耕外语专业"爱国情"

学院以党建项目为抓手，充分发挥语言专业优势，打造充满活力的特色第二课堂活动，将爱国主义教育渗透到生活学习各方面。一是组织师生共学共译，编写《"习"语化人心》等双语文集。其中，《译说南开 不忘初心——致百年的你》（中英双语）已出版发行。二是联系师生赴外共建共研。学院先后与新疆阿勒泰二中、甘肃庄浪四中、中国人民大学、复旦大学、上海外国语大学等全国多所学校党支部开展多维度交流。三是推动师生共读共讲。师生共读中、德、俄、英版《共产党宣言》，开发有滋有味儿的马克思主义理论课；开展党史校史双语宣讲，深入外国留学生群体，用习式金句传递友好；实施"青马带青苗儿"计划，签订"大中小学思政一体化建设"协议和"五育融合"实践基地，赴天津十多所中小学开展多样化双语宣讲。四是发动师生共展共演。策划周恩来总理外交思想图片文献展，厚植爱国主义情怀；演出原创爱国主义话剧《西南旧事》、多语版本经典话剧《雷雨》，弘扬中国文化。

近两年，"执语为甲勇逆行 爱国奋进勇担当——做爱国力行的'翻译官'""深耕外语专业育人，讲好百年党史故事"两个主题党日活动被评为天津市教育系统"创最佳党日"优秀活动，1个教师党支部获天津市先进基层党组织，1个学生党支部获评天津市研究生党建工作先进典型（样板支部），1名教师获评天津市教育系统优秀共产党员，1名博士生党员获评"中国大学生自强之星"。

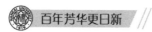

（三）凝聚合力：坚定教师队伍"主心骨"，做守卫国门一线"翻译官"

学院以为国家重大战略及"一带一路"发展建设培养"涉外事务的从业者，国际问题的研究者，沟通文明的践行者，语言服务的提供者"为目标，实施社会服务力提升计划。充分发挥语言专业优势，常态化为全国各大赛事、会展、智库提供语言服务或咨询服务，西班牙语、德语专业等数十名非通用语专业师生加入天津市应急服务外语人才库。面对突发的新冠病毒感染疫情，俄、日、德、法、西、葡、意、阿 8 个系的16 名中外籍教师通力合作共同完成《新型冠状病毒肺炎防控指南漫画版双语系列》8 个语种的译本翻译，并提供全球下载。该书是全国涵盖语种最多的抗疫外宣图书，以位列名单第一的成绩入选第十届中国数字出版博览会出版战"疫"数字内容精品展。

2020 年 3 月，随着全球疫情的快速扩散蔓延，我国疫情防控境外输入压力加大。天津滨海国际机场分流了一部分首都国际机场的航班，需要很多外语人才协助进行外国人的入境登记和流行病学调查。学院党员教师率先垂范，以非通用语教师党支部成员和本硕博学生党员、入党积极分子等为主要代表的 48 名在津师生迅速集结，成立"南开大学抗击疫情翻译志愿者突击队"，赴天津滨海国际机场为入境人员和工作人员提供语言翻译服务，协助海关对世界各地的国际航班旅客进行入境检查、流行病学调查以及入境集中隔离等沟通协调工作。从年近六旬的院长到入职不足一年的青年教师，从"90 后"辅导员到"00 后"青年学生，全员24 小时待命，学院先后派出 104 人次赴一线开展语言服务，服务时长累计 740 小时，共完成 530 余名入境人员的服务工作，用外语专长参与到严防境外疫情输入的防控工作中。关键时刻，彰显了南开外语人的家国情怀。学院的这一举措获先后得新华社、《中国日报》、《科技日报》、《天津日报》、意大利《晚邮报》等媒体报道，"南开大学抗击疫情翻译志愿者突击队"获评天津市三八红旗集体、天津市先进基层党组织、天津市"最美教工集体"等荣誉。

三、经验启示

外国语学院"党建+外语"育人模式已取得良好成效，对其他外语类院校，乃至全国高校各院系发挥组织育人作用均有参考价值。总结经验为以下几点。

（一）坚持专业提升与价值引领相融合。育人应以学生为本，满足学生知识能力与价值观的多维成长需求。无论是打造课程思政第一课堂，还是活动育人第二课堂，"党建+外语"育人模式在着重培育、锻炼学生专业能力的同时，化思政教育为春风细雨，润物无声，使同学们更加认识到外语学习的重要性和外语人的使命担当，从而实现专业提升和价值引领同频共振、良性循环。

（二）坚持师与生相协同。学院大力推进教师队伍建设，通过教职工大会、党员大会、专题培训会、课程思政教学研讨会等形式武装教师头脑；通过选树先进典型，发挥激励和引导作用，使得教师参与到教书育人各个环节，与学生共学共译、共建共研、共读共讲、共展共演，在关键时刻冲锋在前，成为学生真正的领路人。

（三）坚持提升自我与服务社会相结合。学院打通一、二课堂，联动多方力量，为教师和学生个人发展提供充分保障和提升平台，同时强化师生的服务意识、大局意识，鼓励和引导师生将个人理想追求融入国家和民族的事业，从而培育一批关键时刻能冲锋在前，服务社会发展的外语类人才。

四、深入思考

如何进一步在外语学科人才培养过程中夯实党建工作，把培养爱国力行的外语人作为人才培养的首要目标是值得深入思考的。因此，坚持学习贯彻习近平新时代中国特色社会主义思想，立足学科专业特色，培养具有"外语专长、人文素养、国际视野、中国情怀、南开特色"的人才是摆在当前的重中之重。我们仍要持续推行"党建+外语"育人模式，全力筑牢立德树人战略高地，推动爱国主义教育活起来、实起来、强起来。

（穆祥望、相羽、周文钰、崔丽月，南开大学外国语学院）

推广案例

致敬南开先贤 赓续家国情怀

——原创话剧《杨石先》搭建南开育人新平台

引 言

南开校园话剧有着悠久的历史，是中国话剧的重要源头，走出了张彭春、曹禺等一大批杰出的艺术家，在中国话剧史上更有着举足轻重的地位。百年更迭，南开人的话剧活动绵延至今，并随时代不断发展。2012年，南开大学"校园话剧社团"荣获教育部"高校校园文化建设优秀成果"特等奖。近年来，在鼓励校园话剧社团蓬勃发展的同时，南开大学特别注重打造反映民族精神和时代精神的校园话剧，创作出《杨石先》等一批优秀的主旋律剧目，真正实现了育人于情、育人于剧，有力提升了校园的整体风貌和文化格调。

大型原创话剧《杨石先》入选由中国科协、教育部等五部门发起的"共和国的脊梁"——科学大师名校宣传工程，现已成为南开校园文化活动中的亮丽名片。难能可贵的是，该剧所有演员都是南开大学在校师生，虽然出身非专业，但剧组上下用极高的热情和敬业的精神，用心演绎，取得了不俗的反响。

一、背景情况

原创话剧《杨石先》项目启动于 2014 年，并于 2015 年举行了首演。2016 年推出的新版话剧《杨石先》进行了全市公演，至今已先后在天津、重庆、江苏、澳门和河南等省市巡演 20 余场，直接观众达万余人次。该剧入选教育部思政司"高校原创文化精品推广行动计划"，荣获 2021 年"读懂中国"活动最佳舞台剧、第十一届视友杯中国高校电视奖综艺类一等奖和"最美科学大师——最受网友喜爱舞台剧"称号，进一步夯实了该剧作为南开校园文化活动标杆项目的地位。

话剧《杨石先》描写了新中国化学学科的奠基人、我国农药化学和元素有机化学的开拓者、南开大学原校长杨石先先生跌宕起伏又感人至深的光辉一生。他为了改变旧中国贫穷落后的面貌，先后三次出国求学，又三次毅然回国投身科教事业，在抗日战争期间坚持育人，为国家储备科技人才；新中国成立后，他针对国家需求，建立南开大学元素有机化学研究所，带领南开化学家焚膏继晷、废寝忘食开展田野调查，克服种种困难，集中全力研制新型农药，刻画了一组"秉公尽能"为祖国科研和教育事业奉献终身的中国科学家群像。

二、主要做法

（一）厚植爱国情怀——不忘科学大师，不忘报国初心

"谁是杨石先？"这在话剧《杨石先》问世之初，是剧组成员常常被问到的话题。一个被毛主席邀请在 1949 年 10 月 1 日登上天安门城楼共同见证开国大典的科学家，一个被周总理接到西花厅当面交代重要任务的科学家，一个早在 20 世纪 30 年代就实现了"环球旅行"、获得了康奈尔大学的本硕学位和耶鲁大学的博士学位、受聘印第安纳大学客座教授、三次出国却又三次毅然回国的科学家，一个为了党和人民事业放弃自己的专业、把国家的需要当作自己的专业的科学家，一个俯下身子深入田间、解决了几亿人吃饭问题的科学家，一个自己身为中科院院士又为新中国培养出了十余位两院院士的科学家……这样一个在现在网络文化语境中堪称"人生赢家"的科学家杨石先，却好像被这个他所奉献的时代了解的还不够。当中国科协发起的"共和国的脊梁"——科学大师名校宣传工程汇演活动中打出"中华民族不会忘记、共和国不会忘记，人民不会忘记，青年不会忘记"的口号时，我们觉得《杨石先》这部剧再合适不过了。通过校友演校友、学弟演学长，话剧《杨石先》让新一代的中国青年自觉把自己的志向和情怀同他们的"老校友""老学长"比肩看齐，也让老一辈的科学家们真切感受到，他们对国家和人民的热爱和贡献，将被一代代青年铭记和传承。

（二）深埋时代命题——骨肉情难断，两岸盼统一

一部反映科学大师的话剧，怎么会和当下时代发展的热点命题联系起来呢？不得不说，这源于杨石先戏剧性的人生经历。杨家有两个儿子，大的叫绍曾，号石先，小的叫继曾，名字里的"曾"字指的是他们的曾祖父——清代任过四川学台、国子监学官、翰林院学士的杨秉璋。杨家希望两个孩子都能延续曾祖父的荣光，衣锦还乡，光耀门楣。果不其然，两兄弟不负众望，哥哥学农，弟弟学工，都学有所成，在各自领域实现了自己人生的"小目标"。然而，也许是命运的捉弄，也许是上天的安排，

两人最终走上了不同的政治道路，并从此分隔两岸——哥哥加入了共产党，做了南开校长，弟弟加入国民党，到了台湾，做了蒋介石政府的"经济部长"。这样"传奇"的经历，被剧组敏锐捕捉到，并用艺术化的语言和时空对话的形式展现出来，让这个政治意味很浓的话题变得充满了人情味——再"骨肉"的亲情也不能动摇杨石先的政治立场，但再坚定的立场也无法割断兄弟间的骨肉亲情。话剧《杨石先》在剧中埋设的这个伏笔，让"杨石先"这个人物变得可亲，变得可敬！

话剧《杨石先》紧贴时代脉搏，具有层次丰富、内涵深刻的思想境界。《杨石先》剧组就像是祖国大家庭的缩影，里面有汉、满、回、维吾尔、哈萨克等多个民族的师生，还有来自港澳地区的学生甚至是海外华侨留学生参加。2019年，适逢新中国成立70周年和澳门回归祖国20周年，话剧《杨石先》首次前往境外，面向澳门青年进行公演。《澳门日报》在活动报道中指出，话剧《杨石先》发扬了南开人科研报国的爱国主义精神，增进了内地与澳门的文化交流，促进了两地两校青年的相互了解，有利于建立起统一的民族认同和国家观念。

（三）接续砥砺奋斗——用青年人的口味讲故事、讲道理、讲情怀

原创话剧《杨石先》由南开大学师生共同创作。为了创作好这部剧，剧组成员到档案馆查阅了几乎所有相关资料，认真研究了杨石先的一生。话剧《杨石先》演职人员全部从在校师生中选拔，没有一位表演科班的演员，真正做到了"校友演校友、学弟（妹）演学长"，目的就是要凸显这部话剧的育人目的，让不论参演其中还是台下观剧的南开人都明白：我们就是要通过这部话剧让青年师生全情投入，在排演过程中重塑自我，自觉把思想认识提高到新的高度。因为只有时刻同"杨石先"这个人物的精神对标对表，才能真正演出真情实感，才能真正获得青年观众的认可和喜爱。

七年来，累计有400多名学生参与话剧排演。剧组中的排演工作不仅让他们锻炼了能力，开拓了视野，也让他们的对爱国奉献的家国情怀有了更深层的理解，更坚定了他们将爱国之心化为报国之行的信心和决心。他们中有的携笔从戎，投身军营，成为习近平总书记回信勉励的有志青年，决心在军队的大熔炉里淬炼成钢；有的响应国家精准扶贫的号召，自愿前往新疆、西藏等西部省份支教扶贫；有的投身科研，在赶超世界水平上埋头苦干；有的放弃大城市优渥的生活，扎根基层勤勉工作……习近平总书记在 2018 年全国教育大会上强调，要在厚植爱国主义情怀上下功夫，让爱国主义精神在学生心中牢牢扎根。话剧《杨石先》以感人的情节、质朴的演绎，向全社会特别是当代青年，传递出向科学大师学习的正能量，这对于在青年大学生中坚定"四个自信"，培育和践行社会主义核心价值观，具有十分重要的展示价值和现实意义。

三、经验启示

（一）发扬南开传统，传承爱国基因

南开校园话剧活动久负盛名，是中国现代话剧艺术的重要源头之一。百年前，南开师生正是用排演话剧这一新颖活泼的形式启迪民智、作育英才，引领近代中国教育风气之先；百年来，南开人延续校园话剧艺术熏陶育人的特色，鼓励支持学生自编自演主题话剧剧目，用青年学生的艺术演绎诠释南开人的爱国心、报国情。话剧《杨石先》的观众席上，总有不少同学为老校长的事迹而感动落泪，他们决心成为像杨石先先生一样为国家事业奋斗奉献的人。把深沉的爱国主义情怀厚植在每一个学子心田，正是南开这部科学大师主题剧目的理想。

在 2018 年全国教育大会上，南开老校长张伯苓当年发出的"爱国三问"再一次成为人们热议的焦点，为什么一百多年的南开精神会在 21 世纪的今天依然受到高度关注和重视？因为它恰恰是社会主义核心价值观的南开表达，深刻体现了南开校训穿越时空的历史深度和思想高度。而杨石先的一生，就是南开爱国基因的完美体现：在国家战乱四起、民不聊生的时候，他没有偷生苟安，而是想着如何能让更多的有为青年报效国家；在自然灾害频发、内外形势严峻的时候，他没有明哲保身，而是要求入党、勇挑重担；在改革形势大好、科教春天来临的时候，他主动

请辞，为青年铺路……这样的人格和风骨，正是大公大能的志向和情怀。

（二）挖掘校史内涵，践行"公能"精神

话剧《杨石先》是全景式反映杨石先一生的第一部剧目，而杨石先作为南开大学历史上任职时间最长、时代跨度最大的校长，他的一生，又与南开学校的发展、与南开精神的传承，风雨同舟，患难与共。甚至可以说，南开这个符号，就是杨石先一生永恒的背景色。他在南开大学工作60多年，担任学校主要领导有30余年，他见证了私立南开的声名鹊起，也目睹了南开校园被日寇摧毁，他把南开大学整建制带进新中国，也在非常时期顶住压力、科研不辍……是什么支撑着杨石先一路走来？原因或许有很多，但有一样一定不能缺席，那就是南开精神——"允公允能、日新月异"。

一部《杨石先》话剧，缅怀了杨石先，歌颂了南开学校，发扬了南开精神，更彰显了以人民利益为最高利益、以报效国家为最高荣誉、在创造一流科技业绩中书写人生辉煌的科学大师情怀，这是我们这个时代的精神写照，传承好这种精神，也是这部话剧的初心和目标。

（三）树立高校品牌，探索育人亮点

话剧《杨石先》自公演以来，受到了新华网、中国广播网、《光明日报》、《中国科学报》以及天津电视台、天津人民广播电台、北方网等媒体的广泛报道，在南开园内外掀起了一波波研究、学习杨石先精神的高潮。《杨石先文选》《杨石先图传》陆续出版，《杨石先纪念文集》再版发行，杨石先教育思想研讨会和纪念杨石先先生诞辰120周年座谈会召开，并举行"高举团旗跟党走　青春共筑中国梦"纪念杨石先先生诞辰120周年特别团日活动。南开大学还将杨石先生前工作的元素有机化学国家重点实验室所在地合成楼命名为"石先楼"。

以该剧为依托，该剧编剧、我校教师郭威在南开大学首开《话剧表演与剧本写作入门》公选课，可以让南开青年在校内就能接受到较为系

统的表演与写作知识，延伸话剧育人手臂，拓展美育工作思路。

四、深入思考

（一）用内涵深刻的优秀作品开辟育人新思路

习近平总书记说，文艺是时代的号角。校园原创文艺作品植根于学校的文化基因，又能促进校园文化繁荣，能够发挥春风化雨、润物无声的教育功能，是开展思想政治教育的鲜活形式与生动教材。发挥以话剧为代表的美育在育人方面的作用，可以让青年学生在艺术中体悟真理，在实践中熏陶人格，提升学生的综合素质，美育反哺德育，实现"德智体美劳"五育融合。

（二）师生同演一出戏，育人润物细无声

话剧《杨石先》的一大育人特色，就是"师生同演"。在剧组中有十余位老师，他们来自不同的工作岗位，但在剧组里，他们和其他学生一样，都是普通的演职人员。在剧组排演过程中，平日里老师和学生之间身份界限逐渐淡化，取而代之的是剧组上下几十人为了打造一个共同的文化精品而齐心协力。正是在"师生同演"模式的带动下，剧组始终葆有旺盛的创作力和生命力。老师与学生们朝夕相处，同吃同住、同演同行，构建了和谐融洽、教学相长的师生共同体，以自己的言行对学生演职人员产生了潜移默化的影响，在时间和空间上极大延伸了育人工作的手臂。

（三）用"数年磨一剑"的精神打造文化精品

一部话剧的排演不是一日之功，需要面临多次失败和反复，需要演职人员不断打磨雕琢，特别是作为非专业演出团体，话剧《杨石先》的演职人员们所要面对的困难和挑战更多。本着尊重先贤和直面历史的态度，南开师生啃大部头，深挖内涵，突出爱国主义这条主线；秉持着精益求精、坚持不懈的"工匠精神"，脚踏实地，戒骄戒躁，不为浮名，苦

心孤诣，历经七年时间，终于让话剧《杨石先》成为南开大学"叫得响、传得开、留得下"的文化精品，让文化育人更富营养、更接地气、更有温情、更具活力。

（郭威，南开大学团委）

挖掘红色资源 强化正面引领
培育爱国奋斗的时代新人

——将爱国主义教育融入本科新生入学教育的探索与实践

引　言

　　2018 年 9 月 2 日，是南开大学 2018 级本科新生报到的日子，材料科学与工程学院一楼大厅里一群新生正排队办理报到手续。一名志愿者向新生们介绍着学院的"学习楷模精神，传承南开传统，树立远大理想"主题教育活动，"大家报到结束后可以来我这里抽取一张名人卡，写上你们室友的名字及宿舍号，然后在展板上找到对应的名人头像，把名人卡贴到名人头像边上"。另一位高年级学长补充道："开学后，大家要以宿舍为单位去搜集你们抽到的名人背后的感人故事，一个月以后进行展示评比。"

令人欣喜的是，这种以宿舍文化建设的形式学习伟人们创新精神、伟大风范的做法受到了学生们的广泛好评。2018 级本科生蒋佳轩说："在学校 99 岁生日当天，参与这样的活动很有意义，周恩来总理为中华之崛起而读书、钱学森先生冲破重重阻力回到祖国、郭永怀烈士用生命保护珍贵的实验数据……这些先贤们的爱国精神、奉献精神、执着精神让我深深震撼。"如今，2018 级本科生已毕业，在入学初这场主题教育活动的"启蒙"下，学生们的人生选择更为多样、明确，相比以往学生单一执着于读书深造，这一届有几人早早便决定去基层实现人生理想。

一、背景情况

党的十八大以来，以习近平同志为核心的党中央高度重视爱国主义教育，作出了一系列加强爱国主义教育的重要部署。立德树人是学校的根本任务，南开大学具有光荣的爱国主义传统，张伯苓老校长的"爱国三问"至今仍振聋发聩。作为南开大学的学生思想政治教育工作者，主动挖掘红色资源，强化对学生的正面引领，激发学生的爱国热情，引导学生树立报国理想，是使命也是责任。材料科学与工程学院从培养学生爱国情、砥砺学生强国志出发，抓住新生入学教育的契机，创新主题教育的形式，巧妙地将爱国主义教育、学科专业教育、校情校史教育有机结合，策划实施了"学习楷模精神，传承南开传统，树立远大理想"主题迎新教育活动。

二、主要做法

（一）精心谋划，让爱国教育成为新生入学教育的主基调

开学前，学院调研了新生的民族、籍贯、作息习惯、兴趣爱好等，

并据此分配了 29 间宿舍。下一步，怎样开展新生入学教育，如何上好爱国主义这堂必修课成了学院的工作重点。学院确立了将爱国主义教育融入新生入学教育全过程，带领学生学习南开精神、引导学生奋斗报国的工作思路。学院精心设计展出了以爱国奋斗为主题的大型展板，展板分三个区域。中间区域是"中国脊梁"，收集了 10 位心怀祖国、奉献一生的科学家照片，如钱学森、黄大年、南仁东等。另外一块照片墙的主题是"南开群星"，有周恩来、陈省身、郭永怀等 10 位杰出的爱国奉献南开人。最后一部分是 8 位"科学先贤"，以门捷列夫、爱因斯坦、法拉第等材料、物理领域的科学名人为代表。除此之外，还将 40 字南开镜箴列入展板。

入学报到期间，学院将这个"群星闪耀的名人墙"摆在一楼大厅的显著位置，营造爱国、奉献、奋斗、追梦的氛围，旗帜鲜明地引导学生学先贤事迹、向榜样看齐，来学院办理报到手续的每位新生第一眼就能看到这面"名人墙"。新生家长、学院教职工、高年级学生也都驻足观看，或拍照收藏，或用手机搜索名人事迹。每间宿舍第一位报到的学生，可以抽取一张名人卡，并在卡的正面写上宿舍号及宿舍全部同学的名字，然后贴到"名人墙"对应的人物头像上，即代表该名人已被"认领"。28位名人加上南开镜箴刚好被 29 间宿舍"认领"。

（二）持续发力，在挖掘人物故事中厚植爱国主义情怀

"认领"名人只是主题教育活动的开始，接下来学生们还有其他的"任务"。入学教育期间，每位学生要通过浏览互联网、进图书馆、参观展览馆等多种方式去搜集与挖掘各自宿舍所"认领"名人背后的故事，了解名人的先进事迹，学习大国脊梁们矢志不渝、自强不息的民族精神，学习南开人胸怀祖国、团结奋斗的爱国精神，学习科学家追求真理、潜心研究的科研精神。最终，学生们或制作 PPT、视频，或绘画、创作歌曲等，以"作品"的形式把榜样事迹、人物精神呈现出来。另外，学院还从高年级的优秀学生骨干中为新生选拔配备了"宿舍朋辈导师"，以朋辈的力量去指导学生们学名人事迹，在保证作品价值取向正确的同时，还

保证了作品的制作质量。

10 月 17 日是南开校庆日，在这个特殊的时间节点，学院在报告厅举办了"学习楷模精神，传承南开传统，树立远大理想"主题教育活动成果评比大会，学生们以宿舍为单位分享了各自"认领"的榜样人物事迹。学 5-B611 宿舍的学生抽到的名人是周恩来，她们领到"任务"后进行了讨论，决定用 PPT 的形式来讲述"恩来精神"。她们在讲述周恩来的故事时说："南开大学培养出了一大批优秀人才，其中最为杰出的当属周恩来总理，他无私奉献、信仰坚定，他严于律己、勤政为民，他理想远大、对党忠诚，是我们所有人永远学习的楷模。"

三、经验启示

一是爱国主义教育应融入新生入学教育。高校是立德树人的地方，第一要务就是要引导学生厚植家国情怀，帮助学生树立起爱国奋斗的坚定理想。刚刚步入大学的新生，还没有接受系统的大学教育，正处于独立思考的起步阶段，他们思想还没成熟，恰恰需要有人帮助他们"扣好人生的第一粒扣子"。开学阶段正是教育的"黄金期"，新生们饱含激情同时又带着些许迷茫来到校园，这个时候让广大青年学生接受一次"亲身参与式"的爱国教育，不仅能保证爱国主义教育的效果，激发起学生的爱国热情，还能帮助学生把握好人生的方向，引导学生将自身发展与国家和民族命运紧密相连。

二是爱国主义教育的形式应符合学生成长规律。爱国主义教育是必修课，但必修课的授课方式有很多种，单纯地采用说教式、灌输式的教育往往起不到好的效果，甚至有时还会适得其反。针对思想活跃的大学生群体，可以抓住他们好奇心旺盛、荣誉感重、好胜心强的特点，设计开展学生们感兴趣的活动，吸引他们主动参与，提升教育效果。"学习楷模精神，传承南开传统，树立远大理想"主题教育活动，以一种"认领"名人的方式开展，学生多了一份名人光环下的荣誉感，更有一份讲好名人故事的责任感，让每个挖掘人物事迹的学生都像是一个创作者，让每个讲述名人故事的学生都像是一个亲历者。

三是爱国主义教育应借助"学长"与"朋辈"的力量。南开大学拥有着光荣的爱国主义传统，爱国基因代代传承。利用好这些生动而真实的案例开展爱国主义教育，既能避免枯燥乏味的说教，又能拓宽教育的内容，还能深化学生们对爱国的认知。在开展爱国教育活动的过程中，学院除了注重发挥周恩来、陈省身、郭永怀等老前辈、老学长的榜样带动作用，也发挥了优秀年轻学子重要的教育引导作用，以朋辈的力量传递爱国热情。除此之外，学院抓住朋辈间更能共情的特点，以宿舍为单位安排"任务"，既有利于宿舍文化建设，又能调动起学生的积极性。爱国奋斗故事从学生们自己口中讲出来，使得"爱国""奋斗"有了更年轻、更生动、更鲜活的表达。

四、深入思考

（一）通过优化活动充分激发学生参与的主动性

每名新生都有自己的成长故事、学习背景与兴趣爱好，他们对主题教育活动的接纳程度往往不一样，对于那些真正喜欢这类活动的，要想方设法加大深度，让学生觉得"解渴"。对于个别不主动的新生，要尊重个体差异，向学生耐心介绍活动引导学生融入进来，让学生觉得有吸引力。具体来讲，在设计活动时，可以征集学生们的创意，充分调动起学生的能动性，比如希望设置哪些名人选项，期待有哪类作品展示方式等；在总结展示环节，试着赋予学生观众一部分打分的权重，增加学生们的参与感；活动结束后，通过发放匿名问卷，检验学生们的学习成效，收集大家对活动的改进建议。最后，可以将学生参与整个活动的过程录制下来，等到毕业的时候组织他们再回看当年的视频，以此来激励广大青年学生叩问初心、守护初心。如果条件允许，还可以刻录成光盘作为毕业礼物送给学生，做到慎终如始，不忘初心。

（二）正确看待爱国主义教育的严谨性与开放性

部分大学生对网络上无序的信息甄别能力较弱，他们通过互联网挖掘人物事迹时可能被网络上歪曲、丑化名人的言论带偏，在学习先辈精神、讲述爱国故事的过程中，很可能抓不住重点，不能准确领会其在新时代的内涵。因此，开展这类爱国主义教育活动，最好有知识储备丰富、理论功底扎实的教育工作者予以指导。此外，青年学生生长在互联网时代，他们制作的文化作品可能带有一定的趣味性，在讲述人物故事、抒发爱国情感时可能会用到一些网络语言。作为教育工作者，应顺应时代发展趋势，主动理解青年学生的思维习惯与话语体系，用活泼、直观、符合青年一代风格的语言教育培养他们。总的来说，爱国是件严肃认真的事情，爱国主义教育的逻辑也应该是严密、清晰的，但爱国主义教育的形式以及学生情感表达的方式却可以是多元的。

（王春雷，南开大学材料科学与工程学院；张洋，南开大学办公室）

以史为鉴 开创未来：
扎牢爱国主义教育的历史根基

——以党史学习教育促新时代爱国主义教育走深走实

引 言

历史是最好的教科书，也是最好的清醒剂。在建党百年的重大时刻，重温党的历史、加强党史学习教育是加强新时代爱国主义教育的必然要求。马克思主义学院紧紧围绕这一思路，在深入推进党史学习教育中扎实推进爱国主义教育活动。

一、背景情况

2021 年 2 月 20 日，党史学习教育动员大会在北京召开，习近平总书记指出，"一切向前走，都不能忘记走过的路，走得再远、走到再光辉的未来，也不能忘记走过的过去，不能忘记为什么出发"。6月18日，习近平总书记在参观"'不忘初心、牢记使命'中国共产党历史展览"时又进一步指出，"党的历史是最生动、最有说服力的教科书"。

二、主要做法

（一）学思践悟：用好红色资源，鲜亮爱国主义教育底色

习近平总书记强调，"爱国主义教育要加强，要让孩子们知道自己是从哪里来的，红色基因是要验证的"。因此，要加强爱国主义教育，就必须知行合一、亲身感受、学思结合。

为深入贯彻落实习近平总书记重要讲话精神，积极响应"学党史、强信念、跟党走"的号召，马克思主义学院多批次、全覆盖地组织学生赴周邓纪念馆、天津博物馆、方志敏纪念馆、李大钊纪念馆等多地爱国主义教育基地参观学习，在实地考察中感悟红色基因。

马克思主义学院历来重视师生社会实践活动，2021年度暑期学院组织了32支实践队赴全国各地，开展"赓续时代血脉 续写时代华章"社会实践活动，感悟红色文化，传承红色传统。其中，《南开大学十年苏区实践思政大课》被《光明日报》报道，并在《思想教育研究》封三封四全版推介。

（二）五育融合：聚焦青年成长，丰富爱国主义教育载体

近年来，马克思主义学院始终坚持"五育融合"，从"德智体美劳"五方面多管齐下，以党史学习教育和抗击新冠疫情为抓手，着力提升爱国主义教育的实效性。

以德为基，加强学生思政教育。各班团支部开展丰富多彩的爱国主义教育活动，以主题团日活动、团课等多样化形式，加强青年思想引领；紧抓马克思主义学院特色，在专业课教学中加强爱国主义教育，在专业学习中让学生认识到中国共产党为什么能，中国特色社会主义为什么好，归根到底是因为马克思主义行，是因为中国化时代化的马克思主义行；

新冠疫情期间，以抗疫斗争为抓手，着力提升学生"四个自信"；2021年度，以党史学习教育为核心，深入开展爱国主义教育活动。

以智为本，提升学生学术素养。学院重视学生学术素养培育，以"回顾中国共产党百年奋斗历程推进马克思主义创新发展"为主题开展学术论坛和研讨会；着力打造双周午间学术沙龙活动，教师学生开展自由学术研讨，共享物质与精神食粮；选拔专业教师，为每名大二及以上学生配备学术导师，促进学业成长；开展保研考研学业交流会；配备宿舍导师——领航员，开展学业帮扶；整理推送"在马研马"各类学术交流会议信息。

以体为重，打造学生体育风尚。举办建党百年"百天倒计时"红色运动会，让广大师生在运动中感受百年党史的重要节点，不断丰富党史教育形式，让党史学习"活"起来、"动"起来；动员学生积极参与"校运会""校长杯""院长杯""文联杯""金砖杯"以及"红色趣味运动会"等一系列运动赛事；疫情期间推出"线上小体"运动打卡活动，鼓励居家运动。

以美为要，激发学生审美体验。学院开展"波澜壮阔百年路，砥砺前行复兴途"新生晚会，引导青年学子在文艺熏陶中加深对党史的理解；举办"乘风忆峥嵘岁月，策马赴百年征程"纪念毛泽东同志诞辰暨2021年新年晚会，献礼全面小康和建党百年；学院挂靠社团举办以"奋进中国，奋斗有我"为主题的南开大学"双优工程"中文演讲大赛；学院还大力支持学生参与"五月的鲜花"合唱比赛、"定格生活的美"摄影大赛等一系列美育活动。通过丰富多彩的文化和美育课堂，引领青年学生成为全面发展、志趣高雅的时代新人。

以劳为乐，引导学生劳动意识。学院始终重视劳动教育的重要作用，鼓励学生打造"劳动型"宿舍，增强劳动技能，提升生活品质；为各个班级分配班级责任田，鼓励学生在田间劳动中培育勤劳品质；学院还大力支持学生参与多样的社会实践活动，到基层去、到田间地头去，与农民同劳作，与脱贫攻坚调研员同走访，与讲解员同讲党史；疫情期间，

鼓励学生在做好自身防护的基础上向社区报到，主动参与社区疫情防控等志愿服务，强化劳动育人，彰显青年学子的担当精神。

（三）"师生四同"：筑牢宣传阵地，"多声部"唱响"主旋律"

习近平总书记强调，"要坚持立德树人、以文化人，建设社会主义精神文明、培育和践行社会主义核心价值观，提高人民思想觉悟、道德水准、文明素养，培养能够担当民族复兴大任的时代新人"。近年来，马克思主义学院始终秉持"师生四同"育人，综合运用宣讲会、研讨会、话剧展、微视频和公众号等多种形式守好宣传阵地，用好"讲一讲、演一演、听一听"三把钥匙，深入开展系列爱国主义教育宣传活动。

师生共讲党史故事。学院与校团委共同组建"南开大学成才报国青年宣讲团"，7 位青年教师开展党史主题校内外宣讲 50 余次。此外，学院多位教师参加全国高校优秀思想政治理论课示范课百人巡讲团、天津市高校思想政治理论宣讲"教授团"等，广泛开展理论宣讲。与人民网公开课联合推出"中国共产党党史名家论坛"系列课程 14 讲，浏览点击量近 100000 次。学院组织学生宣讲团、新觉悟社、红色记忆宣讲团三大理论社团，以及《马克思主义在南开》讲解队等，开展学生理论宣讲。依托学生宣讲团、红色记忆宣讲团、南开大学演讲团等学生社团开展宣讲活动；以主题党日、团日为契机，开展理论宣讲活动；鼓励学生参加大学生讲思政课大赛等。

师生共演先烈伟绩。追光亮起演绎先烈往事，大幕落下铸就红色人生。马克思主义学院坚持南开大学百年话剧传统与红色文化育人理念，将排演的话剧《可爱的中国》搬上了舞台。话剧充分运用情景音乐、肢体语言、故事讲述和场景的时空变换，通过被俘、劝降、斗争、牺牲这四幕戏，演绎身躯被俘信念不移、劝降无果师生共志、笔耕不辍狱中斗争、舍弃小我天人永隔、心之所向无问西东、英魂永存、新中国的畅想等多个场景，传递出"爱国、创造、清贫、奉献"的方志敏精神。话剧得到了党史学界和社会各界的好评，取得了广泛社会影响。在南开大学鼎力支持下，《可爱的中国》剧组先后开展多次校内外演出，足迹遍布湖北、江西等地。

师生共听青年声音。以"回顾中国共产党百年奋斗历程推进马克思主义创新发展"为主题，面向学生开展学术征文，并召开学院庆祝中国共产党成立 100 周年学生学术研讨会。选树青年学生典型，推送以先进事迹为主要内容的"青春日志"100 期，内容涵盖抗疫实践、志愿服务等多类青年榜样，逐步推进形成学生之间"比学赶超"的良好氛围。此外，学院还鼓励学生综合运用多媒体技术，开展了"百年大党　思想常新"系列百篇微视频、"青年电台"等一系列多姿多彩的宣传活动，部分成果在学习强国平台发布，传递青年声音，展现青年力量。

三、经验启示

一是紧扣党史学习教育主题开展爱国主义教育活动。爱国主义教育活动内容广泛、形式多样，马克思主义学院着重选取党史学习教育活动作为爱国主义教育活动开展的主要抓手，引导学生"学史明理 学史增信 学史崇德 学史力行"。深入挖掘百年党史的思想内涵和时代价值，旗帜鲜明反对历史虚无主义，着力打造主题突出、导向鲜明、厚植党史、内涵丰富、形式多样、喜闻乐见的精品爱国主义教育活动。增强活动仪式感、参与感，引导青年学生在党史学习中厚植爱国主义情感，让红色基因代代传承。

二是采取广大师生喜闻乐见的展示载体与活动形式。马克思主义学院围绕爱国主义教育的主旨，综合运用视频混剪、主播朗读、航拍摄影、公众平台等多种展示载体，灵活选择集体观影、主题讨论、参观展览、文体活动等多样活动形式，采取广大师生喜闻乐见的形式，系列推出有关党史学习教育的理论和实践的"沉浸式"宣传教育内容等，在全院范围内广泛开展爱国主义教育活动，有效引导广大学生树立"四个自信"，提升志气、骨气、底气，成长为中华民族伟大复兴的先锋力量。

三是建立党支部与班团支部和学生组织（社团）的联动机制。马克思主义学院以党支部为核心，延伸党支部组织格局中的外围延伸手臂，进一步彰显班团支部、学生组织（社团）的内在价值，厚植基层党支部的根系。围绕党支部核心，要发挥班团支部作为党的助手和后备军的作用，班团支部着力研究"党建带团建"，破除"等、靠、要"思想，主动开展爱国主义教育主题团日、团课等活动；也要加强学生组织（社团）组织体系建设，做好党团支部的"好助手"，深耕学生组织（社团）的爱国主义教育"责任田"，着力发挥学生组织（社团）"融入式"独特作用。

四、深入思考

（一）如何进一步激发师生参与新时代爱国主义教育的主动性

在新时代爱国主义教育中，如何调动广大师生的创造性，是保证爱国主义教育活动正常开展的重要前提。第一，凝聚师生合力。探索师生育人共同体，通过师生同学、同研、同讲、同行，发挥专业教师在爱国主义教育中的引领和浸润，将学科育人与爱国主义有机结合，发挥三全育人示范效应。第二，融通两类课堂。发挥课程思政与思政课程同频共振，牢牢把握党史学习教育的重要环节，讲好党史、国史、校史、学科史，厚植学生爱国情况。第三，树立青年性思维。把握好师者教育主导性与青年培养主体性之间的关系，走进青年、倾听青年、问需青年、问计青年，调研了解青年学生的思想状态和话语方式，创新党史学习教育方式方法，让青年"唱好主角"。

（二）如何进一步提升新时代爱国主义教育效果的有效性

"融合发展必须坚持内容为王，以内容优势赢得发展优势"，就是要开发出青年人喜爱的爱国主义教育精品。目前，爱国主义教育活动多为浅层次的感性教育，较少上升为理性教育，所以要做到以下几点。第一，提升爱国主义教育活动感染力。深度挖掘百年党史，通过理论学习、红色实践、课题调研等方式在学理上下功夫，提高阐释力和理论力，牢牢守住意识形态领域话语权。第二，提高爱国主义教育活动吸引力。与时俱进多维度拓宽新媒体宣传方式，丰富爱国主义精品形态和样式，聚焦青年关注关心的问题，开发出更多的高质量有趣有意义的活动和作品，将爱国主义元素融入网游、手游等青年社交游戏方式中，增强"沉浸式"体验感。第三，增强爱国主义教育的综合力。增强体制机制建设，建好工作堡垒，培育专业化队伍，结合学院特点特色开发品牌活动；注重线上线下有机联动，开发一系列青年喜闻乐见的原创作品；加快思维创新，利用好传统的大学生爱国主义教育成果，要与教学科研、校园文化、社会实践紧密结合，依托学生组织、社团、兴趣小组等进一步增强育人力度。

（三）如何进一步增强新时代爱国主义教育活动的持续性

第一，牢牢把握一条主线，那就是以习近平新时代中国特色社会主义思想武装头脑指导实践。将党史学习教育走实走深，广泛开展党史、国史、改革开放史、社会主义发展史教育，发挥思政课主渠道，引导青年从历史大事件中深刻认识"中国共产党为什么能""中国特色社会主义为什么好""马克思主义为什么行"的内在逻辑，在深刻学习社会主义革命、建设、改革和党的不懈奋斗的历程中凝聚起奋进力量逐梦前行。第二，大力弘扬以爱国主义为核心的民族精神和以改革创新为核心的时代精神。引导青年深刻领悟中国人民在长期奋斗中形成的伟大创造精神、伟大奋斗精神、伟大团结精神、伟大梦想精神，提高思想觉悟，厚植爱国情怀。第三，探索丰富多样的爱国主义教育实践形式。用好红色实践，引导学生在"走访讲唱"多种形式爱国主义教育活动中感悟革命力量，赓续红色血脉。充分挖掘重大纪念日、重大历史事件蕴含的爱国主义教育资源，线上线下组织开展系列庆祝或纪念活动和主题教育活动，营造爱国主义教育浓厚氛围。

（高田琪、马红英、张子琪，南开大学马克思主义学院）

明志践行 让爱国主义精神在学生心中生根发芽

——"浸润"型实践活动助力爱国主义教育发挥实效

引 言

2021 年 5 月 30 日，南开大学东方艺术大楼的逸夫厅，座无虚席，台上演绎的是 99 年前的一个场景。一名身着白衣绿裙的女学生正在和张伯苓校长对话，张伯苓校长问："你觉得生物学门的愿望是什么呢？"女学生认真又坚定地说："我年纪还小，讲不出什么大道理，我只想为生物学科培养出优秀的人才，大家齐心协力，最终海晏河清，江山永宁，人和自然和谐相处，这，就是我的愿望！"台下爆发出一阵热烈的掌声。这是南开大学生命科学学院"话谈百年 剧演生科"话剧节的现场，这位女学生"南生莲"是 99 岁的南开生科的化身，跟随着她的脚步，同学们重温了从建校伊始到日寇毁校再到复校重建，南开生科建系建院的光辉历程，这部话剧的名字叫《采莲南塘秋》。

一、背景情况

爱国主义是中华民族最重要的精神财富，习近平总书记说："对每一个中国人来说，爱国是本分，也是职责，是心之所系、情之所归。"习近平总书记在 2019 年视察南开时勉励师生：南开大学具有光荣的爱国主义传统，这是南开的魂。南开大学的校训是"允公允能、日新月异"，这是一所为公为国而创办的大学。新时代，要将"允公"置于更重要的地位，在继承发扬爱国主义教育历史和传统的基础上，培养能够担当民族复兴大任的时代新人，正所谓"青年兴则国家兴，青年强则国家强"，要将爱国主义精神的种子播种在青年学生的心中，使之生根发芽、开花结果，让学生在潜移默化中增强爱国情感。

南开大学生命科学学院对学生开展爱国主义教育遵循大学生成长、成才规律，在传统"讲授""宣讲"的基础上，通过创新教育载体，丰富实践形式，拓宽教育场景，开展体验式、启发式、互动式的"浸润"型爱国主义教育实践活动，增强爱国主义教育的吸引力和感染力，提升学生的爱国情、强国志。

二、主要做法

（一）开展艺术文化活动，厚植爱国情怀

站在建党百年的重要历史节点，如何让青年一代从百年党史中感受爱国精神，汲取奋进力量？需要用"年轻人的方式"，让他们讲好、演好

"过去的故事"。南开大学生命科学学院充分挖掘党史、校史、院史中的红色基因和育人价值，让鲜活的人物、感人的事迹走出书本、走上舞台、走向生活。

"话谈百年　剧演生科"话剧节活动是让爱国主义精神"演出来""传下去"的教育实践活动，学生党、团支部 100 余名学生精心编排 6 场话剧，由具有丰富话剧编排经验的辅导员王一涵担任指导老师。其中，话剧《共产党的故事》，形象生动地演绎了一位女共产党员在抗日战争时期与敌人顽强斗争、不怕牺牲的爱国心、报国行；《建党强党，百年继承》惟妙惟肖地刻画了五四运动时期的青年学子们在黑暗的压迫下奋起反抗、投身革命热潮，为了全民族翻身解放而努力奋斗的精神；《永不消逝的电波》用心用情讲述了在敌人的重重包围下，革命战士们用电波传递着光明，为了信息的传送，不怕牺牲的大无畏革命精神；《如日之升，如星之恒》，则通过巴黎和会、五四运动、中共一大三个片段生动地诠释了第一次世界大战后中国在巴黎和会上的外交惨败、五四运动爆发、万千国人觉醒，中国共产党在国家和民族迫切需要新思想引领、迫切需要新的革命力量的形势下的应运而生。其中，《采莲南塘秋》和《萧采瑜》是根据学院百年发展历史编排的，《采莲南塘秋》生动刻画了 99 岁的南开生科的化身"南生莲"波澜壮阔的百年人生，"南生"两字代指"南开生物"，"莲"字寓意南开生物的诞生与发展如莲花的生长与绽放一般灿烂，也指一代代南开生物人如莲一般的品格。话剧《萧采瑜》着力刻画了为南开生物系重建呕心沥血、为培养中国昆虫分类学人才做出了卓越贡献的生物学科先贤萧采瑜先生光辉的一生。话剧从多个场景，再现了萧采瑜先生团结师生、毫不利己的学者和导师风范，展现了把强烈的报国赤诚之心与本职工作紧密结合起来的生科先贤的人物形象，这对引导南开生物学科的学生学习老一辈教师艰苦奋斗精神、树立科研报国之志具有深远的意义。

除此之外，南开大学生命科学学院通过合唱比赛、朗诵比赛等多种艺术实践活动，让南开生科学子将爱国、爱党的情怀"颂出来""唱出来"。

（二）发挥体育育人实效 弘扬爱国奋斗精神

新时代，将体育精神融入人才培养过程，不仅有助于学生身心健康全面发展，更有助于点燃学生爱国奋斗的热情。南开大学生命科学学院紧紧抓住体育文化的内涵，举办了贯穿一年、全员参与的"跃动生科"体育育人实践活动，将爱国奋斗精神浸润到体育育人实践活动中，发挥榜样力量，利用学校爱国主义教育资源，培养学生顽强拼搏、团结互助、坚持不懈的精神。

2021年4月，学院邀请女排冠军王茜以"宣讲"＋"互动"的方式开展体育实践育人活动。王茜首先为学生作"永不言败的女排精神"主题报告，她分享了父亲、队友和自己为排球队、为国家荣誉奋力拼搏的故事，鼓励青年学子磨砺意志，勇攀高峰。报告结束后，王茜来到排球场，和学院排球队员们同场竞技，与学院排球队的同学们面对面交流，并亲自指导同学们。女排冠军的深情讲述和现场指导深深感染了同学们，这是将爱国奋斗精神融入体育实践活动的创新探索。

2019年1月，南开大学八里台校区入选天津市爱国主义教育基地名录，并成为全国唯一一个以大学校区入选的省部级爱国主义教育基地，为了发挥爱国主义教育基地的育人优势，学院联合学校保卫处、学府街派出所、中信银行开展"跃动生科"健步走活动，140余名新生参与其中，活动设计巧妙。一个个富有挑战性与趣味性的集体项目结合党史、校史学习展开，比如打卡处会设置相应爱国主义教育基地的情况介绍和抽题抢答环节，很大程度上调动了同学们参与的热情，增强了学习党史、校史的趣味性和互动性，潜移默化地增进了学生们爱国、爱校的情感。

（三）志愿活动服务群众 爱国奉献激扬青春

志愿服务是现代社会文明进步的重要标志，是爱国奉献精神的集中体现。南开大学生命科学学院多维度拓宽青年志愿服务的渠道，提高志愿服务的"专业化""创新化""长效化"水平，将志愿服务致力于"校园文明建设""社会迫切需求""长期爱心支教"，学院将"青年志愿服务协会"更名为"青年志愿服务与社会实践中心"，将志愿服务与社会实践紧密融合，坚持与祖国同行，为人民奉献。弘扬奉献、友爱、互助、进步的志愿精神。

青年志愿服务聚焦师生需求，在助力打造文明校园方面形成长效机制。坚持每年开展"赠人大白，手有余香"活动，回收清洗并重复利用白大褂，面向经济困难生、大一新生免费发放；建立生科书库，回收利用往届学生教科书和学习资料，专人回收，专柜收藏，有序管理和借还，以墨韵之情，接续书香的传递；针对校内共享单车摆放无序的问题，招募志愿者整理摆放公共区域的共享单车，避免占道或摆放在禁停区域，并开展宣传，引导学生绿色骑行，文明停放。

青年志愿服务聚焦社会迫切需求，践行青年责任和担当。2020 年新冠疫情期间，130 余名学生到社区（村）报到担任防疫志愿者，86 名学生为抗疫一线医护人员子女提供公益家教服务，学生自愿为抗击疫情捐款 31000 余元，更有学生向武汉捐赠蔬菜、口罩等物资。复学之后，学院组织学生骨干成立了 5 个青年志愿服务突击队——服务学生权益青年突击队、疫情心防青年突击队、决战就业青年突击队、正能量发声青年突击队、抗疫志愿服务青年突击队，为学生做好复学后的引导、帮扶工作；学院深入挖掘青年志愿者中的战"疫"榜样，推出"南开生科战'疫'榜样" 63 期。抗疫期间的志愿服务活动，让学生真正融入时代浪潮中，勇担国家与民族大任，将爱国奉献精神根植心中。

青年志愿服务结合学科特色，开展科普实践活动，将爱国之心外化为奉献之行。学院面向天津市农民工小学——永基小学，开展志愿服务活动达 7 年之久，每周到永基小学支教，为小学生们讲授科学课程，引导他们从生活出发，发现生命之美；疫情期间，专门为小学生录制科普视频课程。多年来，永基小学也为大学生志愿者们践行"知中国，服务中国"的南开宗旨提供了平台，同学们将所学知识用于教学实践，提升综合素质，从以学习、应试为导向的学生，转变为观察者、表达者和教育者，深刻体察了社会，涵养起责任担当，不断增强对党和国家的情感认同、思想认同、政治认同。2021 年 6 月 1 日，南开大学生命科学学院与天津市南开区永基小学共建大中小学思政课一体化实践基地。

三、经验启示

一是要突出教育的内在要求。传统的爱国主义教育经常实行"我讲你听"的灌输式教育模式，忽视了学生的个性化接受意愿，难免引起学生的反感、排斥。新时代的大学生具有更强的独立思考能力，具有新时代的话语表达方式，因此对大学生开展爱国主义教育要充分考虑学生的特点和需求，调研学生的兴趣点，构建师生情感沟通桥梁，采取学生乐于接受的方式开展爱国主义教育活动。比如，在教师的指导下，鼓励学生以生动灵活的学习方式、行动方式、展示方式表达对祖国的热爱，不仅仅让学生了解爱国主义的理论知识，更重要的是要让学生具有浓厚的爱国情感、坚定的报国意志和付诸实践的报国行动。

二是要发挥校史文化的浸润载体作用。校史是每一所学校文化底蕴的集中体现，它记录了一所学校伴随国家发展、时代变迁的发展轨迹，堪称爱国主义教育的资料宝库。对大学生开展爱国主义教育，要秉承文化育人的新理念，充分利用好校史文化这一载体，让校史教育浸润到青年思政教育、道德教育、素质教育中。南开大学充分利用校史文化，打造新时代爱国主义教育的实践课堂，建设南开大学八里台校区爱国主义教育基地、设立"爱国奋斗 公能日新"——南开大学百年校史主题展，广泛宣传周恩来、杨石先、郭永怀、陈省身等杰出校友的先进事迹，鼓励南开青年用实际行动传承弘扬南开爱国奉献的光荣传统。

三是要深化社会实践的育人成效。加强大学生爱国主义教育，其最终目的还是要引导学生将爱国情怀落实到报效祖国的行动中。因此，要强化大学生对国内外形势、社会发展重点问题、时代使命等的理解，鼓励他们运用所学知识，在社会实践、志愿服务中深入了解国情世情，提升发现问题、主动寻求科学答案的能力，同时在服务他人、奉献社会的过程中，学习广大劳动人民勤劳勇敢、吃苦耐劳的优秀品质，感受祖国的繁荣昌盛，并获得自我价值实现的成就感，再将这种情感升华为奋力拼搏、积极向上的精神源泉，这样就可以形成以社会实践为动力，实现爱国教育到爱国行动的良性循环。

四、深入思考

（一）如何通过实践活动推进爱国主义情感教育

爱国之情是一个兼具丰富性和层次性的情感体系，爱国主义的情感培育需要从多方面展开，实践活动是爱国主义情感教育的重要抓手。一是通过激发学生的现实感悟增进爱国情感。比如，南开大学要求学生每年暑假开展社会实践活动、"师生四同"活动，让学生到红色教育基地、社会主义新农村、现代企业去开展调研、实践活动，了解国情世情；二是通过"我爱我的家乡"等活动，让学生在寒暑假了解家乡的风土人情和近年来的发展变化，使学生感受家乡的美好，感受家乡的变化，切身感受中国特色社会主义制度的优越性。

（二）如何通过实践活动加强爱国主义的意志教育

爱国主义的意志教育对于青年的立志教育、理想信念教育具有深远意义，引导青年学生树立为实现中华民族伟大复兴中国梦、实现共产主义的远大志向、自觉将小我融入大我，将个人理想统一到共产主义社会理想中去，需要发挥实践活动的作用，如加强爱国主义教育基地的内容、展陈方式建设；开展积极健康、富有价值内涵的志愿服务活动；深入挖掘党史、校史中的爱国主义内容，让大学生开展党史教育主题演讲、红色话剧展演等实践活动，激发提升学生的民族责任感和使命感。

（三）如何通过实践活动拓展爱国主义的思想理论教育

在爱国主义教育中，深化学生的爱国主义认知和价值认同是达成爱国之智的关键环节，也是厚植爱国情怀、坚定爱国信念的基础，爱国主义认知和价值认同要通过爱国主义的思想理论教育进行培养。其中，实践活动是加强爱国主义思想理论教育的有效载体。例如，带领学生前往爱国主义教育基地开展思想理论教育、国家总体安全观教育、国防教育，带领学生让学生身临其境地领会习近平新时代中国特色社会主义思想的核心要义和科学内涵，了解"两个大局"的时代特征。

（王兰、王一涵、李鹏琳，南开大学生命科学学院）

武装思想育人才 强化认同做先锋

——南开先锋特训营引导学生答好新时代的"爱国三问"

引 言

"十分钟开始接触并制作完成一张词云图，一个小时完成周恩来班建设方案，三个小时排演一出舞台剧，四十八小时刻上南开爱国魂"，这是被学生称为的"特训营效率"；"两年建成'周恩来班'，三年斩获'优秀学生党员标兵'，四年取得'周恩来奖学金'，一生践行南开爱国魂"，这是被学生取得的"特训营成绩"；"你站上我的讲台继续支教育人，你接过我的钢枪继续保卫祖国，你踏上泥泞土地并肩脱贫攻坚，你开启实验并肩追求真理"，这是学生肩负的"特训营担当"……如果问"特训营"是什么，它是一段飞速进步的时光记忆，它是一次关乎信仰的骨干培训，它是公能兼济的南开先锋，它就是"南开先锋特训营"。

一、背景情况

2016 年党中央决定在全体党员中开展"学党章党规、学系列讲话，做合格党员"学习教育。通过学习习近平总书记对国防和军队现代化建设相关讲话精神可以看出，人民军队历经风雨愈加强大的制胜法宝正是对中国共产党的绝对忠诚。因此，将部队的光荣传统和优良作风融入学生教育培训中的工作设想便奠定了实施南开先锋特训营的初心。

如何将工作设想变成具体的育人方法，作为南开人的我们开始问计南开力量。1935 年 9 月 17 日，张伯苓校长在新学年"始业式"上提出"爱国三问"——"你是中国人吗？你爱中国吗？你愿意中国好吗？"三个问题振聋发聩、引人深思，数十年后回顾它便发现，这不仅仅是老校长的一种爱国情怀和一种爱国主义教育，更是为后人的教育工作指明了方向——开展爱国主义教育要围绕着"三问"的"三大认同感"进行。"你是中国人吗？"强调着一种身份认同；"你爱中国吗？"强调着一种情感认同；"你愿意中国好吗？"背后隐喻着一种能力认同。因此，着眼于"三大认同感"便推动了细化南开先锋特训营的决心。

2017 年 9 月 23 日，习近平总书记给我校 8 名新入伍大学生回信，肯定了他们携笔从戎、报效国家的行为，勉励他们把热血挥洒在实现强军梦的伟大实践之中，书写绚烂、无悔的青春篇章。总书记回信的消息传到校园后，南开人激动无比，而 8 名新入伍大学生之一的李业广是首期先锋特训营学员，更让先锋特训营一下子沸腾了。学生们积极反响，"这份喜悦与荣耀我们感同身受""感谢总书记的关怀、感谢学长们的率先垂范，我们新南开人有了更大的动力砥砺前行"……坚定了发展南开先锋特训营的信心。

二、主要做法

（一）注重文化建设，强化身份认同

南开先锋特训营（以下简称特训营）自 2016 年 11 月创办，至今已开展 9 期，培训学员 281 人。特训营建立之初，就开展了文化建设，自改编歌曲《无衣：秉初心共赴远方》为营歌；结合立德树人的根本任务和特训营的培训特点，确立"无比忠诚 无坚不摧 无往不胜；坚定信仰 坚守初心 坚持前进"的特训营精神；制作具有特训营培训特色的营旗、胸标、臂章、领章等。这些软文化如同畅通的血脉，帮助学生将从特训营吸收的养分传输到体内，供给自我成长的能力。

至今，特训营探索出两种经典模式——基地驻训和野外驻训。两种模式的培训均基于部队的一日生活制度开展，采用集中封闭式的培训方式，由党委学工部的老师做政治教员，由现役或退役官兵担任军事教员。第 2 期以来，特训营形成了相对稳定的 48 小时培训时长，每期都有各种创新亮点，或师生翻转，或军地竞赛，或校园驻扎。虽然每期形式不同、侧重点不同，但又红又专、德才兼备、全面发展的人才培养目标没有变；将部队的光荣传统和优良作风融入学生骨干的教育培训中的核心理念没有变；按照一日生活制度开展培训的工作方法没有变。学生在作风小节训练中学会尊重；在军事体能训练中强化团结；在能力提升中成为模范。在这样一期一期的传承中，学生不断强化"特训营"的身份认同感，争先在校园各类活动中展现特训营的风采。

（二）注重坚定信念，强化情感认同

"老师，今天我们拿到了'周恩来班'的荣誉啦，谢谢老师们在特训营中的指导，我们没给特训营丢人。"这是第 8 期特训营学生带领班级同学取得南开大学本科生班级最高荣誉后发来的信息。这样的特训营情怀时常出现，学生们常常回想起那段热血的时光。这段热血背后是强大的家国情怀和理想信念。"当你们走进南开，你们就要记住，南开人的爱国情怀和报国志向在全国高校中必须是第一！"这是常常回荡在特训营开营

仪式上的一句话，更是特训营所有课程设计的核心理念——在这里，首先要坚定信念。

从教育课程上，讲座、研讨、演讲、话剧、参观、考核、收看新闻、阅读报纸，引导学生在知行合一中学习南开精神，践行南开爱国魂；引导学生在热点思辨中对比中外形势，坚定社会主义的自信心；引导学生在理论研修中明确理想信念，做好共产主义的接班人。从日常训练中，餐桌上的每一粒米就是每一滴汗水，引导学生明确敬畏自然、尊重劳动、勤俭节约，自觉弘扬中华民族优秀传统文化，就是自己的"守土有责"；比赛时的每一次冲锋就是一次战斗，引导学生明确迎难而上、不惧风雨、坚忍不拔，时刻展现时代新人的伟大精神，就是自己的"守土负责"；战术中的每一颗泥土就是每一寸国土，引导学生明确坚定信仰、踏实学习、投身科研、加强实践，为祖国经济社会发展做出贡献，就是自己的"守土尽责"。学生在点滴之间陶铸对党和国家的强烈情感认同。

（三）注重全面提升，强化能力认同

在 2018 年全国教育大会上，习近平总书记再次强调培养德智体美劳全面发展的社会主义建设者和接班人。"德智体美劳"全面发展的学生才能够将"愿意中国好"的愿望变成现实。因此，特训营在"以德为先，坚定理想信念"的基础上，力求智体美劳融合提升，强化学生的能力认同。

以智为要，增强报国本领。设置专门课程，引导学生结合所学专业进行生涯规划、学科交流，从提高学习兴趣到提升专业认知，专项提升学生报国本领。同时聚焦可迁移能力开展综合能力提升训练，各类项目的快速研讨与高效实施，持续提升资源获取与整合能力、口头与书面表达能力、领导力和执行力等，促进学生能力全面提升的同时，为提升专业能力提供强有力的保障，全面提升学生报国本领。

以体为干，促进身心健康。注重在集中培训期间引入部队的一日生活制度，专门设置早中晚三个时间段的体能训练，带领学生学会科学运动；引入军人"一不怕苦，二不怕死""令行禁止"的光荣传统，在高压训练下提升学生抗逆力，返校后日常提供专题心理健康辅导课程资源，双管齐下促进学生心理健康。

以美为鉴，激发洞察灵感。注重自然美和精神美的鉴赏提升。在军事拉练中欣赏日出日落，带领学生在身心疲惫时感知自然力量，激发学生对自然的敬重；在野外驻训中，引导学生在充分利用自然资源生存学习中感受自然为人类提供的具体支持，引导学生在训练结束后不留下任何学习生活痕迹，尊重自然；在与优秀军人教官接触过程中，将"最美男子天团"的军人形象深植学生心中，帮助学生树立正确的英雄观和审美观，陶铸社会主义精神文明。

以劳为基，推动实干圆梦。在整理内务、清扫学习生活环境中，学会劳动、习惯劳动、热爱劳动；在珍惜粮食中，学会尊重劳动；在各项专业技能提升中，升华实干圆梦。从基础劳动到技能提升、从体力付出到智力奋斗，让学生明白劳动是实干的表现，拥有强大的能力方能实现中华民族伟大复兴的中国梦。

（四）注重星火燎原，强化引领认同

9 期先锋特训营的效果调研显示，学生对特训整体满意度为 100%，有 85.9% 的学生愿意再参加一次特训营，100% 的学员表示参加完特训营后，有了更深的荣誉感和责任感。在这样良好的培养基础上，我们将特训营作为学生培养的起点，以精准滴灌、星火燎原的方式将特训营学生作为星星之火，引领点燃更广泛学生群体的燎原之势。

一是特训营学生结束集中培训后，常自发在所在学院、年级、班级开展分享宣讲活动，将特训营收获的信仰、知识、能力传递给更广泛的学生。

二是在 48 小时以理想信念教育为核心，以强化能力为基础的特训营结束后，为将培训效果延续，以特训营学员为核心，面向全体学生，开创了"强能筑基"计划。"强能筑基"计划以提升学生综合能力为核心，以承诺践诺为基础，学生自愿加入计划，坚持早睡早起，强身健体，提升能力。

三是鼓励特训营学生在培训结束后加入校内各学生组织做好服务师

生、助力学校发展的工作，学生党建工作研究会、立公基层研究会、国旗护卫队等校院各类学生团队中都能看到特训营学生的身影。另外，特训营至今已有 3 人参军入伍，李业广和同年入伍的共 8 名学生给习近平总书记写信并收到了总书记的回信；他们返校后与战友又动员 2016 级本科生甘带、2019 级本科生王传江携笔从戎。

三、经验启示

（一）将部队的光荣传统与优良作风融于学生的教育培训

特训营坚持将部队的光荣传统与优良作风融于学生教育培训的核心理念。48 小时培训中的每一个环节都融入了理想信念教育——紧张的军事政治科目交叉进行是对人民军队成立初期在斗争中不断强化文化教育的重现；夜间紧急集合进行拉练是对靠信仰走过长征路的体验，是向不辱使命时刻准备着的人民军队的致敬；忆苦思甜的饭菜是对日益强大的军力国力的感恩。在理想信念教育的基础上不断提升学生综合素质，如通过体能训练增强学生体魄；通过共同奖惩与轮值制度增强学生团队意识与责任担当；通过严格时间观念提升学生学习工作效率；通过党建、班建工作研讨等专项科目增强学生的工作能力。

（二）形成"培训—实践—引领"闭环式系统化学生爱国主义教育培养质量提升计划

特训营是学生培训的一个模式创新，通过理论基础和实践体验相结合的方法重点开展理想信念教育和爱国主义教育。培养的学生经过更长时间的成长后，绝大多数能成为学生党员骨干，在党支部、班团支部、学生党建工作研究会等组织发挥重要的作用，用自身的坚守传递爱国爱党爱社会主义相统一的真挚情感。开展多项实践：骨干联席会研讨、观摩交流党建工作经验，激发基层组织活力；社会调研、理论研修，最真实地了解中国发展现状，贡献青年智慧；党员宣讲、网络舆论引导，讲好党员故事、发出时代强音。在诸多实践的精准滴灌下，越来越多的学生自觉跟随他们的脚步迈步向前，学生爱国主义教育质量得到整体提升。

（三）把握计划核心，创新全体学生思想政治教育工作

特训营的培养核心理念是吸收部队的光荣传统与优良作风，将爱国主义的基因通过具有新意、富有实效的培训方式深深植入学生心中。用"听党指挥"的优良传统改善当代大学生的理想信念弱化和辨别意识欠佳的现状；用"服务人民"的优良传统改善当代大学生的生活懈怠拖沓、自我意识过强、协作能力不足的现状；用"英勇善战"的优良传统改善当代大学生的身心状况欠佳、吃苦能力不足的现状。同时，汲取"爱国三问"中全方位的认同感教育智慧，引导学生明确身份、升华情感、提升能力，自觉成为又红又专、德才兼备、全面发展的中国特色社会主义合格建设者和可靠接班人。

四、深入思考

回顾特训营的发展情况和特训营学生的成长情况，便是"如何引导学生坚持爱国和爱党、爱社会主义高度统一"的一份"特训营答卷"。

特训营源起学生党员的培训，致力于坚定学生理想信念，提升学生党员质量。面对本科生党员数量尤其是新生党员数量骤减的现象和优化加强党建带团建机制的背景，特训营作为政治信仰教育和爱国主义教育的重要载体，将培训对象触角前移，以"周恩来班"的培育为依托，开展新生班级骨干培养。

培养对象的转变，虽然使特训营的课程设计从理论研修转化成恩来精神学习，但在对恩来精神的学习中完全实现了理想信念教育和爱国主义教育。在习近平总书记对周恩来"六个杰出楷模"的评价中，前两位的"坚守信仰""对党忠诚"均指明周恩来认定的共产主义理想，因此引导学生传承周恩来精神首要传承的是理想信念。学习了解周恩来在青年时期辩证分析各种政治思想并表明"我认定的主义一定是不变了"的历程是使学生树立远大理想的绝佳方式。学习周恩来对党的忠贞不渝、对信仰的坚定不移，帮助学生进一步树牢共产主义的崇高理想。

2017 年首次培养新生班级骨干以来，不少学生取得了"周恩来奖学金""优秀学生党员标兵"等荣誉称号。无论是教育内容还是教育成果，均可说明以特训营为例的以小见大、精心设计、持续培养的学生培养，是能够很好地将"爱国爱党爱社会主义相统一"的爱国主义精神深植学生心中，激发学生在身份认同、情感认同和能力认同中努力成为担当民族复兴重任的时代新人。

（张宏思，南开大学党委学工部；阿依古丽，南开大学武装部、军事教研室）

用好红色校史资源 提升话剧育人实效

——以排演原创颂党爱国话剧推进爱国主义教育

引 言

恢弘的场景，动人的剧情，不屈的精神……2021年6月13日，学校原创校史剧《樱花事件》在田家炳音乐厅上演，该剧作为我校青年颂党爱国主题话剧展演月的收官之作，得到现场观众的一致点赞。南开大学青年爱国颂党主题话剧展演月于2021年5月中旬正式启动，由天津市委宣传部、市文明办、市委教育工委、市教委、团市委、天津北方演艺集团和南开大学共同主办，南开大学团委和天津市人民艺术剧院承办。展演月期间，以张伯苓、马骏、于方舟、郭永怀、杨石先等南开先贤、英烈人物的爱国精神为主题的 7 部话剧在校内外集中上演，受到校内外广泛关注和好评。

一、背景情况

习近平总书记指出："要深化爱国主义教育研究和爱国主义精神阐释，不断丰富教育内容、创新教育载体、增强教育效果。"南开的话剧史，便是一段名人辈出、百花齐放的历史。百年前，张伯苓老校长将西方话剧从西欧首次输入南开乃至京津各地，南开的话剧开启了中国话剧艺术的先河。《用非所学》《影》《新少年》《恩怨缘》《杨石先》……百年之间，南开学子在话剧里谈古今、论实事、怀家国、颂英雄。哪里有南开人，哪里就有南开话剧。编演话剧是南开百年来重要的办学传统和教育特色，话剧方面的人才和佳作层出不穷。

二、主要做法

（一）在"史"字上下功夫，以史为镜，探寻爱国奉献、接续奋斗的初心

学校积极指导学生话剧团体认真学习习近平总书记关于党的历史的重要论述，以史为镜，以史明志，知史爱党，知史爱国，并在此基础上深挖校史中的红色资源，以百年南开先贤、英烈人物爱国奉献精神为主线，依托爱国主义精品话剧培育计划，组织创排 7 部青年颂党爱国主题话剧，成为党史学习教育生动教材。从讲述不计个人得失投身新中国第一代有机农药研制和有机化学人才培养的《杨石先》与反映老校长心系家国、敢于变革、甘于奉献的《张伯苓》《樱花事件》，到生动呈现"两弹一星"元勋郭永怀以身许国感人一生的《永怀》，再到展现为党的革命事业舍生忘死的南开英烈马骏、于方舟英勇事迹的《不屈炽焰》《沸海方舟》，以及勾勒出方志敏烈士历经苦难却始终坚定共产主义信仰的《可爱

的中国》，师生在剧本创作过程中，反复研读党史、校史，并从中探寻到百年南开与党和国家民族休戚与共、矢志爱国奋斗的不变初心。

（二）在"剧"字上做文章，以"剧"为"炬"，燃亮薪火相传、以文化人、以美育人的信心

南开话剧是中国话剧的重要源头之一，回顾南开百年来的办学传统，编演话剧一直是南开育人模式的特色，并与南开人心系国家、服务社会的爱国道路，允公允能、日新月异的公能品格紧密相连、不断发扬光大。2019 年底，为深入贯彻习近平总书记来校视察重要讲话精神，学校推出爱国主义精品话剧培育计划，将德育与美育深度融合，共有十余部原创话剧参与申报和排演。校团委与北方演艺集团、天津人民艺术剧院积极对接，开展战略合作，邀请多位经验丰富的话剧导演、编剧、演员，为演出剧目进行一对一专业指导，提供表演场地及服、化、道资源，为每部剧目量身打造培育计划，着力凸显各部剧目的爱国主义精神内核，进一步提升剧目整体质量。经过精心打磨，各演出剧目的艺术水准和价值内涵得到显著提升。2021 年 5 月，南开大学青年颂党爱国主题话剧展演月活动正式启动，七部主题剧目在校内外集中上演并广受好评，也为党的百年华诞诚挚献礼。

（三）在"育"字上见实效，以育为锚，坚定秉公尽能、矢志报国的恒心

习近平总书记在视察南开大学时指出："爱国主义是中华民族的民族心、民族魂，南开大学具有光荣的爱国主义传统，这是南开的魂。"在建党百年的重要时间节点，开展青年颂党爱国主题话剧展演月活动，让参演师生在"化身"成"先贤先烈"的演绎中领悟到什么是爱国报国和信仰的力量，也让观剧师生跟随剧情转折感悟历史的逻辑和真理的伟力。无论是话剧的创作者、排演者还是观看者，都在南开先贤、革命英烈的事迹中受到思想的震撼和精神的洗礼。而排演话剧的育人作用还不止于此，学校以原创爱国主义精品话剧项目为依托，为各个剧组成立临时团支部，发挥团组织政治引领作用，并衍生成立了"永怀精神宣讲团""恩

来精神展演团""红色记忆宣讲团"等学生宣讲团队，同步开展党史学习教育主题宣讲，支持各话剧团、宣讲团深入工厂、企业、农村、学校和边远地区，广泛开展社会实践和志愿服务，极大延伸了话剧育人工作手臂，拓展了覆盖面和影响力，更增强了工作实效。

三、经验启示

一是注重爱国主义教育的深入、持久、生动性。习近平总书记强调，要"在广大青少年中开展深入、持久、生动的爱国主义宣传教育，让爱国主义精神在广大青少年心中牢牢扎根，让广大青少年培养爱国之情、砥砺强国之志、实践报国之行"。爱国主义教育是具有战略意义的基础工程，而青年学生是爱国主义教育的重点对象。寓教于"剧"的方式能够持续推进爱国主义教育，深入包括演职人员在内的广大青年学生当中传播爱国主义，以一个个鲜活的历史人物和事件提高爱国主义教育的生动性、吸引力和感染力。

二是突出爱国主义教育的实践性。理论与实践相结合是中国共产党的优良传统，在实践中接受爱国主义教育，要不断丰富新时代爱国主义教育的实践载体。广大青年学生主动参演话剧，化身"先贤先烈"感受伟大的爱国主义精神，同时依托话剧深入学校、工厂、企业开展宣讲活动，助力爱国教育普及的同时广泛开展社会实践和志愿服务，在实践中感受并践行爱国主义。

三是大力发挥先进典型的示范引领作用。大力宣传为中华民族和中国人民做出贡献的英雄，宣传革命、建设、改革时期涌现出的英雄烈士和模范人物，以榜样的力量激励人、鼓舞人。深挖南开历史人物故事，以话剧为依托，广泛开展向先进典型学习活动，引导广大青年把敬仰和感动转化为干事创业、精忠报国的实际行动。在广大学生青年中大力营造崇尚英雄、学习英雄、捍卫英雄、关爱英雄的浓厚氛围。

四、深入思考

（一）如何进一步挖掘南开爱国主义教育历史资源

在爱国主义教育中，如何结合南开特色挖掘与爱国主义教育有关的历史资源，如何创作生产优秀的文艺作品？

一是加大对南开相关历史人物、历史事实的研究力度，关注细节。引领广大青年关注历史，梳理历史。关注历史事实和历史细节，从小处着手研究大历史时代背景和历史人物。将党史、国史、校史脉络相结合，充分挖掘各个层面历史之间的联系。

二是提高对讴歌党、讴歌祖国、讴歌人民、讴歌劳动、讴歌英雄的精品力作的支持。深入实施中国当代文学艺术创作工程、重大历史题材创作工程等，加大对爱国主义题材文学创作、影视创作、词曲创作等的支持力度，加强对经典爱国歌曲、爱国影片的深入挖掘和创新传播，唱响爱国主义正气歌。

三是注重文艺创作、评论评奖的爱国主义导向。倡导讲品位、讲格调、讲责任，坚决抵制低俗、庸俗、媚俗，坚决反对亵渎祖先、亵渎经典、亵渎英雄，始终保持社会主义文艺的爱国底色。

（二）如何进一步激发师生开展新时代爱国主义教育的主观能动性

在爱国主义教育中，如何结合南开特色，如何根据个人特点，调动最具主观能动性的因素？

一是增强爱国主义教育的吸引力和感染力。调研了解广大师生容易接受的教育形式和兴趣点，融爱国主义教育于其中，在实践中感受伟大的爱国主义精神。组织动员老干部、老战士、老专家、老教师、老模范等到广大学生青年中讲述亲身经历，弘扬爱国传统，注重实践教育，引导广大青年学生自我宣传、自我教育、自我提高。

二是关注国家、学校历史纪念日，借机开展重大纪念活动。充分挖掘重大纪念日、重大历史事件蕴含的爱国主义教育资源，组织开展系列庆祝或纪念活动，利用广大青年学生的爱国、爱党、爱校情怀开展相关主题教育。

三是学习借鉴其他学校及有关部门的相关经验教训。组织学校爱国教育相关工作骨干成员成立学校代表团前往其他学习部门进行实地调研与交流学习，将学习成果运用于我校爱国主义教育实践。

（杨奇，南开大学团委）

固本培元 凝心铸魂 让南开校史"活"起来

——以百年南开校史激情宣讲创新新时代爱国主义教育

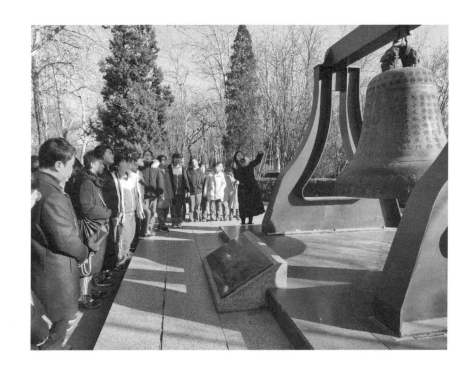

引 言

2019 年 1 月 17 日，习近平总书记视察南开大学时指出，爱国主义是中华民族的民族心、民族魂。南开大学具有光荣的爱国主义传统，这是南开的魂。商学院本科生第一党支部立足百年南开校史，充分挖掘校史中的育人元素，运用激情教学法，在校庆期间为近千名师生开展百年南开校史激情宣讲。

一、背景情况

爱国主义是中华民族的民族心、民族魂，是中华民族最重要的精神财富，是中国人民和中华民族维护民族独立和民族尊严的强大精神动力。培养社会主义建设者和接班人，首先要培养学生的爱国情怀，对新时代中国青年来说，热爱祖国是立身之本、成才之基。

南开大学是具有百年历史的著名高等学府，南开大学八里台校区还入选了天津市爱国主义教育基地。2019 年 1 月 17 日，习近平总书记在视察南开大学时，对南开百年来的办学理念和办学成绩给予充分肯定，指出"南开大学具有光荣的爱国主义传统，这是南开的魂"。在新时代加强爱国主义教育，要从南开百年历史中汲取育人元素，发挥党支部战斗堡垒作用，激励广大学生党员守初心担使命，弘扬百年南开爱国奋斗精神。

二、主要做法

为了在新时代答好南开"爱国三问"，弘扬百年南开爱国奋斗精神，2019 年，商学院本科生第一党支部以南开大学八里台校区爱国主义教育基地为实践载体，根据爱国主义教育基地内的"爱国、敬业、创新、乐群"4 条主题参观路线，确定 19 处红色育人点进行激情宣讲，先后为昆明路小学师生、宝坻区方家庄镇中学师生、兄弟学院党支部师生及商学院本科生近千人提供了沉浸式的爱国主义教育体验，不断增强党组织引领凝聚、组织动员、联系服务群众的能力，以史为鉴开创未来，让学生党员在自我教育中厚植爱国主义情怀，让爱国主义教育"活"起来，让青春在党和人民最需要的地方绽放绚丽之花。

（一）增强仪式感，让南开历史"活"起来

商学院本科生第一党支部根据爱国主义教育基地内的"爱国、敬业、创新、乐群"4 条主题参观路线，确定 19 处红色育人点，同时结合不同

育人点的历史内容，创新宣讲形式，深挖爱国主义教育内涵，开展集中备课和宣讲培训，撰写近 2 万字的宣讲素材。党支部在百年南开校史激情宣讲中，结合入党宣誓仪式和默哀仪式，开展庄严、生动、实际的爱国主义教育，让历史故事鲜活起来，让爱国主义融入青年的血液中。

10 月 13 日，南开大学百年校庆前夕，党支部面向兄弟学院共建支部开展百年南开校史激情宣讲。在校钟前，支部党员带领同学们重温了 1937 年日寇轰炸南开的惨痛历史，讲述了校钟遗失后重建的故事，支部副书记带领现场所有党员重温入党誓词。在仪式中，同学们学到的不仅是勿忘国耻的故事，更是勇担民族复兴使命，为共产主义奋斗终生的誓言。

12 月 13 日，在南京大屠杀死难者国家公祭日，党支部为宝坻区方家庄镇中学师生开展百年南开校史激情宣讲。在西南联大纪念碑前，支部党员讲述了联大师生在民族危亡之际，舍弃安宁的校园，投身于火热的抗日战场，甚至牺牲了生命的英雄故事。在国家公祭日这个特殊的日子，支部书记带领现场师生面向纪念碑默哀一分钟，在仪式中，同学们更真切地明白，要接过历史的接力棒，为实现中华民族的伟大复兴贡献力量。

（二）深化体验感，让南开人物"活"起来

党支部在百年南开校史激情宣讲中，结合不同参观点的历史背景，以话剧展示、红歌演唱、激情演说等生动方式，立体化展现百年南开校史，通过情景重现和人物扮演的形式，还原当时的历史场景，制作《百年南开校史激情宣讲互动手册》，在教育共同体中凸显学生党员的主体性，提高爱国主义教育的有效性，让历史人物鲜活起来，让爱国主义更加深入人心。

在老校长张伯苓的雕像前，支部积极分子、扮演张伯苓的 2018 级本科生杨玉诚通过情景剧表演，再现了张伯苓得知四子张锡祜战死沙场后的悲痛，"吾早以此子许国，今日之事，自在意中，求仁得仁，复何恸为"。现场的同学们都流下了感动的泪水。随后，他对同学们发出振聋发聩的爱国三问："你是中国人吗？你爱中国吗？你愿意中国好吗？""是！爱！愿意！"同学们的洪亮回答诠释了新时代青年的爱国深情。

在于方舟烈士墓前，支部积极分子身着五四青年服装，生动地展现了于方舟烈士英勇就义时的场景，"打倒帝国主义！""打倒军阀！""打倒国民党反动派！""共产党万岁！"随后，支部党员播放红色歌曲《英雄赞歌》，让同学们在体验中深刻领会到"把小我融入大我"的精神内涵。

（三）强化使命感，让南开精神"活"起来

党支部在百年南开校史激情宣讲中，将南开精神、爱国主义赋予新的时代特色，以青年学生喜闻乐见的沉浸式、体验式学习，在实践宣讲中充分调动学生的感官，讲出青年人自己的味道，将爱国报国的情怀书写在扎根人民、奉献国家的担当实践中，让南开精神鲜"活"起来，让爱国主义旗帜高高飘扬。

在参观"爱国奋斗，公能日新"百年校史主题展览时，支部书记带领大家重温了习近平总书记视察南开大学时的情景，结合自己在南开学习工作的故事，向在场同学发出倡议，希望同学们秉承"公能精神"，成为有理想、有本领、有担当的新时代南开青年。

在周恩来总理像前，南开大学第九届"周恩来班"、商学院 2017 级国际会计班的同学们讲述了班级传承"恩来精神"、开展学习活动的故事，并带领在场的同学们挥舞手中的五星红旗，唱响《我和我的祖国》，很多返校参加百年校庆活动的校友也加入其中，一起用歌声表达爱国的深情。

三、经验启示

百年南开校史激情宣讲立足南开历史，传承南开精神，讲述南开故事，弘扬南开文化，以文化人，以文育人，在育人模式、方法载体、育人经验方面均具有较高的推广应用和示范引领价值。

（一）在育人模式上，运用多种形式丰富新时代爱国主义教育内容

百年南开校史激情宣讲打破"一言堂"宣讲方式，让学生用自己的话语讲好南开故事，包括话剧表演、红歌对唱、诗歌朗诵等多种环节，同时加强与受众互动，现场进行"爱国三问"、重温宣誓仪式、校歌教学等活动，运用"激情教学"方法，充分调动学生观感，达到使其全身心浸润的效果，增强爱国主义教育的有效性，让爱国主义教育真正入脑入心，培养学生德智体美劳全面发展。

（二）在方法载体上，用好校内资源丰富新时代爱国主义教育的实践载体

百年南开校史激情宣讲打破课堂与校园文化活动、社会实践活动的壁垒，充分运用南开大学爱国主义教育基地资源，挖掘每一处育人点的育人特色，强化爱国主义教育和红色教育功能，选取最容易引起共鸣的历史故事、历史人物和时代精神，用青年人喜爱的方式讲述爱国故事，用青年人自己的演绎诠释爱国精神，让爱国主义教育内容更加充满新意。

（三）在育人经验上，推进"三全育人"涵养新时代爱国主义教育内涵

一方面，激发更多专家学者加入八里台校区爱国主义教育基地的研究中，将实体的育人点位和校史理论研究充分结合，实现"三全育人"在校史研究方面的创新性发展。另一方面，立足本校、本院资源，挖掘校史院史、典型人物，并对其进行宣传推广，对学生价值引领和思想政治教育具有极强的促进作用。

四、深入思考

青年一代有理想、有本领、有担当，国家就有前途，民族就有希望。如何充分发挥党支部的战斗堡垒作用，创新运用"激情教学"模式到新时代爱国主义教育当中，让爱国载体与爱国教育相结合，在自我教育和服务社会中增强体验感、获得感和幸福感，为实现中华民族伟大复兴的中国梦贡献青春力量，是需要长期思考的重要问题。

（一）固本培元，让本土化爱国故事焕发新意

党支部同学们在准备百年南开激情校史宣讲的过程中，积聚了一个又一个感人的爱国奋斗故事，学习了一代又一代南开人的爱国主义情怀。创新型的爱国主义教育模式让同学们在真学真信中坚定理想信念，信仰

之基更加牢固，精神之钙更加充足。党支部未来将把"百年南开校史激情宣讲"打造成品牌项目，不断深化内容，创新形式，发掘校史中更多不为人熟知又饱含爱国情怀的历史细节。

（二）凝心铸魂，让激情化教育方式感染人心

党支部同学们在面向社会开展宣讲过程中，积极讲好南开故事，传承弘扬南开品格，让参与活动的近千名师生了解南开，激发他们的爱国心、强国志和报国行。同时，为了响应新冠疫情防控要求，党支部将宣讲内容录制成微党课视频，打通网上网下，扩大宣讲的影响力和覆盖面，并面向校内外持续开展宣讲活动，拓展爱国主义教育的深度和广度，影响带动更多学生厚植爱国主义情怀，发挥先锋模范作用，担当青年党员的时代责任。

（曹莲娜，南开大学商学院）

实践思政 立公增能

——实现爱国主义教育与社会实践有机融合

引 言

习近平总书记指出："爱国主义教育是世界各国教育的必修课。爱国主义是中华民族的民族心、民族魂，培养社会主义建设者和接班人，首先要培养学生的爱国主义情怀。南开大学具有光荣的爱国主义传统，这是南开的魂。"爱国决不能只是停留在口头上，而是要真正付诸行动，要用自己的实际行动来助力国家富强、民族复兴、人民幸福。在高校，爱国首先就是要做好立德树人工作，培养社会主义建设者和接班人。南开大学在建校之初就确立了"知中国，服务中国"的办学宗旨，以更好为国家为社会做出贡献。

在新时代，南开大学始终秉持优良传统不断开拓创新，多年来高度重视做好"师生同行"社会实践活动。在社会实践中，实现爱国主义教育、"四史"学习教育和社会实践的有机融合与统一。2021年，南开大学全校有近750支实践团队、6700余名南开师生通过实地走访和云实践结合的方式开展师生同行暑期社会实践活动。这一活动主要包括"牢树中国自信"国情民情调研、"坚定中国信仰"红色文化育人、"扎根中国大地"服务国家重大发展战略和"讲好中国故事"社会实践等四个专项。实践证明，社会实践活动是开展爱国主义教育的重要途径和平台。

一、背景情况

我是从 2016 年暑期开始带领本科生开展社会实践的，除了在 2020 年因疫情原因暂停社会实践活动之外，截止到 2021 年，我连续 5 年共带领 17 支本科生和研究生社会实践队开展社会实践。由于我的主要研究方向是"三农"问题，因此，这些年主要带领同学们围绕脱贫攻坚和乡村振兴有关问题开展社会实践活动。

我感觉，无论是学生还是老师，大家都在社会实践中学到了很多，收获很大，特别是通过实践思政，可以将爱国主义、社会主义、党的领导以及艰苦奋斗的精神和思想，融入社会实践活动之中。在社会实践中，当同学们身处革命圣地，坐在贫困户家中，走进种植大棚……这时往往无须过多讲解，生动鲜活的实践就能很好地说明问题。我现在还记得之前和同学们一起去过的台儿庄的弹孔墙、孟良崮的纪念馆、塘约村的"脱贫路"、大梨树的"干"字广场等等。在实践中，我们可以真切感受到党的坚强领导，感受到经济社会发展的巨大成就，以及民生改善的显著进步和仍待完善的问题；可以更好懂得中国共产党为什么能，中国特色社会主义为什么好，马克思主义为什么行。可以说，实践思政，师生受益。

二、主要做法

结合我之前带队开展社会实践的经历，我认为，在社会实践过程中大致有三种途径可以较好实现爱国主义教育与社会实践的有机融合。这三种途径并无优劣之分，只是根据实践地以及实践队的具体情况而做出的分类。

（一）专项围绕爱国主义主题开展社会实践

以爱国主义教育为主题开展专项社会实践活动，对应着"坚定中国信仰"红色文化育人专项活动。这类社会实践活动，主要是在革命老区的纪念馆、当年的战场等地进行实地走访，师生在实践中能够很好接受爱国主义教育。

（二）将爱国主义教育与相关专业社会实践并行推进

在社会实践中，有很多实践队并不是专门围绕爱国主义主题进行的，而是围绕相关专业的具体研究任务开展实践。不过，由于实践地拥有丰富的爱国主义教育资源，可以在开展专业社会调查的同时，专门安排出时间到爱国主义教育基地进行走访和学习。例如，我 2018 年曾带领实践队到山东蒙阴县围绕乡村产业振兴开展调研，而孟良崮战役纪念馆、沂蒙红嫂故居等就在蒙阴县。于是，我们在完成乡村蜜桃产业调研的同时，还专门到孟良崮战役纪念馆和沂蒙红嫂故居开展了社会实践活动。这样，一次实践出行就同时开展了两类社会实践活动。再如，2021 年，我带领实践队前往河北阜平县调研乡村食用菌产业发展，同时，我们还前往了位于阜平的晋察冀边区革命纪念馆参观学习。

（三）主动激活专业社会实践中的爱国主义元素

除了上述两种情况之外，还有一种情形也需要格外关注，即在开展相关专业社会实践活动过程中，很多实践地并没有爱国主义教育和红色文化资源。在这种情况下，同样也可以在社会实践中很好地开展爱国主义教育，这就需要主动激活专业社会实践中的爱国主义元素。举例来讲，我之前曾带领同学们前往贵州、山西、河南、河北、湖北等地的贫困村，围绕脱贫攻坚主题开展社会调查。虽然调研主题不是专门针对爱国主义教育，但是，在脱贫攻坚中涌现的模范人物、脱贫攻坚精神，以及党在脱贫攻坚中的坚强领导，上下齐心汇聚合力攻坚的强大力量等，都给学生们以丰富生动的爱国主义教育。因此，这类社会实践活动是用当代中国的鲜活案例来开展的爱国主义教育。

三、经验启示

社会实践作为培养学生的第二课堂，可以很好地弥补校内课堂教学的不足。在社会实践中，教师与学生们一起"同学、同研、同讲、同行"，能够更好实现爱国爱党爱社会主义相统一、为学为事为人相统一、理论与实践相统一、"知中国，服务中国"相统一。

（一）在社会实践中实现爱国爱党爱社会主义相统一

开展社会实践是要用好没有教室的大课堂，在社会实践中，体验社会，实践思政，让鲜活实践触及心灵。在社会实践中，学生们可以更好地懂得：什么是中国共产党的坚强领导，什么是真正以人民为中心，什么是新发展理念，什么是社会主义制度优势……可以说，社会实践中的鲜活案例，能够让学生更好懂得爱党爱国爱社会主义。

（二）在社会实践中实现为学为事为人相统一

开展社会实践是要用好立德树人的大平台，通过社会实践，"师生四同"，教学相长，让教书育人润物无声。在师生同行中，我有一个感触，就是外出调研的这几天，可以全身心投入到与学生的交流与互动之中：在实践中，通过自己的一言一行影响学生；通过逐字逐句修改学生们的调研文章帮助学生，更好地将"为学为事为人"的道理传递给学生。

（三）在社会实践中实现理论与实践相统一

开展社会实践是要用好现实社会的实验室，在社会实践中，感悟理论，创新理论，让生动实践激发灵感。虽然在社会实践中看到的更多是个例不是全部，是特殊不是一般，是现象不是本质，但是，通过实地走访，可以发现真问题，可以检验和感受理论的力量，可以更好地基于实践，提出问题，并找到创新的灵感和思路。

（四）在社会实践中实现"知中国，服务中国"相统一

开展社会实践是要用好服务社会的资源库，通过社会实践，了解中国，了解社会，让所学知识学以致用。南开经济研究所在创办初期就提出，"中国之经济研究，非仅明了经济学原理及国外之经济组织与制度，即为已尽能事。贵在能洞澈本国之经济历史，考察本国之经济实况……""用实地调查之方法，搜集事实，以为研究之资料"。可以说，开展社会实践能够更好实现"知中国，服务中国"相统一。

四、深入思考

（一）激发全体师生参与实践思政的热情和动力

实践育人是立德树人的重要方式，社会实践是开展爱国主义教育的重要途径。我想，不仅仅是寒暑假的社会实践，老师们平时带领本科生、研究生开展的各项实践调研，都是在开展社会实践。当前，要着力激发全体教师参与社会实践的热情和动力，汇聚更多资源、更多力量做好实践育人工作，持续将爱国主义教育融入社会实践的各环节和各方面。

（二）不断完善实践基地建设，深入挖掘爱国主义教育内涵

实现爱国主义教育与社会实践有机融合，首先需要建设好社会实践基地才行。我觉得，可以先以南开定点帮扶的庄浪县，或者天津本地的区县，或者以红色研学基地等方面为突破口，进而拓展至与当地的经济社会发展等方面相关的实践基地建设，并逐步形成共建互促发展机制。有了社会实践基地之后，要持续挖掘并发挥好实践基地中的爱国主义元素和内涵，更好发挥实践育人效果。

（三）在社会实践中开展爱国主义教育重在触及心灵，入脑入心

在社会实践中开展爱国主义教育需要借助一定的形式，但是，形式

不能架空内容。在社会实践过程中，通过实地走访、师生互动，要让爱国主义教育的核心内容和精神内涵真正为学生所理解、认同，并转化为立公增能的现实行动。

（张海鹏，南开大学经济学院）

重走长征路 "归"根乡村助推乡村振兴

——科技助推乡村振兴，"师生四同"深化新时代爱国主义教育

引　言

"中医药是中华民族的瑰宝"，是中华传统文化的智慧结晶，也是甘肃等西部地区的支柱产业。科技创新是助力西部经济发展实现"变轨超车"的引擎，是做好巩固拓展脱贫攻坚成果同乡村振兴有效衔接的关键。了解中医药产业，利用学科优势，秉承南开"知中国，服务中国"宗旨，把论文写在祖国大地上，是社会对新一代南开人的要求。南开大学药学院以中药质量智能快速评价为切入点，借助药学院人才优势和科研特色，带领同学走出课堂，重走长征路，深入生产一线，了解产业知识，推广科研成果，同行、同研、同学、同讲；与兄弟院校及当地中药企业联合，开发校际/校企合作爱国主义教育新模式，培养同学增强"四个意识"，坚

定"四个自信"，做到"两个维护"。

一、背景情况

2017 年 10 月，习近平总书记在党的十九大报告中提出乡村振兴战略。2021 年 3 月，中共中央、国务院发布了《关于实现巩固拓展脱贫攻坚成果同乡村振兴有效衔接的意见》，要求做好巩固拓展脱贫攻坚成果同乡村振兴有效衔接。

学院在前期调研中，发现中医药产业是众多西部地区的支柱产业之一，如甘肃省地处我国西北，有"千年药乡""天然药库"之美誉。据调查，甘肃省现有中药资源 2540 种，人工种植（养殖）中药材约 220 余种，规模化种植（养殖）中药材 110 余种，道地药材 30 余种。2017 年，全省中药材种植面积达到 436 万亩，产量达到 110 万吨，居全国第一位。

（一）道地当归药材是甘肃中药产业的支柱

当归为伞形科植物当归的干燥根，具有补血活血、调经止痛、润肠通便之功效。当归是甘肃著名道地药材，为陇药十大品种之首，种植历史久远，种植地区集中。目前主产于甘肃的岷县、卓尼、宕昌、临夏、渭源、漳县，武都、文县等地也有少量种植，干当归亩产量约为 300 公斤。

其中，岷县当归种植历史久远，产量多，质量好。其骨质重、气香浓、油性足、质量好，习称"岷归"。南北朝《名医别录》已有"生陇西川谷"的记载，有"中华当归甲天下，岷县当归甲中华"之说。早在 1500 多年前，岷归中的马尾当归就是进贡朝廷的珍品，是岷县经济发展的支柱产业。据统计，甘肃年栽培面积约 45 万亩，干当归总产量约 13.5 万吨，产量占全国总产量的 70%。其中，定西市岷县当归种植面积 25 万亩，干当归产量 7.5 万吨，约占据全国市场流通量的 56%。可以说，岷县当归全国闻名。岷县从事中药材产业的农民从药材产业中获得的人均可支配收入占到年均可支配收入的 60%左右，中药材产业对农民增收致富有着显而易见的作用。

（二）质量评价及溯源问题是影响农户收入的核心痛点

受气温、土壤和种植方式等影响，当归性状与质量有所不同。虽然研究者对于当归药材的指纹图谱和化学成分做了大量研究，以此来鉴定当归的质量，当归质量研究水平有了长足的进步，但仍未能满足日益提高的质量控制的要求。特别是大多数研究都是针对某个局部或点的问题，致使研究工作呈现碎片化、重复性研究现象严重，不能有效地解决行业发展的共性问题，无法真正让好的当归展现出应有的经济价值和药用价值。另外，中药质量传统评价手段耗时长，导致中药采购与质量评价不同步，难以在产地及收购地评价中药质量，使得道地产地农户难以实现优质优价，严重影响了农户收入。

（三）从群众中来到群众中去，"师生四同"开展校际合作/校企合作是爱国主义教育的新模式

现代中药的质量评价体系有其独特的中医药特色，要能够反映当归本草学属性、生物学内涵和化学实质等方面的信息，同时要兼备具有可操作性，适合基层检测工作的需要。因此，从现场实践和农户体验出发，探索建立一套新的现代化中药检测方法，解决当前痛点难题，真正服务于群众百姓，让百姓钱袋子鼓起来，好日子火起来，满足人民群众最质朴的愿望，是我们每个南开人的使命担当。因此，我们组织师生深入中药材种植、采收、收购、加工、销售一线，了解农户及中药企业面临的实际问题；立足学科优势，探讨解决方案；面向农户及中药企业推广，既能够为解决农户及中药企业核心痛点做出贡献，助推乡村振兴，也能够培养同学提升素养，树牢信念，增强"四个意识"，坚定"四个自信"，做到"两个维护"。同时，围绕乡村振兴和社会需求开展"师生四同"校际合作/校企合作有利于拓展研究领域，保障活动效果，是爱国主义教育的新模式。

二、主要做法

（一）深入实地调研，掌握优化当归产能一手数据

甘肃甘南藏族自治州临潭县、定西市岷县、渭源县等地是当归的主产地。自 2018 年与兰州大学药学院、天士力中天药业、数字本草等企业合作以来，我们先后 6 次组织师生赴甘肃进行实地调查及采样。团队一路追随当归的足迹，从种植到初加工，从成品到质量检测，来到了临潭当归种植基地、临潭天士力中天药业有限责任公司、甘肃数字本草检验中心有限公司和陇西药圃园。在临潭当归种植基地，团队实地了解了当归适宜的生长环境及海拔高度，并从药农口中得知土地轮种、收益等情况。在临潭天士力中天药业有限责任公司，团队参观了当归的初加工及分选车间，从公司负责人处得知药材收购情况及运行成本等数据。在甘肃数字本草检验中心有限公司，看到了科技对于中药领域的推进作用，和公司负责人交流创新中医药科技服务模式，以更好地服务药农，推动甘肃省药材主产区的产业经济发展，助力乡村振兴；同时，团队还得到了不同当归有效成分含量等必需数据。在药圃园中，团队辨认各种药材，了解其种植、生长情况，药生、药理知识。通过在甘肃省不同地区，围绕当归进行全产业、全链路的实地调研，团队同学在老师带领下同学、同研、同行、同讲，得到了珍贵的实地考察数据，使乡村振兴与当地实际贴合程度更高，更利于科研成果的落地应用。同时，根据实地考察情况，队员中的研究人员逐步改进科研成果，使其更好地服务当地药农。

（二）立足学科优势，开发国内首创当归快速智能评价系统

当归因种植品种与环境、栽培技术和产地以及加工条件等的不同，药材品质存在着差异。目前《中国药典》（2020 年版）对其药材的总灰分、酸不溶性灰分、水分、浸出物、挥发油和阿魏酸等的含量分别进行了限定，对当归质量的监管发挥了关键作用。众多学者也对其质量标志物进行了探讨。目前对当归质量的评价虽然多指标并存，且都有其一定的合理性，但缺乏系统的整合，不能满足对药材等级区分的需求。

　　我们立足药学院学科优势，对多次实地采集的当归样品进行分析，组织学生通过谱效筛选的方法发现当归中免疫调节功效以及通过钙拮抗作用舒张血管的质量标志物。在此基础上建立了 NIRS（Near Infrared Spectrum Instrument，红外光谱）检测模型，通过近红外方法快速检测质量标志物含量，通过建立含量与活性的关系实现活血与养血功效的快速评价。同时，采用药典规定方法对当归的 6 项规定指标进行了测定，并开展了大样本多批次的快速检测、数据库构建以及系统分析。通过考察各指标的离散度与最佳权重分配系数，确立质量综合评价指数（Fq）的计算方法，依据其多批次样本 Fq 值的正态分布结果，实现对药材品质的综合评价与等级管理。

　　团队建立的当归质量快速智能评价体系使原本要 2 天完成的当归药材的检测内容，在 2 分钟内实现了快速检测，并实现了对其主要功效与等级的智能评价，能够满足当归样品的产地检测需求，同学们学以致用，把论文写在祖国大地上。这项技术为国内首创，为中药现代化检测技术提供了有效依据，并得到了业界认可，共发表相关论文 3 篇，申请专利 1 个。项目还获得天津市大学生挑战杯比赛一等奖，天津市"互联网+"大学生创业比赛的二等奖（红色筑梦之旅赛道）。

（三）深化科研创新，"师生四同"推广新技术助力乡村振兴

　　2018 年至今，我们组织南开大学、兰州大学专家教授及临潭天士力中天药业公司技术人员，与同学一起开展农户实用技术培训 13 次（期），累计培训 657 人次，其中建档立卡贫困户 536 户，累计发放培训教材 260 余套。培训内容涉及中药材产业现状及发展规划、当归中药材种苗生产、良种繁育、优质中药材生产及田间管理、当归中药材产地加工、当归质量快速智能评价方法等全产业链关键生产技术，切实提高当地当归产业技术。团队与天士力集团中天药业开展合作，发展校企合作模式，立足临潭县域建设当归标准化药源基地 8241 亩，结合当地产业扶贫政策，公司已经免费向农户发放当归种苗 412.05 吨；合计发放有机肥 1505.6 吨，地膜 82.41 吨，涉及临潭县域 9 个乡镇、13 家合作社，带动建档立卡贫困户 3481 户。此外，投资 2800 余万元，在临潭县打造的当归药材加工基地，已于 2020 年底投入使用，以产业扶贫带动当归产业平稳发展。2018年 11 月 6 日，团队与甘南州科技局进行项目对接，被当地电视台新闻报道。

（四）重走长征路，加强师生爱国主义教育

甘肃南部地区不仅有多种道地中药的规模种植基地，同时也有着深厚的红色底蕴。红军长征曾经过此地。毛主席也留下"更喜岷山千里雪，三军过后尽开颜"的诗句。通过调研学习当地的红色革命地区，有助于加深我们对于长征精神红色文化的了解与认知，增强我们的国家认同感和爱国精神。在这个项目开展进程中，南开大学药学院和兰州大学药学院的师生们同行、同学、同研、同讲，两校师生一同参观了红军长征哈达铺纪念馆及会宁红军长征纪念馆，重温了中国共产党带领下的中国工农红军在长征路上的革命英雄事迹，切身感受到了革命先辈们坚定的理想信念，深刻感受党的凝聚力和中华民族自强不息的民族品格。南开大学及兰州大学的师生党员还在红军长征哈达铺纪念馆内的革命先辈的塑像前一同重温了入党誓词，交流学习心得。大家表示，要继承和发扬长征精神，在专业学习的道路上，刻苦努力，求实创新，紧密结合人民群众的实际需求，让创新创业成果服务于乡村振兴，为实现中华民族伟大复兴的中国梦贡献自己的力量！

三、经验启示

一是立足学科优势及特点，将爱国主义教育与社会实践、科技助力乡村振兴相结合，加深同学们对药学学科的认同感和使命感，使其深刻领悟"知中国，服务中国"的南开精神。在助推乡村振兴的同时，培养同学们增强"四个意识"，坚定"四个自信"，做到"两个维护"，提升学生的爱国主义情怀。

二是深化校际/校企合作，精准对标社会服务和人民需求，将高校科研成果与企业生产服务相结合，实现产学研一体化建设，精准对接百姓需求，解决实际难题，提升人民收入，促进乡村振兴，真正将爱国主义精神内化于心，外化于行，展现南开人的责任与担当。

三是将"三全育人""师生四同"模式深入开展，不仅提升专业学科服务社会的质量，将科研成果拓展到江西、新疆等西部地区，而且发挥学科优势，围绕"四个面向"，在人才培养上做得更精更细，真正实现将论文写在祖国大地上。

四、深入思考

（一）如何发挥学科优势，将科研成果进一步转化落地，推动乡村振兴建设，更好服务社会需求？

中药质量是中药产业发展的生命线，质量评价及溯源问题是影响农户收入的核心痛点。针对此问题，南开大学药学院在全国率先开展相关研究，并提出示范性研究模式，已经建立了当归、金银花、菊花、沉香和贝母等多个中药的评价体系，并在国家自然科学基金委的支持下，于2017年初在南开大学召开了中药质量标志物的论坛，在全国中药质量标志物研究中起到引领和示范作用。为了更好地将科研成果转化落地，学院还与西部地区兄弟院校及中药企业开展校际/校企合作，利用当地高校研究西北中药和民族药资源的优势，面向企业需求，三者有机结合共同推动乡村振兴建设。

（二）如何更好地调动师生积极性，深入田间地头，将红色爱国精神内化于心，外化于行？

一是要鼓励师生围绕自己专业学科特点开展调研，在"师生四同"中做到同学、同研、同行、同讲，一方面可以促进教学相长，将育人工作春风化雨、润物无声般教育引领学生，另一方面，教师以"过来人"身份将自己的价值信仰、科学理念、素养情怀等通过身体力行的方式传递给学生，从而激发学生爱国主义精神，将小我融入大我。二是鼓励教师将专业课程思政化，做好课程思政，开展以爱国主义教育为主题的社会实践活动。将教师第一课堂知识拓展延伸至第二课堂，将专业理论知识与社会实践巧妙地结合起来，对于师生而言都有着浓烈的兴趣和强烈的使命感，且利于课程的建设，同时可以让师生在社会实践中真正了解社会所需所求，发挥专业优势开展科研实践与服务，将论文真正写在祖国大地上，将成果惠及百姓人家。三是建好保障机制，要将教师在实践活动中的表现与奖励绩效、职称评审等挂钩，学生与奖学金评比、评优争先等挂钩，激励师生深入祖国大地调研实践的热情，将南开"知中国，服务中国"的办学宗旨传承延续下去。

（姜民、王渤洋、白钢，南开大学药学院）

弘扬爱国奉献精神 做公能精神传播者

引　言

2019 年 11 月至 2020 年 3 月，经济学院开展了"智圆行方守初心，育慧藏疆担使命——践行公能精神、共筑青春梦想"爱国主义实践教育活动。活动旨在弘扬南开爱国主义传统，引导学生在面向西部的志愿服务和实践活动中感悟爱国奉献精神，"将小我融入大我"。活动以党建引领，以研究生党支部为抓手，充分发挥研究生党员力量，结合当地实际需求，为新疆阿勒泰地区第二高级中学和西藏拉萨市达孜区中心小学的学生撰写亲笔信、发布公开信、讲授直播课，将"南开情"送到"西北地"，彰显了新时代青年党员的责任担当和历史使命，同时为推动教育精准扶贫、助力西部教育事业发展贡献南开力量。活动效果良好，在当地引起积极反响，获得校内外报道，并获评"南开大学党建创新百项工程十佳项目"。

一、背景情况

以《新时代爱国主义教育实施纲要》发布为背景，以"不忘初心、牢记使命"主题教育的深入开展为契机，经济学院深入开展爱国主义教育，不断探索爱国主义教育的新方法新路径新模式。

爱国主义是中华民族的民族心、民族魂。习近平总书记指出，南开大学具有光荣的爱国主义传统，这是南开的魂。中国共产党人的初心和使命，就是为中国人民谋幸福，为中华民族谋复兴。"不忘初心、牢记使命"主题教育是在全党范围内开展的主题教育，是推动全党更加自觉地为实现新时代党的历史使命不懈奋斗的重要内容。党的十八大以来，以习近平同志为核心的党中央把贫困人口脱贫作为全面建成小康社会的底线任务和标志性指标，在全国范围全面打响了脱贫攻坚战。而教育精准脱贫则是脱贫攻坚的重要内容。近年来，越来越多的南开有志青年教师和学子，奔赴祖国的西部，在火热的基层实践中锤炼自我，助力脱贫攻坚，践行公能校训。他们或是在乡村基层挂职锻炼，或是扎根西部奉献青春，或是在三尺讲台支教育人。活动旨在承续南开人爱国奉献精神，立足高校青年党员责任担当，对接在疆、在藏基层实践的南开师生开展实践教育活动，将"不忘初心、牢记使命"的主题教育开展在祖国西部的广阔土地上，开展在人民群众"最需要的地方"，实现"小我融入大我"。

本次实践教育活动以爱国主义教育为主题，结合"不忘初心、牢记使命"主题教育要求，以传承发扬南开爱国主义传统、弘扬爱国奉献精神为活动目的，确定活动主题为"智圆行方守初心，慧育疆藏担使命——践行公能精神、共筑青春梦想"。在学院引导推动下，经济系硕士党支部、财政税务硕士联合党支部党员群策群力，积极对接我校正在西部地区进行服务的支教团成员，并与新疆阿勒泰地区第二高级中学、西藏拉萨市达孜区中心小学建立联系，以当地师生实际需求为导向，以实践活动和志愿服务活动为载体，以爱国主义教育为主要目的，开展主题实践教育活动。具体开展思路如下。

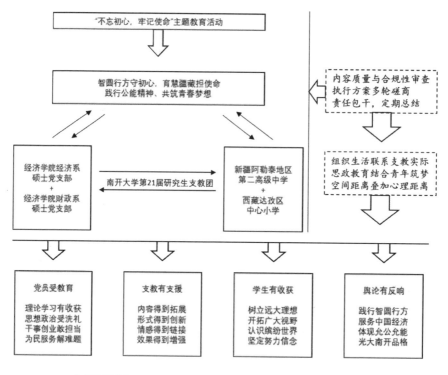

二、主要做法

（一）传信筑梦，共克时艰，涵养家国情怀

活动开展期间，同学们通过亲笔信、公开信方式，引导西部学子放飞梦想、共克时艰、涵养家国情怀。经济系硕士党支部党员为阿勒泰地区二中学子书写亲笔信，鼓励学子树立远大志向，勤奋学习。实践教育

活动期间，发出纸质书信 40 余封。书信鼓励阿勒泰地区二中学子将个人梦与中国梦紧密结合起来，在不断努力奋斗中实现人生价值。去信在当地学生中广泛传阅，获得良好反响。2020 年初，新冠病毒感染疫情爆发。根据当时的疫情形势，经济系硕士党支部于 2020 年 3 月 12 日发出抗疫专题公开信 1 封。公开信抖擞师生精神，展现青年朝气，表达了携手共克时艰的意愿，传递了抗疫信心。公开信在阿勒泰地区第二高级中学官方公众号发布，浏览量达到 1000 次以上。

（二）直播授课，远程启蒙，传播公能精神

活动开展期间，通过直播授课方式传递南开公能精神，实现"远程启蒙"的目标。远程直播授课活动依托"斗鱼"直播平台，动员财政税务硕士联合党支部多位党员志愿者，根据达孜中心小学师生的实际需求和实时反馈，分别于 2019 年 11 月 19 日、2019 年 12 月 3 日、2019 年 12 月 20 日开展以"我眼中的南开大学""初高中生活经历分享""沉迷手机的危害"等为主题的线上直播课程。活动涵盖达孜区中心小学五、六两个年级共 10 余个班级，覆盖学生人数超过 500 人。达孜中心小学学生为授课党员志愿者写下"小纸条"，表达了对于授课党员志愿者的喜爱和自己未来也要考上理想大学的愿望。

三、经验启示

（一）对内实现深化爱国主义教育效果

对经济学院研究生党支部和参与活动的党员而言，本次实践教育活动是一次生动的爱国主义教育课。

一是实现思想认识提升，加深对爱国奋斗精神和南开爱国主义传统的理解。通过了解新疆阿勒泰地区和西藏达孜区实际情况，强化研究生党员联系群众、服务群众的宗旨和意识，传承和发扬南开大学"知中国，服务中国"的办学宗旨；进一步坚定信仰，提高政治站位，提升思想觉悟，认识到要"把自己的理想同祖国的前途、把自己的人生同民族的命运紧密联系在一起，扎根人民，奉献国家"。

二是实现学习效果提升，增强加深对中国梦和南开公能精神的理解。引导研究生用习近平新时代中国特色社会主义思想武装头脑、指导实践，加深对于中国梦的理解和感悟，投身到"不忘初心、牢记使命"的主题教育活动实践当中，增强主题教育实效。同时，引导学生深入学习理解南开校史、南开公能校训，用自己的语言和方式表达出来，"以讲促学"加深对公能精神的理解。

三是实现服务意识提升，在服务西部中践行"小我融入大我"。活动通过提供书信和直播授课解决当地学生思政教育材料不丰富、学习形式不新颖、综合知识教育内容较匮乏的难题。同时，引导研究生党员树立"干事创业敢担当，为民服务解难题"的理念，干实事、敢担当，在为西部学子提供志愿服务的实践中不断涵养提升服务群众的意识，"以青春之我、奋斗之我，为民族复兴铺路架桥，为祖国建设添砖加瓦"。

（二）对外实现传播公能精神效果

活动在新疆阿勒泰和西藏达孜两个服务地取得良好反响和一定的社会影响力，去信及直播授课活动多次被当地媒体报道。对于阿勒泰地区二中和西藏达孜区中心小学两个支教服务点而言，活动丰富了学校德育教育形式和渠道，能够用学生喜闻乐见的方式实现教育目的，为当地学校开展爱国主义教育开拓了思路。

对于阿勒泰地区二中和达孜区中心小学的学生而言，本次实践教育活动也是一次生动的爱国主义精神教育和南开公能精神教育，形式丰富、内容充实。通过书信形式帮助学生树立远大理想，构筑青春梦想，涵养家国情怀；通过直播授课的方式帮助学生解决实际需求、拓宽视野、启迪心灵智慧、传递南开公能精神；通过公开信提供生动丰富的德育教育资源，加强学生核心价值观教育，传递战胜疫情的信心。通过参与活动的研究生党员，引导当地学生树立远大目标，厚植爱国主义情怀，志存高远、脚踏实地，努力在实现中华民族伟大复兴的中国梦的生动实践中放飞青春梦想。

四、深入思考

一是打破空间距离，实现实时互动，创新爱国主义教育形式。天津与新疆阿勒泰地区、西藏拉萨达孜区相隔数千公里。本次实践教育活动通过多种方式将南开园的学生与新疆、西藏学子紧密连接，打破空间距离，不仅通过传统书信方式形成互动、传递心意，更通过网络直播课程方式实现实时互动，拉进学生与西部学子的心灵距离。

二是让学生从"学习者"变为"讲授者"，从"教育接受者"变为"传播者"，增强爱国主义教育效果。本次实践教育活动突破传统爱国主义教育活动"以学为主"的模式，让学生从"学习者"变为"讲授者"，从"教育接受者"变为"传播者"，通过角色和身份的变化，让学生切实感受到自己的言行对于他人的影响作用，进一步增强了学生的责任感使命感，推动学生更加深入理解公能精神、传播公能精神，引导学生自觉树立践行正确的价值观影响带动他人，让学生在实践中感悟爱国主义精神，增强爱国主义教育效果。

三是寻找学生兴趣点，拓宽活动覆盖面，提升学生参与爱国主义教育活动积极性。本次实践教育活动党员参与积极性高、主动性强，在于找准了党员兴趣点，为学生提供了一个很好的了解西部、服务西部的机会。活动在党员群体当中产生良好反响，从党员群体辐射带动全体学生，引起学生关注，提升了学生服务社会、关注西部的意识，有利于学生更深入地了解国情民情，厚植爱国主义情怀，引导学生在实践中践行"小我融入大我"。

（雷珍妮、初一，南开大学经济学院）

以"师生四同"实践为载体，增效理工科爱国主义育人引领

——以电光学院"师生同行"赴海南暑期社会实践队为例

引 言

为庆祝中国共产党成立 100 周年，电子信息与光学工程学院党委酝

酿开展"五育融合学党史，'师生四同'庆百年"学生党史学习专项行动，充分发挥"学党史"在立德树人中的重要作用，积极探索"实践+"在爱国主义教育中的增效作用。2021 年暑假，学院适时组织 35 支实践队、涵盖学院 310 名学生，奔赴包括南海三沙、甘肃庄浪等 14 个省份多个城市，其中 14 支队伍均为师生同行队伍。各个队伍在社会实践中扎根中国大地，在真听、真学、真干中赓续百年南开爱国主义情怀。本文以"师生同行"赴海南暑期社会实践队为例，阐述做法、分析经验。

一、背景情况

党的教育方针一贯重视发挥实践的育人职能，早在 2017 年习近平总书记在给第三届中国"互联网+"大学生创新创业大赛"青年红色筑梦之旅"的大学生回信中就勉励大学生"扎根中国大地了解国情民情，在创新创业中增长智慧才干，在艰苦奋斗中锤炼意志品质"。之后，总书记在全国教育大会、学校思想政治理论课教师座谈会等会议发表重要讲话，多次赴各级各类学校考察调研、致信回信，作出重要指示批示，对新时代全面贯彻党的教育方针提出明确要求，经第十三届全国人大常委会第二十八次会议审议，《中华人民共和国教育法》第五条修改为"教育必须为社会主义现代化建设服务、为人民服务，必须与生产劳动和社会实践相结合，培养德智体美劳全面发展的社会主义建设者和接班人"，党的教育方针凸显了实践育人在教育中的重要意义。

南开大学具有开展社会实践的优秀传承，"实践育人"工作在南开更有着悠久的传统，始终浸润着"爱国主义""服务国家""奉献社会"的使命担当。自百年前，南开建校之初，张伯苓老校长即提出"知中国，服务中国"的宗旨，并亲自主持成立"社会视察委员会"，要求教师带领学生深入调查研究工作，要求学生在调查后写出详细报告，并组织汇报讨论，约请相关专家评定成绩。当时，"学生足迹遍布工、商、文、教、交通、通讯部门及司法、军、政乃至外国租界"，引领中国教育界风气，首开南开"实践育人"之先河。

在这个背景下，电光学院充分发挥学科特色，将百年南开"知中国，服务中国"的深刻理念与学院"科研报国"的育人理念相结合，探索"科研+实践"的模式，增效爱国主义育人引领。而师生同行赴海南实践队则是这一理念的有效彰显，经过六年的探索和实践，搭建了特色的爱国主义育人引领平台。

二、主要做法

（一）立足学科，发挥特色

"南开让我带电，我为祖国发光"，用扎实的南开所学赓续"爱国主义"南开魂。面向国家需求做科研，是电光人的情怀使命，更是南开青年的爱国担当。

实践队探索"专业教师+思政教师"双导师带队机制，由专业教师刘波教授、林炜及思政教师朱博晨共同带队指导，在中国海洋战略背景下开展科研、实践活动。队伍基于两项国家级重大科研项目，联动本硕博青年学子，不辞风浪，以"永乐1号"海上平台为生活、实践基地，连续23天平均每天开展超过18小时的科研实践、调研实践，投入师生自主研发的"水睛""炫目"等精密设备，在西沙永乐群岛海域开展多项海试工作，海试调研报告被三沙市海洋与渔业局采纳；实践简报呈阅海南省委；实践相关成果被《南开智库成果专刊》收录并报中办内参。实践队师生在砥砺奋斗中，心怀国之大者，赓续"爱国主义"南开魂。

（二）"师生四同"，多措并举

实践队在师生同行、同学、同研、同讲中夯实实践育人成效，在社会实践期间，师生发扬务实笃行的实践作风，通过党史共学、单位共建、结对互助等多项措施将交流合作走深、走实。

与三沙武警中队合作共建了"爱国主义教育与服务青年成长合作单位"和南开大学"红色文化育人"社会实践基地，双方在爱国主义教育、青年成长成才等多个方面开展实质性活动来加强军、校合作。实践队师生3次走进三沙武警中队，指导教师精心准备了多堂"思政课"，与战士们开展主题宣讲。实践队师生积极参与到战士们的日常训练，在训练中切实感受"艰苦奋斗，逐梦海疆"的赤子热血。在实践期间，实践队收到了武警三沙中队赠予的一面在永兴岛升起过的国旗，这面国旗由实践队携带返校并在烈士纪念日当天转交南开大学国旗护卫队，希望他们在南开园内升起这面国旗时可以将"爱国爱岛，乐守天涯"的三沙精神与"爱国奋斗，公能日新"的南开精神汇聚起爱国报国的强大精神力量，激励广大青年学子将小我融入大我，为实现中华民族伟大复兴而不懈奋斗。

（三）讲好故事，辐射带动

党建引领深化实践内涵，实践队师生走进多处红色旧址，开展理论学习、录制 3 期微党课，真正践行"学史明理，学史增信，学史崇德，学史力行"。实践队发挥力量，建立 1 个育人合作单位、1 个实践基地，增建 6 座南开书屋，新建 3 个卫生环保角，开展 4 场科普互动，召开 4 场理论宣讲，参与 3 次武警训练。实践队在"师生五同"中积累访谈 5 万余字、影音 20 余小时，撰写 3 份报告累计超 10 万字；组建"讲好三沙故事"宣讲团扩大育人成效；实践队事迹被三沙卫视、北方网、津云等多家媒体报道；在中国青年网等刊发新闻 12 篇；撰发推文 17 篇阅读量 5000 余人次。日前，实践队收到了武警三沙中队的手写感谢信，战士与师生一起立下了"青春献给党"的约定。

三、经验启示

一是聚焦国家所需。国有所需、心有所向一直以来都是南开工科人的价值追求。习近平总书记历来重视海洋保护与开发，多次做出批示指示。珊瑚礁是海洋生态的重要组成部分，它所存养的礁栖生物占到全部海洋生物资源的三成，目前珊瑚白化成为全球珊瑚礁所共同面临的最严重威胁。其中，长棘海星的大面积爆发一度被认为是我国 2005—2011 年珊瑚礁大面积退化的主要原因，严重威胁岛礁健康和生态平衡。实践队师生面向这一国家重大需求开展科研实践就是对爱国主义传承的生动践行。

二是深化党建引领。南开大学"师生同行"赴海南暑期社会实践队从立项之初就确定党建引领基调，走进琼崖一大旧址，学习传承"二十三年红旗不倒"的琼崖革命精神；走进解放海南战役烈士陵园和西沙海战烈士陵园，缅怀革命先烈；走进宋氏祖居，聚焦人物个体，回溯时代风云；开展队伍理论学习，共忆峥嵘建党岁月；走进张云逸纪念馆，在红色寻访中致敬建党百年，厚植"爱国主义"情怀。

三是开展"师生四同"。积极落实师生"同学、同研、同讲、同行"实践育人模式。立足"中国海洋战略"走进海南省三沙市开展为期近一个月的科研、实践调研活动，在师生同行中砥砺初心使命、服务国家重大需求；师生走进红色教育基地同学党史理论，强化使命担当，赓续"知中国，服务中国"的办学宗旨；调研结束返校后，师生组建实践宣讲团讲好三沙故事，在师生同讲中夯实实践育人成效；基于国家级科研项目，开展针对长棘海星的专项海试调研，在师生同研中服务南海建设；搬运物资、海上科研，在祖国大地挥洒汗水，在师生同劳动中树立正确劳动态度。在科研、实践调研中师生践行"师生四同"实践模式不断坚定理想信念，强化爱国担当。

四是优化队伍组成。实践队师生探索"专业教师+思政教师"的双导师带队机制，两位指导教师分别担任科研调研和实践调研的总负责，高效落实队伍调研内容；实践队探索多专业融合的组队机制，队伍包括理工、经济和旅游专业的学生，在实践中可以实现优势互补，可以发挥个人所长，在调研过程中提高队伍效率；实践队探索多教育阶段交叉组队机制，队伍包括本硕博三个教育阶段的青年学子，充分发挥"老带新"的调研机制。

五是构建长效机制。实践队探索"党团共建"的合作机制，通过党员结对子、军校共建等方式加深实践队与实践地的交流合作，自实践队与武警三沙中队开展共建以来，实践队两次走进中队，累计开展 3 次党史共学、2 次同训练活动，双方签署"爱国主义教育与服务青年成长合作单位"后将进一步加强党史交流和开展服务青年成长工作；实践队发挥南开特色，通过签署共建南开大学社会实践基地的方式为签署双方开展长效化合作奠定基础，实践队通过建立、维护南开书屋持续深化南开影响，为进一步开展后续的科研、实践调研打好基础。"党团共建+签署基地+建立书屋"的模式为之后的实践队开展常态、长效的合作调研提供了借鉴。

四、深入思考

（一）社会实践是延展教育场域、培育学生爱国主义情怀、让学生从"学校归属"走向"国家归属"的有效渠道

学校是爱国主义教育的主渠道，引导青年听党话、感党恩、跟党走，厚植爱党爱国爱社会主义情怀，不仅仅要靠我们的思政教师和思政课堂，更要积极探索主题突出、特色鲜明、形式多样的教育实践活动，特别是社会实践活动。通过社会实践可以让学生走出课堂、走出校门、走向社会，去更好地"知中国，服务中国"，主动把小我融入祖国的需要、人民的需要，放飞美好梦想，谱写人生华章，从而树立正确的国家观、民族观、历史观、文化观，扣好人生的第一粒扣子，确保红色血脉代代相传，红色江山永不变色。

（二）从理工科学科性质入手，做好科研课题服务国家社会发展的实践课题选题是打通一、二课堂实践壁垒的有效途径

理工科多以实验为载体进行科学研究，科研课题又多与社会民生甚至是国家战略发展息息相关。但同时，因实验和科研任务较为繁重，理工科学生参与第二课堂活动的时间和精力往往相对有限，因此如何将一、二课堂打通成为理工科教育教学与学生工作的难题重点。而以实践基地为平台，以社会实践为载体，以实验课题解决社会问题为突破点，培养学生不畏艰难险阻的意志和勇于攀登的科学家精神以及学以致用、服务国家和社会发展的思路成为解题关键。以野外实践教学、社会实践等为载体，着力培养学生的动手能力、创新思维、团队协作能力和社会责任感，成为打通理工科一、二课堂实践壁垒，实现良性互动，以科研成果

通过社会实践平台来服务国家社会发展的成功探索和应有之路。

（三）整合实践育人资源，将实践育人活动与教育教学安排有机结合，是培育学生爱国情怀的常态化有效探索

完善的实践育人体系首先要有多样化的实践育人资源。习近平总书记指出："革命传统教育要从娃娃抓起，既注重知识灌输，又加强情感培育，使红色基因渗进血液、浸入心扉，引导广大青少年树立正确的世界观、人生观、价值观。"这个论述给我们开展社会实践和培育学生爱国情怀提供了有力的指导和方向。我们要坚持统筹课内课外和校内校外的多种实践育人资源，将爱国主义教育有机有效融入课程思政等各类课堂教学和课外实习实践，把学习教育成果转化为爱国报国的实际行动，大力营造沉浸式爱国主义教育氛围和实践平台，教育引导学生在实践中赓续精神血脉，从红色基因中汲取强大力量，厚植爱党爱国爱社会主义情感。

（木琳、刘瑞毅、李天赐，南开大学电子信息与光学工程学院）

写好新时代爱国主义教育的"金融答卷"

——学生党支部立足专业特色开展爱国主义教育的生动实践

引　言

　　党建+学科+思政，这条主线是金融学院保险精算本科生党支部始终遵循的建设目标。作为南开大学本科生先进党支部，金融学院保险精算本科生党支部不断深化党建红色育人阵地，立足专业特色，以"师生四同"形式为重要载体，以"学""研""践"为主要途径，深化新时代爱国主义教育，引导党员们"守初心、担使命、开新局"，致力于培育担当民族复兴大任的时代新人。

一、背景情况

2019 年 1 月 17 日，习近平总书记视察南开时勉励师生："爱国主义是中华民族的民族心、民族魂。南开大学具有光荣的爱国主义传统，这是南开的魂。"2019 年 11 月，中共中央、国务院印发《新时代爱国主义教育实施纲要》，立足新时代提出爱国主义教育新问题新要求。2021 年 7 月，中共中央、国务院印发的《关于新时代加强和改进思想政治工作的意见》指出，要构建共同推进思想政治工作的大格局。习近平总书记在全国高校思想政治工作会议上也阐述了构建"大思政"格局的重要思想，要求高校坚持全员全过程全方位的"三全育人"模式，将思想价值引领贯彻到教育教学、人才培养的全过程。

在"大思政"和"三全育人"格局中，以习近平总书记关于青年工作的重要思想和视察南开大学重要讲话精神为遵循，党支部以爱国主义教育为核心，不断探索爱国主义教育与学科发展、专业学习相融合的发展路径，以引导教育党员厚植爱国情怀、树立远大志向，增强理想信念、坚定服务意识。一方面使爱国主义教育不流于形式，向专业化纵深推进，鼓励党员们通过大问题的研讨树立仰望星空的大胸怀、大抱负；另一方面将爱国主义教育与专业实践相结合，鼓励党员们提升依托专业所学服务国家社会的能力，树立脚踏实地的担当使命意识。

二、主要做法

（一）学——在专业研讨基础上的爱国主义教育

党支部全体党员共读《保险史话》，观看红色保险纪录片《追寻》，组织开展"红色保险史"主题党课，从"根据地的保险事业——社会保险制度的探索""地下组织创办的保险公司""'保联'——抗战中成长的革命团体"三个层面共同学习中国共产党领导下的红色保险发展史，将学科发展史融入党史学习教育，在学科发展红色历史中感悟红色文化，传承红色基因。

在第七个国家宪法日到来之际，党支部与保险学精算学硕士生党支部共建，以"保险行业基于《民法典》的发展概述"为主题，就《民法典》与保险法律制度建设和发展的关系和影响、《民法典》对人身险法律制度的影响以及《民法典》对财产保险发展的导向三个方面开展了党建沙龙专题研讨。

在决胜脱贫攻坚、建成全面小康的关键时刻，党支部录制"为民初心决胜脱贫攻坚 民生保险助力乡村振兴"主题微党课，从医疗保险的视角探讨脱贫攻坚成果与民生领域的乡村振兴战略。

结合重要时间节点与社会热点问题，党支部及时开展学习活动，并融入金融保险专业知识探讨，引导党员们结合专业所学思考社会问题，将爱党、爱国、爱社会主义高度统一起来。

（二）研——在师生共建过程中的爱国主义教育

党支部积极与保险精算教师联合党支部共建交流，以"师生四同"育人模式为基础，联合开展"学史增信忆百年光辉历程 聚焦民生展学科使命担当"师生同学同研主题党日活动。

邀请中国金融学科终身成就奖获得者、南开金融学科的重要重建人之一、南开保险学科的创始人、中国精算学科的奠基人刘茂山教授做客访谈活动，师生党员代表围绕金融保险学科的创建历程与金融保险人才培养等问题，对刘茂山教授进行了访谈，旨在引导学生党员们在中国共产党领导的中国金融保险事业发展的历程中感悟砥砺奋进精神，坚定学科建设初心，增强学科发展自信。

与教师支部联合召开学习习近平总书记在中共中央政治局第二十八次集体学习中关于"完善覆盖全民的社会保障体系"的重要讲话精神座谈会，党员们从保险精算学科出发，就社会保障、改善民生等话题展开热烈讨论，引导学生党员通过大问题研讨，勇于担当学科发展使命，牢树制度自信、厚植爱国主义情怀。

与教师党员们一起走进中国最大的养老社区康宁津园参观调研养老服务产业发展情况，走访了社区公寓、文娱基地、食堂超市、温泉酒店等地，感受到了康宁津园在基本生活保障以及丰富多彩的文化娱乐活动等方面提供的完善的养老服务体系与创新的养老模式，支部党员与公司主要负责同志围绕人口普查、养老保障、医疗保险、养老市场发展等热点话题展开了热烈讨论，进一步引导学生党员秉承南开"知中国，服务中国"的办学宗旨，牢固树立用专业知识服务国家战略发展的使命担当。

（三）践——在服务社会体验下的爱国主义教育

2021 年是巩固拓展脱贫攻坚成果、实现同乡村振兴有效衔接的起步之年，支部党员们充分发挥保险专业优势，深入宁夏革命老区的脱贫攻坚一线，前往西吉县硝河乡新庄村和彭堡镇姚磨村学习调研。在新庄村，党员们深入了解薯玉套种和肉牛养殖特色产业的发展情况、实施乡村振兴战略的具体举措，并结合保险专业特点，重点考察了农业保险、养老医疗保险等政策在实施乡村振兴战略中的重要作用；在姚磨村，党员们重点调研了社会保险、产业补贴、农业保险等政策的实施情况与存在的问题，探索出了利用保险专业所学服务于国家乡村振兴战略的有效途径，坚定了为建设社会主义现代化强国贡献青春力量的信心与决心。同时，正值红军长征胜利 85 周年，支部党员赴宁夏固原六盘山、将台堡等地开展弘扬长征精神主题教育实践活动，重走长征路，感悟中国共产党人的精神谱系。

此外，支部积极推进大中小思政一体化建设，鼓励学生党员与中小学学生加强联系互动，鼓励党员们用自身经历引导中小学生健康全面发展。支部党员以"探寻金融知识，树立远大青春理想"为主题，为耀华中学、南开学校的学生开展公开课，详细介绍金融市场的定义、组成部分、运作机制、金融衍生工具等金融基础知识，理论与案例相结合，翔实生动地向同学们展现了金融学科的魅力；同时，还向同学们讲述自己在南开生活的点滴，传授学习方法，讲授学习技巧。

三、经验启示

一是紧扣热点突出时代性。新时代的爱国主义教育要紧跟国家发展与社会需求，鼓励学生结合专业所学，思考社会热点与政策前沿问题，弄清楚作为金融专业的学生如何在"强国有我"的实践中贡献力量，才能引导学生自觉投身实现中华民族伟大复兴中国梦的实践中去。

二是注重时代新人的培育。新时代的爱国主义教育要致力于培养能担当民族复兴大任的时代新人，培养有理想、有道德、有本领的具有奋斗精神、奉献精神、实干精神和创新精神的优秀大学生，就要将理论与实际相结合，深入田间地头开展劳动、深入企业一线开展调研，深入思考如何将爱国之心化为报国之行，在金融强国的生动实践中奉献青春力量。

四、深入思考

（一）如何加强师生互动开展新时代爱国主义教育

深化"师生四同"育人模式，激发教师参与学生爱国主义教育的积极性，构建师生良性互动关系，进一步深化"三全育人"。以社会实践、党日活动等为载体，充分发挥教师在第二课堂的力量，与学生同学同研同讲同行，开展形式多样的爱国主义教育活动。

（二）如何将理论与实践相结合开展新时代爱国主义教育

新时代爱国主义教育要在理论学习的基础上广泛开展实践活动，在沉浸式教育中引导学生将理论联系实际，达到观行与思悟一体的效果，加强爱国主义教育的认同感。

（三）如何构建党建引领与专业融合的新时代爱国主义教育

新时代爱国主义教育要注重党建与思想政治教育以及学科发展的融合，引导学生立足专业思考社会热点，依托专业解决实际问题，树立用专业所学服务国家社会的意识，提升专业本领以及服务国家社会之能力。

（唐琳，南开大学金融学院）

找准"小切口" 深耕时代新人锻造"大文章"

——商学院聚焦时代新人培育"同题共答"推进爱国主义教育

牢记嘱托，锻造小我融入大我的时代新人 南开大学商学院

"行走的微党课"为雄安精神画像，为师生精神补钙

所谓小我融入大我：2019年初，习近平总书记亲临南开大学视察，寄语师生要将"小我融入大我"，就是要把自己的小我融入祖国的大我、人民的大我之中，与时代同步伐、与人民共命运，才能更好实现人生价值、升华人生境界。

服务
国家战略

365天，我们与雄安"如胶似漆"
先后带领师生50余人两次踏足雄安

引 言

时代新人锻造，是一项宏大的、抽象的、长远的目标和任务。工作常做常新，要善于思考和反思，提炼方法，见真招、见实招，才能将思政工作做精细、精准和精到。

一、背景情况

大学生思想政治教育工作在社会主义现代化建设新征程的使命是培养担当民族复兴大任的时代新人。习近平总书记在全国宣传思想工作会

议上强调，要把培养担当民族复兴大任的时代新人作为重要职责。这是新形势下高校人才培养工作的新理念，是立德树人根本任务的时代回应，是着眼于党的事业后继有人的铸魂工程。

2019 年 1 月 17 日，习近平总书记视察南开大学，对南开百年来的办学理念和育人成绩给予充分肯定，指出"南开大学具有光荣的爱国主义传统，这是南开的魂"。商学院深入学习宣传贯彻习近平总书记回信勉励指示精神，立足南开爱国主义传统和公能育人特色，以习近平新时代中国特色社会主义思想引领大学生成为担当民族复兴大任的时代新人。

二、主要做法

（一）牢记嘱托，锻造小我融入大我的时代新人

2019 年，我们先后两次带领师生 50 余人踏足雄安。我们在唐河污水库旁，听生态公司负责人讲述在污水治理项目中，环境建设者们在一千多个垃圾坑里拆弹排雷，不惧生命危险；在城市管理服务中心，众多优秀青年干部操着不同的口音，他们都是响应国家号召，不计个人得失从五湖四海汇聚而来，在干事创业中完成个人转型和提升。这些真实故事，与我们实地走访看到的智能机器人、无人驾驶、"海绵城市"等成就交相呼应，给每个师生带来巨大的心灵震撼和精神激励。一堂堂"行走的微党课"不仅为雄安精神画像，更为师生的精神补钙。

"雄安"不应该只是一时"热词"，而应该是扎根奉献的"热土"。两年间，我们成功对接 6 名专业教师加入雄安建设智库，更难得的是，有 6 名优秀的学生骨干在毕业后真的选择投身雄安新区建设。

（二）不忘初心，锻造爱国奋斗的时代新人

百年校庆前夕，在老校长张伯苓的塑像前，2018 级本科生杨玉诚通过情景剧表演再现了张伯苓得知四子张锡祜战死沙场后的悲痛，"吾早以此子许国，今日之事，自在意中，求仁得仁，复何恼（痛）为"。讲的人动情，听的人动容。现场有为母校庆生的校友，也有刚入学的新生，总理像前，他们加入宣讲队伍一同唱响《我和我的祖国》，大雨浇不灭南开

人的爱国激情。

这是学生党总支组织 30 余名师生历时 3 个月，将南开园内的 11 个红色景点全部以话剧展示、红歌对唱、激情演说、拼图阅读等生动方式立体化展现，让百年南开故事全部"活"起来的创新尝试。

校庆年内，我们先后为 200 余人次提供了沉浸式的爱国主义教育体验。参与组织活动的学生表示，激情宣讲让更多的人更充分地了解南开爱国传统，很有成就感；同时，在备课中自己深入学习校史，也增强了爱校荣校的意识，更有归属感。

（三）五育融合，锻造本领过硬的时代新人

2019 年底，我们跟随学校就业中心走访企业，用人单位不约而同地强调，对人才需求更倾向于考察科研力，包括本科生。

大家或许普遍认为非理工科类的本科生做科研是弱项、有劣势，但在过去的一年里，商学院 7 名本科生在导师的指导下，在 CSSCI、北大核心等期刊、栏目发表论文 14 篇，出版专著 1 部。这些成果的取得得益于"学术社团"的助力。

学术社团是由学生倡导并推动，由一名或多名专业教师带领一组本科生，围绕一个感兴趣的话题，利用业余时间每周一次"尝试做科研"的创新实践，内容包括研究经验分享、学员文献报告、研究设计展示等。先后有 20 多名青年教师参与，服务学生 200 余人次，开展学术科研活动近百场，指导发表论文 30 余篇。

学术社团的形成很好地弥补了"青年教师不是硕导博导没有学生可带"和"想做科研的本科生没有导师来教"的两难情况。目前看来，该模式仍是领先于全国的一种高等教育创新，具有可复制性和可推广性。

三、经验启示

"行走的微党课"就是我们引导学生关注服务国家重大战略的"小切口"。雄安是缩影，是开端。两者成功相互作用，让我们看到这个"小切口"的行之有效。于是，我们把"行走的微党课"从"雄安"延展到三

峡集团、南水北调东线总公司、天津市国资委等,让师生全面关注并深入服务国家重大战略,从更高的层次、更广阔的视角,不拘一格地领会和践行"小我融入大我"的要求。

"激情演说"就是我们面向学生开展爱国主义教育、提高教育实效性的"小切口"。我们将这种有效教学理念延展到更广泛的党团课建设和国防育人工作室创建中,切实达到"教的有效"与"学的有效"的"双有效"效果,辅导员也因此受邀在教学研讨会上作典型发言,爱国主义教育真正入脑入心。

"学术社团"就是我们推动本科生做科研的"小切口"。一直以来,学院以学生为中心,以增进知识交流和思维训练为契机,努力尝试用不同形式激发学生的研究兴趣,"本科学术研究团队"这一创新尝试以期更好地培养本科生的学术科研力和批判性思维,展现其文化自信的新风貌。课堂内外的共同促进,帮助学生实现学术能力和综合素质的"双线"有效提升,一、二课堂联动打造师生共同体,也是"三全育人"示范项目。

四、深入思考

(一)如何进一步提升时代新人坚如磐石的理想信念塑造

大学生蕴含着推动时代发展和社会进步的强劲力量,信仰、信念、信心在其成长成才的任何时候都至关重要。习近平总书记在全国教育大会上强调指出:"我们的教育必须把培养社会主义建设者和接班人作为根本任务,这是教育工作的根本任务,也是教育现代化的方向目标。"我们开展的"微党课"主题聚焦、思想性强,在行走中,亲眼见、亲耳听,让故事里的人来讲故事,激发同行者内心共鸣。同时,小党课服务大战略,小团队凝结着大情怀,小故事催生大联动。下一阶段应该围绕以伟大建党精神为源头的中国共产党人精神谱系开展宣传教育活动,通过"微党课"的方式,深学真用,切实提升时代新人坚如磐石的理想信念塑造。

(二)如何进一步激发时代新人文化传承的价值追求内驱力

"允公允能、日新月异"的校训,表达了南开人的价值取向和精神品质。立足南开，开展面向青年的爱国主义教育，应该注重内容为王，本土化的故事更能打动人。同时，经过实践总结提炼出激情演说"校史"开展爱国主义教育的方式方法，能够充分调动感官，全身心沉浸，形式新颖独特，互动性强，提高了育人实效性。南开大学八里台校区入选天津市爱国主义教育基地，依托党团支部集体备课，散落在校园里的碎片化的教育资源被集约展示，育人效果增强。有效教学法的恰当运用，使得教育更有趣、更有效，也更有价值。多维度的创新，可以极大增强时代新人文化传承的价值追求内驱力。

（三）如何进一步增强时代新人担当使命的行动自觉

习近平总书记指出，要在实践中学真知、悟真谛，加强磨炼、增长本领。大学生不仅是普通意义上的公民，更是推动社会变革与发展的重要依靠，是促进国家进步的动力。因此，"时代新人"不仅要能坚持勤于学习，做到学有所长、学有所专、专有所精，更要树立善于创新的理念，全面提升综合素质与能力，聚焦服务国家重大战略，到祖国和人民最需要的地方去。百年南开，百年商科，学科始终以厚重理论回应重大现实问题。用好"商学+"方法，最大限度聚拢和盘活资源，为青年成长"聚能量"；同时，推动理论与实践的"知识旋转门"，在服务国家重大战略中锤炼本领，建功立业。

（李娜，南开大学商学院）

3D 打印印记初心 党史学习同心育人

——以新工科实验课程思政助力新时代爱国主义教育

引 言

"在'南湖红船'的 3D 打印过程中，'支撑材料'是打印的起点和基点，在整个工序中发挥了决定性的作用。伟大的'红船精神'孕育了勇于创新、富于进取精神的中国共产党，像'支撑材料'一样引领着民族复兴的巍巍巨轮行稳致远。"电子信息与光学工程学院 2017 级本科生陈以健拿着"红船"模型给大家讲解着。2021 年 5 月 20 日，南开大学电子信息与光学工程学院（以下简称"电光学院"）的师生们依托"服务学习：3D 打印技术与应用"通识课程，开展了一场别开生面的爱国主义教育实践课，实现了党史课、专业课、思政课的有机融合。

一、背景情况

2021 年是中国共产党成立 100 周年，中国共产党是爱国主义的实践者和弘扬者，党的百年历程蕴含着丰富的爱国主义元素，党的百年奋斗史就是一部爱国主义史诗。《新时代爱国主义教育实施纲要》提出要"广泛开展党史、国史、改革开放史教育。历史是最好的教科书，也是最好的清醒剂"。要创新爱国主义教育形式，丰富和优化课程资源，确保思想政治课程爱国主义教育主阵地。电光学院师生共建，凝聚"四同"力量，将党史学习教育融入专业实验教学，以 3D 打印实践为依托，结合党史学习教育与爱国主义实践教育，充分发挥高校专业优势和人才优势，探索新工科实验课程思政建设助推"三全育人"的特色模式，坚定师生理想信念，切实提高人才培养能力。

二、主要做法

（一）3D 打印印记初心，以专业为纽带个性化开展党史学习教育

全面深化党史学习教育与一、二课堂的双向赋能。依托 3D 打印公开课，开展了"3D 打印印记初心，'师生四同'同心育人"主题活动，以师生"四同"为载体，推动党史学习教育与"五育"深度融合，运用"统一讲，分组练"模式，将教师和学生分组实践，师生"同学""同研"3D 打印技术和党史知识，"红船""宝塔""两弹一星"等一系列 3D 模型从党史学习中走来，完美展示了 3D 打印技术与党史思想的碰撞、融合。各组师生通过模型演示、报告讲解、情景表演、直播连线等多种形式"同行""同讲"作品蕴含的技术思想和学习感悟，使党史学习体现学科特色、富有科技趣味、蕴含实践元素。

（二）"师生四同"同心育人，以党建为引领系统化夯实师生思想根基

师生联手将第一课堂和第二课堂紧密融合，在教学相长中努力拓展实验课课程思政建设方法和途径。电光学院以"做好'四同'文章 助推三全育人"为主题开展新工科实验课程思政专题研讨，成立"启智润心"实验教学课程思政工作坊，增强专业学科的思想引领性，获得师德师风学风整体提升。围绕 3D 打印实验课，在专业学习和技术实操中注入党史故事和红色基因，选取百年党史中最具有代表性的实物和建筑作为结课成果，以技术塑造作品的"形"，用思想支撑作品的"魂"，在课堂教学的主渠道中灌注理想信念，在工科实验的主阵地上栽种思想的种子。通过加强顶层设计凝聚师生合力助推"三全育人"，形成完整的实验教学课程思政体系，着力攻克新工科课程思政教学改革难题，有效推动立德树人教育工作上水平。

（三）培根守正启智润心，以铸魂为内核创新化推动思政育人示范

"启智润心"工作坊持续推进实验教学思政公开示范，工作坊骨干们制作的科技视频"为梦想插上科技的翅膀——FPV 穿越机科普讲解"荣获"首届天津市'大学-中学'科普创新大赛"科普微视频类二等奖，并成功上线科普中国网；开展的"传统文化与未来科技的碰撞与融合"课程交流研讨会，将木刻版画与无人机两种传统与科技的标志性载体放在一起实现历史与未来、人文与科学、美育与智育的有机融合，让同学们在扩宽视野、增长技能的同时，树立起"爱国爱群之公德"，增强"服务社会之能力"，时刻铭记日新月异、自强不息的南开精神；"胸藏万卷志兴邦，心怀赤诚拓天疆"师生同行实践队，走进中小学，开展以"学习党史、崇尚科学"为主题的航空航天科普讲座，孩子们反响热烈。

三、经验启示

一是坚定育人为本理念，树牢立德树人根本任务。凝聚师生合力助推"三全育人"，教师们主动深入挖掘实验实践课程中的"育人元素"，

师生同学党史、同研思想、同建模型、同制作品，分享展示 3D 打印作品蕴含的精神谱系，增强专业学科的思想引领性，使师德师风教风学风整体提升。

二是强化课程思政效果，讲好爱国主义精神传承故事。靶向实验教学课程思政建设薄弱的痛点，瞄准实验教学的"形"，深挖思政元素的"魂"，结合实验教学实践性强特点，搭建平台联动课程教师，打造任课教师领衔、党员骨干教师助力、社会"外脑"参与的融合课程思政的精品实验教学课程，讲好爱国主义精神传承故事。

三是积累党史学习经验，勇担时代赋予使命。活动创新模式把党史课、专业课、思政课进行有机融合，使党史学习体现学科特色、富有科技趣味、蕴含实践元素，让师生学习党史内在动力得到激发和强化，以党史学习教育引领师生勇担时代赋予的使命。

在活动现场，"红船" 3D 模型组、"宝塔" 3D 模型组、"东方红一号" 3D 模型组、"脱贫攻坚奖章" 3D 模型组的师生们通过 PPT 展示、演讲、视频录制等多种形式，分享展示自己的 3D 建模打印模型过程中的心得体会和对党史的学习感悟。"宝塔"的 3D 建模打印过程并不是一帆风顺的。"我们设计的第一版模型厚度不合适打印失败了，第二版增加厚度后又因为打印出来和真实建筑有较大差距而被舍弃"，为了打印更真实的"宝塔"，同学们一起查阅了很多关于延安宝塔的资料，并和老师研讨了"宝塔" 3D 模型打印的原理，最终成功打印了"宝塔"。"即便只是一次简单的模型设计，不实事求是，不具体问题具体分析，不将理论同实践相结合，也是不可能做得好的。"电子信息与光学工程学院 2018 级本科生詹沛燊在展示中动情地说。

我们希望不仅仅在青少年学生心中播撒向往科学的种子，更盼其坚定理想信念，把青春融入党和国家建设的伟大事业中。这也正是"启智润心"实验教学课程思政工作坊的工作目标：在弘扬科学精神的同时，增强民族自豪感，坚定文化自信，进一步营造讲科学、爱科学、学科学、用科学的良好社会氛围。

四、深入思考

（一）如何以党史学习教育为契机深入推进课程思政建设，促进思政教育和专业教育有效融合

党的历史是最生动、最有说服力的教科书，把党史学习教育融入课程思政建设中，挖掘红色基因，用好红色资源，丰富课程内容，推进党史学习进课堂、进教材、进头脑，强化专业实践教学立德树人、思政育人功能，把爱国主义教育融入指导学生实践、人才培养全过程。

（二）如何建立长效机制深入探索研究实验教学课程思政与爱国主义教育联动性

让党史、校史为课程思政提供"养分"，不断推进新工科实验课程思政理念、目标、方法，确立价值塑造、知识传授、能力培养，结合专业课程特点，深入梳理专业教学内容，深入挖掘思政内涵，坚决防止"两张皮"。新工科实践类课程的思政融入重点难点在于实践过程中学生思政水平与专业素养的精准评估与提升，因此实验课程教师要着眼于新时代发展背景，创新教学模式，提高思政育人水平，如此才能把思想政治教育更好地贯穿于指导学生的全过程，实现全程育人、全方位育人。

（三）如何提升实验教学课程思政体系实现新时代爱国主义教育的助力实践与示范推广

发挥集团优势，开展集团作战，充分服务党员成长、人才培养和师生学习科研。以"启智润心"实验教学思政工作坊、"胶囊实验室"等基层团队的优秀教师为标杆，树立先锋模范作用。构建良好的教师思政培育体系，充分发挥实验教学工作坊、自制实验仪器平台等标志性成果的示范作用，打造"启智润心"立德树人服务师生的实验课程思政品牌，形成电光特色的实验教学思政育人的工作模式，助力爱国主义教育传承。

（张颖，南开大学电子信息与光学工程学院）

薪火相传 接力点燃

——以纪念"一二·九"校园接力跑助力新时代爱国主义教育

引 言

冬日寒风凛冽，学子士气高昂。从周恩来总理像出发，途经马蹄湖、体育场等地抵达校钟，来自全校各学院的学生代表在火炬手的带领下跑出了火炬造型。火炬熊熊燃烧，爱国主义精神在一代代南开人心中传承，历久弥坚。

一、背景情况

1935 年，风雨飘摇，山河破碎，中国人民遭受着内忧外患的苦难。渴求知识、渴求和平的广大爱国青年学子，怀着炽热之心，奋然投身于革命运动中。他们摇旗呐喊，树起华夏大地一致抗日的学生战旗，掀起了"一二·九"忧国忧民、心系祖国、抵抗外侮的热潮。他们是真正的爱国者，是真正为国家利益无私奉献的青年领路人。

历史的车轮辗转至今，为实现中华民族的伟大复兴，新一代意气风发的南开青年学子以继承和发扬"一二·九"优良传统，发扬"允公允能、日新月异"的南开精神为己任，承担起历史赋予的使命。由南开大学团委主办、南开大学化学学院学生会承办的纪念"一二·九"爱国运动校园接力跑活动，通过长跑形式将"一二·九"精神转化到实际行动中。

习近平总书记指出，弘扬爱国主义精神，必须把爱国主义教育作为永恒主题。"一二·九"抗日救亡运动是中国共产党领导的一次大规模学生爱国运动，得到了全国学生的响应和全国人民的支持，形成了全国人民抗日民主运动的新高潮，推动了抗日民族统一战线的建立。

战争的硝烟早已离我们远去，中华民族的屈辱也被定格在曾经，但"一二·九"的精神应世代延续。为深入学习宣传贯彻习近平总书记视察南开大学重要讲话精神，纪念"一二·九"爱国运动，挖掘"一二·九"爱国运动教育价值，培养南开学子爱国主义情怀和社会责任感。同时，宣示南开师生们牢记历史、不忘过去、热爱和平、开创未来的坚定立场，让"一二·九"精神在新时代继续闪光。

纪念"一二·九"爱国运动校园接力跑活动至今已有十余年历史，每年冬天 12 月 9 日前后，学生代表们都会在火炬手的带领下准时开跑，岁月更迭，不变的是精神与传承。在新时代新起点上，继续深入挖掘"一二·九"爱国运动的教育价值，坚持每年举办纪念"一二·九"爱国运动校园接力跑活动，对培养南开学子爱国主义情怀和社会责任感具有重要意义，鼓舞南开青年以坚定的信仰、昂扬的姿态、崇高的使命感传承

"一二·九"精神。

新一代刻着"公能"烙印的南开人，传承了新时代"一二·九"运动精神与"抗日精神"的南开人，必将铭记历史，奋发图强，沿着中国特色社会主义道路，为实现"两个一百年"奋斗目标、实现中华民族伟大复兴的中国梦而奋斗。

二、主要做法

（一）奔跑+讲解——多形式精神传承

纪念"一二·九"爱国运动校园接力跑活动以接力跑为主题，辅以火炬传递、定点讲解、集体签名和主题展览等多种形式，充分调动青年学生在活动中的热情，使学生以昂扬的姿态传承"一二·九"爱国主义精神，培养社会责任感。

其中，主题展览包括"重回一二·九""一二·九与南开"等部分，涉及南开大学学生响应"一二·九"运动的爱国行动、"一二·九"精神在当代南开的传承等内容。展览系统介绍了"一二·九"运动的发生背景、过程，并展现了南开大学的爱国主义传统和爱国情怀的传承，激发青年学生的爱国情怀和社会责任感。

（二）线上+线下——多渠道活动宣传

纪念"一二·九"爱国运动校园接力跑同时通过线上、线下两种方式进行活动宣传。

线上通过微信平台推送纪念"一二·九"系列文章，介绍"一二·九"学生爱国运动史实和学校相关活动开展情况；同时开展"点亮一二·九火炬"线上活动。

线下开办主题展，并举办路演活动进行宣传。主题展中选拔培训学生讲解员对展览进行讲解；路演宣传中印发宣传册，制作易拉宝，介绍名人对"一二·九"的评价以及"一二·九"在当时与现在的意义，让青年学生主动学习了解"一二·九"精神，培养爱国情怀和社会责任感。

（三）校级+院级——多方面广泛参与

纪念"一二·九"爱国运动校园接力跑活动由南开大学团委主办，南开大学化学学院团委承办，南开大学化学学院学生会协办，同时由各院团委、学生会推荐活动参与人选。校院两级团委、学生会广泛地参与到了该纪念活动中，汇聚各方力量，集思广益。同时，活动内容从校院两级平台发出，进一步扩大了活动的影响力，提高了广大学生的参与度，增强了活动的爱国主义教育效果。

（四）推荐+选拔——多层次思想引领

纪念"一二·九"爱国运动校园接力跑活动参与人员由各院系团委、学生会推荐产生，接力跑中的火炬手由各院推荐并由校团委选拔产生，这使其既具有了普遍代表性，也具有了一定的先进性。火炬手及学生代表对于身边同学的辐射作用扩大了活动爱国主义教育效果，从同学层面上，完成潜移默化的教化作用。同时，各院学生会参与到活动中，有利于发挥学生组织对青年学生的引领作用；活动本身立足南开的爱国主义教育，纪念"一二·九"爱国运动校园接力跑活动从学校、学院、学生组织、身边同学等多个渠道对学生发挥思想引领作用。

（五）坚守+创新——多年不变薪火传

纪念"一二·九"爱国运动校园接力跑活动已连续举办了十余年。纪念活动紧随时代步伐，不断丰富纪念活动内容，增加主题展、线上接力跑、签名墙等形式，一样的活动每一年都有不一样的精彩，让"一二·九"精神薪火相传，在新时代焕发新的活力。

三、经验启示

一是响应党和国家的要求。"一二·九"爱国运动是中国共产党领导的一次大规模学生爱国运动，得到全国学生的响应和全国人民的支持，在全民族抗战史上具有相当重要的地位。举办纪念"一二·九"爱国运动系列活动，学习"一二·九"运动历史，传承"一二·九"精神，是南开大学深入学习贯彻习近平总书记视察南开大学重要讲话精神，培养南开学子传承爱国主义精神的一项重要举措。

二是培养学生的爱国主义情怀和社会责任感。"一二·九"爱国运动是中华民族广大爱国青年学子应该永远铭记的伟大革命运动。纪念"一二·九"爱国运动系列活动以校园接力跑为活动核心，辅以主题展览、线上+线下宣传等形式，引导青年学生强健体魄，勿忘国耻；深度贯彻落实"体育强国"建设纲要，同时激发南开学子的爱国情怀和社会责任感，展现南开学子积极昂扬的青年学生面貌。

三是发挥优秀青年学生和学生组织的思想引领作用。纪念"一二·九"系列活动由学生会负责活动中主要工作，同时核心接力跑由各院推荐学生代表参加，并从当年各领域优秀的青年学生中选拔火炬手领跑、领誓，充分发挥学生组织和优秀青年学生代表的朋辈思想引领作用。

四、深入思考

（一）如何进一步激发师生开展新时代爱国主义教育的主动性和参与性

在爱国主义教育中，如何结合南开特色，如何根据个人特点，调动最具主观能动性的因素，开展师生都有兴趣、有意愿参加的新时代爱国主义教育活动是南开大学各组织开展新时代爱国主义教育最应该考虑的。

纪念"一二·九"爱国运动校园接力跑，拓展了爱国主义教育形式，充分发挥了活动中参与者的主观能动性；同时，通过接力跑终点签名墙的设置有效提高了活动参与者的参与感。

在活动开展前，线上+线下的双宣传模式对活动进行了全方位的宣传预热。线上推出专题推送，不断拓展创新推送形式，以更吸引人的形式讲好"一二·九"历史；线下开办专题展览，选拔讲解员对展览内容进行讲解，同时举办互动性留言活动。

活动结束后的跟踪报道和后续的"一二·九"精神宣传进一步扩大了活动的影响力。同时，推荐产生的学生代表自身具有先进性，其对身边同学的辐射作用也进一步加强了该活动的思想引领和教育意义。

（二）如何以"五育融合"推动爱国主义教育形式创新

纪念"一二·九"校园接力跑活动将体育与智育、德育结合，创新了爱国主义教育形式，同时也是南开青年学生将"一二·九"爱国精神落于现实的一次实践。爱国主义教育不能只有参观、讲解，更应将五育中的体育、美育、劳动教育等与之相结合，丰富活动形式的同时充分调动青年学生的主观能动性，将爱国精神落于现实生活中。

（杨奇、周冰玉、国家兴、雷航，南开大学化学学院）

心怀"国之大者" 做顶天立地的新南开人

——大类招培背景下强化新工科新生爱国主义教育的优化路径

引 言

2020 年 9 月 20 日，2020 级新生开学典礼正式举行，南开大学迎来首届计算机类（信息科学与技术类试验班）新生。经历新冠疫情和升学的双重考验，在南开大学首次"直播式"开学典礼上，每一位不畏艰难、勇往直前的"新南开人"以最昂扬的声音，让跨越时空的"爱国三问"久久回响在南开园里。一元复始，万象更新，这群青年将和新百年南开园携手并进，赓续爱国主义之传统，热情拥抱伟大的新时代，共同书写一段"顶天立地"的青春华章，用南开紫为中国红添彩增色。

一、背景情况

随着新一轮科技革命的兴起，以云计算、大数据、人工智能、物联网等为标志物的新经济、新业态逐渐成为社会发展的主流趋势，有力地引领着中国巨轮破浪前行。党的十八大以来，以习近平同志为核心的党中央坚持把创新摆在国家发展全局的核心地位，在创新驱动发展战略指导下，中国的创新规模不断扩大，对工程科技人才的培养提出了更高要求，新工科应运而生。着眼于新时代新工科卓越领军人才培养目标，2020年南开大学首次推行"3—10—3"大类招培方案，迎来首届计算机类（信息科学与技术试验班）新生。

回望波澜壮阔的百年风雨路，从高举"赛先生"的旗帜，到发出"向科学进军"的口号，到"科学技术是第一生产力"，再到"创新是引领发展的第一动力"，"创新兴则国家兴，创新强则国家强，创新久则国家持续强盛"的道理从未改变。在当今世界百年未有之大变局中，谁掌握科技创新的突破口，谁便能抢占未来发展的先机。新工科学科因时代所需而产生发展，又为实现中华民族伟大复兴而服务。南开大学首届计算机类新生的培养教育，必须充分发挥思想政治教育的引领作用，增加与新工科建设发展、科学技术进步、国家经济发展等相关内容，注重激发学生的爱国热情和报国之志，擦亮新百年南开人爱国主义的传统底色，增添新时代南开人小我融入大我的青春亮色，向着世界科技前沿不断迈进，形成新工科领域顶天立地的"南开力量"。

二、主要做法

（一）上好"开学第一课"，赓续南开爱国主义之传统

诞生于"五四风雷"，百年南开为救国强国而立，与国家民族荣辱与共，具有光荣的爱国主义传统。可以说，一部南开百年校史就是一部爱

国奋斗史。将校史教育作为新生入学教育的第一课、南开教育的必修课，方能让深植南开血脉的红色基因在新生中焕发新生，在更迭中代代相传。打造新工科人才真心喜爱、终身受益的校史教育，其秘诀之一便是让有爱国情怀的人讲爱国，用专业行业发展史讲爱国。

学院邀请了世界工程组织联合会主席、中国新一代人工智能发展战略研究院执行院长、南开大学学术委员会主任龚克教授为首届计算机类新生主讲校史教育。以"深植爱国之公心，增进报国之能力"为题，龚克教授从张伯苓老校长的"爱国三问"谈起，讲解南开在百年办学过程中所坚持的公能育人理念。他讲道，"南开之'公'是爱国爱群之公德，南开之'能'是报国为民之才能"。一百年来，一代又一代南开人，在民族忧患之际，奋起救国，用青春和奉献书写了报国的感人事迹。在信息化已成为核心生产力的新时代，他以当前信息技术产业发展为例，归纳了当前面临的瓶颈问题和前沿领域的研究进展，勉励计算机类新生，"要着眼于中华民族和人类发展，牢记习近平总书记嘱托，深植爱国之公心，增进报国之能力，日进新知，日增新能，做南开品格的时代新人"。

爱国主义是生动而具体的。学院专业教师主动加入新生的校史教育之中，用专业发展史讲述南开计算机人才的爱国奋斗史。院长袁晓洁详细讲述了计算机大类下所含五个学院的历史发展沿革，指出计算机已经成为工程类学科必备的基础，寄语新生扎实学好专业知识，用程序的力量改变世界。各专业系主任分别就专业研究方向、研究成果及发展前景进行了详细介绍。计算机科学与技术系主任程明明老师讲述了团队研究成果"新冠肺炎肺部CT影像筛查系统"从研发到落地的始末，让新生真切感受到人工智能在现实应用中的磅礴力量。

学院为新生发放的"启航南开"手册封面上，写着"从0到1"几个字。通过校史教育，学生们读懂了解了南开人"从0到1"、难而益开的奋斗足迹，更立下了新南开人"从0到1"、追求卓越的科研报国之志向。

（二）讲透"实践第一课"，感悟科技赋能未来之魅力

习近平总书记多次强调，要深化爱国主义精神阐释和爱国主义教育研究，丰富教育内容，创新教育载体，不断增强教育效果。党的十九届五中全会首次提出将科技自立自强作为国家发展的战略支撑，加快建设科技强国。学院将爱国主义教育的课堂从校内搬到校外，让计算机类新生从祖国大地的科创企业中体悟科技智造赋能中国发展的独特魅力，在知行合一中答好"科技攻坚"的爱国答卷。

本次爱国教育实践活动共分为"飞天入海、科技强国""光速追梦、科技报国""汽宇不凡、科技立国""天地曙光，科技卫国"和"天空海阔，科技兴国"五条路线，学生根据个人兴趣自由择队参加。在班导师和辅导员的共同带领下，师生分赴京津地区14家科技类公司、机构，通过实地教学加深学生对于新一轮科技革命和产业变革的感性认识。

在中海石油的虚拟现实中心，李其乐院长以3D交互展示的方式，为新生们讲解了大数据和云计算等前沿技术在当今能源产业中的具体应用和重要作用。通过参观麒麟软件有限公司，新生们见证了国产操作系统的发展与崛起。在国家超级计算天津中心亲眼看到"天河一号"，"胸怀祖国、团结协作、志在高峰、奋勇拼搏"的精神深深扎根在新生们的心中。飞腾有限公司展厅中摆放的一块块芯片，诉说着国产服务器芯片的腾飞历程。在一飞智控有限公司，近百架无人机有序排列，从巡检无人机平台、巡检自动机场，到农业植保无人机、大载重无人机，同学们直观感受到了"智慧点亮天空"的魅力。在中国信息通信研究院参观工业互联网成果及仿真演示，新生们感受到重大科技创新成果作为"国之重器"的力量。追光人动画设计有限公司作为校友企业，用生动精致的视频呈现出计算机科学如何为电影渲染出更精美的效果。从工业硬实力到文化软实力，计算机科学都在其中起着重要作用，也印证着"网信事业代表着新的生产力、新的发展方向"。在中科曙光副总裁杨波校友的讲解下，同学们深切感受了高性能计算产业发展的"中国速度"，并参观了曙光新一代硅立方高性能计算机的生产工艺。在中汽研究中心调研学习时，新生们不仅学习了解了我国自动化汽车驾驶发展的现状及前景，还走进实验室近距离参观了智能网联汽车的研发、生产、监测和售后等流程，特别是在汽车信息安全实验室的参观，让新生们深刻认识到信息安全体系建设在智能网联汽车发展中的不可替代性。

爱国主义是具体的、现实的。在参观重大科技工程、高新技术项目的过程中，新生们在多重维度中直观感受到科技兴邦的磅礴力量。参观结束后，新生们的心情久久不能平静，"计算机领域给了我一个新世界任我开创，时代给了我这个机会，便不能让它溜过。前赴者已树立榜样，作为后继者，应该跟上脚步，向前进发，让中国发展永不断流，让中国进步永远在路上"，朋友圈里的真情感言会永远记录着"00后"计算机类新生的雄心壮志。

（三）做实"创新第一课"，坚定科技自立自强之志向

一语不能践，万卷徒空虚。爱国决不能仅仅停留在思想上、口头上，而是要将个人的理想同祖国的前途、个人的志向同民族的命运紧密相连。对于计算机类新生来说，扎实学好专业本领，是将小我融入大我的第一实践路径。融入专业、融入日常的爱国主义，会更为鲜活、更接地气，真正变成一种自觉的行为和习惯。

在实现两个一百年奋斗目标的历史交汇点，学院邀请老党员、老教授吴功宜老师，为师生讲授一堂"初心与使命"的主题党课。当吴功宜老师坚定地说到"我南开，就是要走在物联网领域研究前沿"时，现场响起经久不息的掌声。从跟跑并跑走向领跑，从破题突围走向战略引领，离不开科研工作者的奋勇争先，离不开科技自立自强。

2021年6月，学院举办了第一届计算机类新生优秀课程作业大赛。本次比赛共有2020级计算机大类近800名学生参与，经过小组赛、淘汰赛，最终有10位同学进入总决赛。决赛中，同学们的作业报告精彩纷呈，通过PPT展示、人机交互、多媒体播放等多种展示方式，多方位呈现了大家蓬勃的创造力和在任课教师指导下精进成长的编程实践技能水平。经过激烈角逐，最终杜岱玮同学的《多体运动仿真》和邹先予同学的《内核保护程序》作品分别斩获大赛前两名。

很多同学有感而发，本次比赛是自己实现科研梦想的一次有益尝试。

杜岱玮说:"我从高中开始就想深入了解天体物理运动规律。本次比赛既让我真正开始尝试实现自己的'三体'梦,也学会了如何利用 Runge-Kutta 方法求解四阶非线性常微分方程,以及借助计算机图形学知识来进行三维人机交互。""软件安全是国家安全的基础,具有重要的战略意义,但当真正开始尝试开发内核保护程序时,我发现有太多的知识还没有掌握,这就迫使我拼命去学习。"邹先予赛后总结道。

新工科的重要内涵之一就是培养未来多元化、创新型卓越工程人才。拔尖人才的培养,离不开"学科融合、实践创新"。专业教育与爱国主义教育相辅相成,融为一体,方能在学生心中埋下科研报国的火种,引导学生汲取多学科知识、掌握真才实学、练就过硬本领,激发学生报国情怀、奋斗意志和创造活力,做新时代顶天立地的新南开人。

三、经验启示

一是紧扣时代主题主线。正如习近平总书记所讲,千百年来,爱国主义是中华民族对自己祖国的深厚感情,是包含着归属感、认同感、尊严感和荣誉感的最高体现。爱国之情是一个具有丰富性、层次性和系统性的情感体系。无论是以历史回顾的校史教育、以现实体验的实践教育,抑或是以言传身教的专业教育,均是增进爱国主义情感、厚植爱国主义情怀的有效路径。新时代的爱国主义教育以实现中华民族伟大复兴的中国梦为主题,新工科人才的爱国主义教育要与专业发展、时代要求相契合,始终围绕时代主题,不断优化新路径、新模式。

二是拓展实践教育路径。爱国主义教育是一项系统的重大工程,唯有一以贯之地绵绵用力,方能久久为功。爱国主义不是空洞的力量和口号,要立足现实、联系实践,结合时代特征开展爱国主义教育。以实践教育作为爱国主义教育的优化路径,能够让爱国主义教育在"知、情、意、行"的四重维度中更加鲜活实在,也更能让学生置身其中有感而发,紧密了解国家重大需求和顶层设计需求,从国情社情出发解决真问题,增强爱国主义教育的吸引力。

四、深入思考

（一）如何拓宽爱国主义实践教育形式与内容

新时代爱国主义教育所要培养的人，是能够担当起民族复兴大任的时代新生，这就要求学生必须能够深刻了解当前中国所处的时代背景和历史方位，在"知中国，服务中国"中践行爱中华、复兴中华的责任担当。充分利用现代新媒体技术，通过 VR 实景等参观模式，还有待进一步思考和探索。

（二）智能媒体时代如何破除信息茧房对爱国主义教育的不利影响

随着信息时代的发展，爱国主义教育由现实环境延伸到虚拟环境，网络为爱国主义教育带来了重要机遇，也带来了不容忽视的挑战。特别是随着智能媒体 App 依据大数据等信息为用户定制个性化信息生态环境的发展，学生"只看自己想看的"，个体所处的"信息茧房"壁垒愈发厚重，干扰了爱国主义教育的传播广度和精度。如何推动网络爱国主义教育"破茧"，仍需探索更为有效的路径。

（高雨桐，南开大学计算机学院）

"师生六同"弘扬南开爱国传承
践行南开爱国精神

——服务学习课程探索新时代爱国主义教育新模式

引 言

服务学习类课程是南开大学基于"师生共同体"理念的一类特色服

务实践类通识课。该类课程旨在将教师讲授的知识与理念由学生消化吸收后，再通过多种形式服务社会。这类课程也常常与"师生同行"暑期社会实践相结合。在服务实践过程中可以自然渗透南开爱国故事、弘扬南开爱国传统，并在运用所学知识服务社会过程中诠释南开爱国奉献和"知中国，服务中国"的办学宗旨。

一、背景情况

党的十八大以来，以习近平同志为核心的党中央高度重视爱国主义教育，并作出一系列重要部署，爱国主义教育取得显著成效。2020 年 8 月 28 日至 29 日，习近平总书记在中央第七次西藏工作座谈会上的讲话中指出："要重视加强学校思想政治教育，把爱国主义精神贯穿各级各类学校教育全过程，把爱我中华的种子埋入每个青少年的心灵深处。要培育和践行社会主义核心价值观，不断增强各族群众对伟大祖国、中华民族、中华文化、中国共产党、中国特色社会主义的认同。"

"服务学习：饮用水与健康"课程是南开大学的一门服务大中小学生（青少年）和社区居民群众的服务实践类课程。本课程通过运用南开大学"师生共同体"理念和"师生四同"（同学、同研、同行、同讲）理念的核心思想，将"南开爱国三问""南开爱国故事"渗透到对城乡社区、中小学、大学校园等的"饮用水与健康"科普服务实践过程中，特别是在"师生同行"暑期服务学习式社会实践过程中（师生深入甘肃省庄浪县韩店镇开展"饮用水与健康"服务实践），弘扬南开爱国精神，开展爱国主义教育，受到服务对象一致肯定，也受到媒体高度关注。下面以"服务学习：饮用水与健康"这门课程前期开展的一些典型爱国主义教育案例为例，阐述服务学习类课程可开展和推广的爱国主义教育新模式。

二、主要做法

（一）贯穿一条主线——"知中国，服务中国"，师生六同

习近平总书记提到的南开光荣的爱国主义传统是"服务学习：饮用

水与健康"课程服务实践中的开篇内容。在南开大学"师生共同体"和"师生四同"理念的基础上，结合"服务学习：饮用水与健康"课程的设计特点："课堂讲授—工作坊研讨—师生协同开展服务实践—项目式服务实践高潮—服务后反思"，提出了"课堂师生同学南开爱国主义传统——课后及工作坊师生同研南开爱国史料和项目式服务实践选题——服务实践过程中师生同行并同讲南开爱国故事——项目式服务实践让服务对象与南开师生同感共情南开'知中国，服务中国'的宗旨——服务后师生共同反思总结（同思）并矫正做法"的课堂内外、服务前后层层推进式"同学、同研、同行、同讲、同感、同思"的"师生六同"爱国主义教育新模式。

（二）拓宽渠道阵地——跨越千里传承南开红色基因，献礼建党百年

"知中国，服务中国"是南开大学一直秉承的办学宗旨，除了将南开红色文化、爱国故事在课堂教学的主阵地传承、解读外，知行合一的社会实践、服务实践也是开展弘扬南开爱国精神、开展新时代爱国主义教育的阵地之一。"服务学习：饮用水与健康"课程就是一类"知行合一"且运用专业知识服务社会的课程。除此之外，该课程还与"师生同行"暑期社会实践相结合，进一步拓宽新时代爱国主义教育的渠道阵地。

2021年7月3日至11日，在热烈庆祝中国共产党建党百年之际，南开大学"服务学习：饮用水与健康"师生同行暑期社会实践团在鲁金凤老师的带领下，跨越千里奔赴南开大学对口支援县甘肃省庄浪县，在庄浪县开展主题为"饮水健康科普提升居民健康素养，水污染治理服务助力乡村振兴"的服务学习式暑期社会实践，并同步传承南开红色基因、讲好南开"爱国三问"，为建党百年献礼。

实践团分别前往庄浪县南湖小学、庄浪二小、庄浪三小、庄浪县紫荆社区、庄浪县东门村、石桥村、郭漫村等城乡小学、社区、村镇开展了"饮用水与健康""保护水源""节约用水"的科普讲座、宣传活动和入村入户调研帮扶；同时，也通过丰富多彩的方式向小学生、村民介绍南开，在建党百年之际，通过讲述南开大学的爱国主义传统、"爱国三问"

故事等方式弘扬"爱国、爱党"精神。通过本次科普活动,实践队员不仅向小学生、村民传播了饮用水与健康的知识,同时也在他们的心中种下了爱国爱党信念和强国奋斗梦的种子。同时,我校师生也在服务实践过程中,更加深刻地体悟到南开的爱国精神,更加坚定了爱国爱党爱校的信念和报国强国的决心。

(三)紧跟时代需求——助力中小学"双减",提升课后服务质量,弘扬南开爱国精神

2021年7月24日,中共中央办公厅、国务院办公厅印发了《关于进一步减轻义务教育阶段学生作业负担和校外培训负担的意见》(简称"双减"政策),在进一步明确减轻义务教育阶段学生作业负担和校外培训负担的基础上,提出了延长课后服务时长和拓展课后服务的要求。

"服务学习:饮用水与健康"课程一直以来就有服务中小学的服务实践形式,除了服务天津市本地小学外,还通过线上科普讲座的形式让大学生给甘肃、云南、贵州、山西、广州等多地支教小学开展健康饮用水常识方面的科普和服务活动,并在服务活动中弘扬南开爱国主义精神和南开爱国传统。教育部"双减"政策实施后,本课程紧跟时代需求,快速对接中小学课后拓展服务,将课程时间和服务实践的时间安排在中小学课后托管的下午5点后,助力南开学校的中小学课后服务托管活动,服务实践主要包括科普讲座和科普创意实践活动。

2021年11月26日下午5—6点,津南的南开学校(九年一贯制)首次开展了"服务学习:饮用水与健康"助力双减落地、提升课后服务质量的科普讲座服务,服务年级为4—6年级的6个班。我们课程服务小学的3组同学,分别精心设计了服务讲座内容和互动环节,科普讲座先以一脉相承的南开大学和南开学校引出南开的爱国传承,当"爱国三问"和回答响彻校园,当"请党放心、强国有我"的心声和"我们在南开等你来"的约定激荡全楼时,南开人的爱国情怀深入骨髓,大学生、小学生包括教师都对南开的爱国传承有了更加深刻的理解和坚定的方向。

三、经验启示

一是紧跟国家社会要求和时代需求，将爱国传承和报国强国行动统一。服务乡村振兴、助力中小学"双减"，"师生六同"服务实践式爱国教育新模式能够灵活地将国家社会最新要求和时代最新需求转化为师生服务实践项目式服务实践课题，进而在"同学、同研、同行、同讲、同感、同思"的"师生六同"服务实践中一方面讲好南开爱国故事、弘扬南开爱国传统，另一方面，运用所学知识"知中国，服务中国"践行南开爱国精神，将爱国传承和报国强国行动完美统一。

二是拓展渠道阵地，与人玫瑰，手留余香。服务实践式爱国主义教育新模式是一种新拓展的爱国主义教育渠道阵地，与课堂讲授主阵地相比，"师生六同"服务实践式爱国主义教育模式，是一种"服务对象、教师、学生"三重受教育的模式。师生在服务实践过程中，向服务对象传播南开爱国主义精神、传承南开爱国传统，同时自身也进一步接受更深刻的爱国主义教育洗礼，更加坚定爱国、爱党的信念。这种爱国主义教育传承的模式极大地鼓舞了服务学习课程的师生和服务实践对象，服务实践过程和后续反馈均表明，大家的爱国主义热情空前高涨。对于服务学习课程师生而言，在对他人展开潜移默化爱国主义教育的同时，也增加了他们自身的责任感和使命感，激励着他们在"知中国，服务中国"中将小我融入大我，爱国奉献，切实用专业所学、青春才干担当民族复兴大任，在祖国各地躬身实践，办实事、开新局。

三是"师生六同"服务实践式爱国主义教育新模式具有推广应用价值。该爱国主义教育新模式能够激发教师的责任感、使命感和爱国主义教育热情，是一种值得在所有南开大学服务学习类课程和"师生共同体""师生四同"理念下的课程以及"师生同行"暑期社会实践中推广的爱国教育模式。同时，也可在全校范围内各院系团委、学生会推广，可将"六同"爱国育人模式运用于学生的爱国传承教育中。

四、深入思考

（一）如何作为一种补充渠道阵地辅助主阵地更好地发挥爱国教育育人功能

在知行合一地服务社会实践过程中，能够走进基层、深入群众更好地宣传南开爱国精神和弘扬南开爱国传承，是主流讲授宣传主阵地爱国教育的有力辅助手段，但二者如何互为补充、互相配合，并将能运用的服务实践元素合理开发应用，需要进一步深入研究。

（二）如何将"师生六同"服务实践式爱国主义教育模式形成爱国教育品牌

结合南开大学"知中国，服务中国"宗旨、"师生共同体"理念和"服务学习"课程品牌，将"师生六同"服务实践式爱国主义教育新模式逐步打造成弘扬南开爱国传承、运用所学知识服务社会、践行南开爱国精神的教育品牌。

（鲁金凤，南开大学环境科学与工程学院）

讲好科学家故事 传承爱国奋斗精神

——杨石先精神宣讲团打造"三位一体"爱国主义教育新模式

引　言

2021 年 5 月 26 日，在天津市滨湖小学，滨湖中学、滨湖小学 400 余名学生在台下倾听了杨石先精神宣讲团的宣讲。宣讲团以"共和国的脊梁——杨石先"为主题，从"党员杨石先和他的爱国主义情怀""杨石先的农药化学事业"和"杨石先的'教'与'学'"三个方面展开。宣讲团成员从杨石先老先生的生平经历讲起，通过一个个生动鲜活的故事，运用朗诵、表演、视频播放等多种形式，多角度、全方位地展示了杨石先艰苦奋斗、矢志学术、科研报国的一生，获得台下听众的阵阵掌声。

宣讲现场气氛热烈，同学们纷纷表示，"以艺术的形式传播科学家精神和建党伟业，可以让我们更加深刻地了解中国历史"，"亲自扮演角色，聆听先贤的故事，感悟伟人的魅力，我们会不知不觉被自己泪目"。

一、背景情况

"我一定将今后的余年和生命全心全意、毫无保留地献给我们亲爱的党，绝不强调个人兴趣、绝不计较个人利益，努力从事社会主义和共产主义建设，使全人类获得解放，成为共产主义的幸福的大家庭……"这是杨石先被岁月封存了 60 年的入党志愿书中的一段话。2016 年 12 月 22 日，杨石先精神宣讲团在化学学院元素有机化学研究所"从杨石先入党志愿书谈起"主题党日活动上宣告成立。

宣讲团的成立旨在通过演讲、话剧等灵活多样的表现形式，将杨石先生平事迹、科教成果、爱国情怀、精神品质分享给更多师生和青年，鼓励南开人公能兼济、勇于创新，为建设南开品格、中国特色、世界一流学科和一流的大学接续奋斗。2019 年 1 月 17 日，习近平总书记视察南开大学，来到石先楼考察元素有机化学国家重点实验室，并高度赞扬了南开人的爱国精神。为进一步学习宣传贯彻习近平总书记 2019 年 1 月来校视察的重要讲话精神，弘扬南开品格及南开化学先贤遗志，进一步鼓励更多师生和各行业奋斗者不忘初心，将小我融入大我，爱国奋进，矢志前行，杨石先精神宣讲团整合资源、开发合作、拓展延伸，形成了集"学+讲+做"三位一体的教育体系和长效机制，为爱国主义教育实践育人提供了新思路，积累了新经验。宣讲团育人的典型做法入选中组部和教育部联合组织编写的全国党员教育培训教材，对加强和改进师生思想政治工作、促进全国高校基层组织建设起到积极的示范作用。

二、主要做法

（一）潜下心"学"，高度重视，科学组织

多年来，杨石先精神宣讲团立足实际，牢筑思想阵地，将继承和发扬南开化学老一辈化学家教育思想、科学精神、爱国情怀和高尚品格作为爱国主义教育的首要之举。严格落实理论学习制度，固定学习时间，学习内容年度有计划，每月有主题。理论学习中，宣讲团成员以《杨石先传》《杨石先文选》等著作为基础，带着信念学，带着问题学，带着使命学，坚持在原文原著中深挖透悟，通过划重点、记笔记、写心得，对标先进找差距，修身正己身。此外，理论学习还邀请杨石先、何炳林、陈茹玉等老一辈化学家的家属、学生及相关人士担任活动嘉宾，通过做分享、解疑惑、做点评，在全程互动中将老一辈化学家的爱国主义精神和科学家精神与专业建设及爱国主义教育有机结合起来。

2020 年 5 月，为持续深入用习近平新时代中国特色社会主义思想引领凝聚青年，切实提升联系服务青年、组织动员青年的能力和水平，南开大学团委整合榜样群体等资源，成立南开大学"成才报国青年宣讲团"。杨石先精神宣讲团作为基层特色学生宣讲团队第三梯队，每月积极参加学校定期举办的集体备课会，与不同学科背景的青年师生共同研习领会党中央最新指示要求和习近平总书记重要讲话精神，围绕党史学习教育共同研讨宣讲主题、思路与方法技巧，做好同学同研的常态化推进。在研读悟透讲话和文件精神的基础上，杨石先精神宣讲团系统地梳理了杨石先先生从青年励志求学到海外求学，再到回国潜心科研、报效祖国的生平事迹，提炼了"党员杨石先和他的爱国主义情怀""杨石先和他的农药化学事业""杨石先的教与学""杨石先与南开化学暨习总书记视察南开大学重要讲话精神宣传"等专题，在校内外开展系列宣讲活动。

（二）用真情"讲"，旗帜鲜明，精准传导

2019 年初，南开大学八里台校区入选天津市爱国主义教育基地，石先楼被列为重要组成部分之一。为进一步学习宣传贯彻落实习近平总书

记视察南开大学精神，杨石先精神宣讲团第一时间响应，第一时间学习，第一时间落实，启动了"重走习近平总书记来校视察之路"志愿讲解活动，与志愿者共同承担讲解任务。通过"请进来"讲，宣讲团带领参观人员重温总书记嘱托，并将化学学院光荣的爱国主义传统以及老一辈化学家科研报国的动人故事也一起融入讲稿中，以杨石先老校长的一个个感人故事为切入点，通过饱含深情的讲述，呈现了杨石先科研报国、教育救国的一生，让大家在牢记爱国嘱托的同时又深受爱国故事的感动和鼓舞。截至目前，杨石先精神宣讲已接收并完成预约服务 125 场，累计参观学习人数达 2800 余人次。在每次讲解中，宣讲团还通过调查问卷的形式，征集前来参观的各单位的意见和建议，并初步达成宣讲合作意向及未来的共建发展意向，为走出南开奠定了基础。

老一辈科学家的精神品质不仅要在校内讲，还要"走出去"讲。在学院的精心指导下，杨石先精神宣讲团在原有作品的基础上，设计了多节精品微课，撰写了多份演讲、朗诵文稿，协助创作了"共和国的脊梁——科学大师名校宣传工程"南开大学大型原创话剧《杨石先》，使老先生的科教成果、情怀担当、精神品质在既有理论性，又有故事性、趣味性的宣讲中活起来。每季度宣讲团都会走出去进行宣讲，每每"走出去"前，宣讲团都会认真挑选宣讲的成员，并督促其根据宣讲对象实际情况，认真选材备课，完善宣讲方案，力求宣讲达到具体化、差异化和精准化。截至目前，宣讲团已完成了天津市第三中学、天津市第一中学等 40 余场校内外系列宣讲活动，累计覆盖千余人。此外，杨石先精神宣讲团紧密结合大中小思政实践一体化工作，积极加入各实践队伍当中，赴山西繁峙、江苏淮安、陕西西安以及河北安平等社会实践基地，开展红色宣讲，深入开展"三爱"教育、理想信念教育、社会主义核心价值观教育和"四史"教育，鼓舞新时代青年厚植爱国情怀，锤炼品质担当。

（三）俯下身"做"，传承奉献，愈益奋励

为秉承先辈遗志，发扬公能精神，每年清明时节，杨石先精神宣讲团都在敬业广场杨石先像前开展祭扫活动，向大家讲述杨石先先生的生平事迹、情怀担当和精神品质。在庄严肃穆的音乐声中，自发前来的每位学生都要绕行杨石先先生像一周，为杨石先老校长献花并鞠躬致敬，感念先贤，精神长存。

为了大力弘扬科学家精神，充分发挥科学家精神铸魂育人作用，继续将科学家的爱国故事讲深讲实，在迎庆化学学科百年之际，杨石先精神宣讲团精心策划，主动出击，开展了"寻迹百年化学"老一辈科学家的寻访活动 20 余场，对话化学泰斗杨石先、何炳林、陈茹玉等著名化学家的家人及学生，口述百年南开化学发展历史，再现学院化学家的生平事迹、科教成果及情怀担当，传承老一辈南开化学人将"小我融入大我"的情怀担当，致敬为我国科教事业发展做出卓越贡献的化学家及科研人员，并录制专题访谈视频，出版纪念文集，永久留存。

"五老"精神是一种可贵的精神，也是爱国主义教育的宝贵资源。为了充分发挥"五老"优势，利用自己丰富的经验和人生阅历，用身边的人和事讲好中国故事，讲好中国共产党故事。2019 年 10 月 17 日，杨石先精神宣讲团牵头举办了"寻迹百年化学"百年南开大讲坛，邀请到了我国分析化学家、教育家沈含熙教授，南开大学 2019 年终身成就奖候选人朱志昂教授，南开化学 1960 届校友、环境工程学家张全兴院士，南开化学 1981 届校友、有机化学家程津培院士分享在南开化学珍贵的学习、工作及生活经历，同现场校友、师生一起寻迹百年南开化学，鼓励当代青年要承担起建设国家未来的责任，心中有家国，心中有信仰，脚下有力量。作为庆祝南开化学学科百年的重要活动之一，活动现场教育覆盖师生及校友 300 余人次，并全程在线直播。

此外，为了弘扬"五老"精神，尊重"五老"，爱护"五老"，杨石先精神宣讲团还积极关心老一辈科研工作者的健康、生活和家庭状况。从 2018 年开始，杨石先精神宣讲团会在中秋等特殊时间节点，开展慰问和志愿服务活动，在日常点滴生活中，近距离了解学习老一辈科研工作者的为人治学、科研爱国精神，进而接过老一辈科学家的精神火炬，为中华民族的伟大复兴接续奋斗。

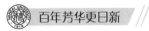

三、经验启示

一是立德树人，铸魂育人，突出"特色"。科学家精神是爱国主义精神、科研精神、奉献精神的集中体现，是高校立德树人的宝贵资源。老一辈科学家光辉的一生给我们留下了无数精神财富，值得我们永远学习和继承。杨石先精神宣讲团作为南开大学首个科学家精神宣讲团，主动挖掘杨石先等身边先贤和楷模人物的时代意义与精神价值，并不断创新改革学习实践的内容、形式、载体及手段，讲好南开化学先贤爱国奋斗故事。

二是多形式突出爱国主义教育。一直以来，南开大学在加强新时代爱国主义教育中，紧扣习近平总书记相关系列重要讲话。爱国主义实践构建教育闭环，有信息输出，有效果反馈，有提升改善，才能形成良性循环。创新教育形式和载体，围绕老一辈南开化学人将"小我融入大我"的光辉事迹，配合珍贵的老照片以及影音资料，结合主题 PPT，通过多人分情境呈现、故事讲述、夹叙夹议、现场提问及线下邀请参观元素所、重走习近平总书记来校视察路线等互动方式，多形式、全方位提升教育效果，将科学家精神教育和爱国主义教育落实落细。

三是爱国主义教育实践要讲成效。宣讲团成立五年，成员联合专业教师既为教师党员讲师德、讲教学、讲科研，又为学生党员讲爱国、讲理想、讲信念，还为群众讲情怀、讲担当、讲奉献，使更多人在宣讲中明确方向，坚定信仰，树立理想。杨石先精神宣讲团在培养学生爱国主义情怀及宣传科学家精神的同时，也为更多学生提供了实现自我价值的平台，依托平台培养，诸多市级、校级优秀学生脱颖而出，可见宣讲团在创新人才培养、学生志愿服务方面发挥了应有的作用。

四、深入思考

（一）如何进一步激发师生开展新时代爱国主义教育的主动性参与性

充分发挥爱国主义教育基地的育人作用，从百年南开校史中挖掘德育元素，围绕爱国主义教育进行宣传讲解，使广大师生和校友在打卡校园"网红"点位如"爱国奋斗 公能日新"百年校史主题展、纪念南开大学建校 100 周年展览等专题展览中凝聚爱国、报国、担当、奉献的时代正能量，将爱国主义内化于心。

秉承"知中国，服务中国"的办学宗旨，发挥先进典型的引领作用。将爱国主义厚植于先烈、爱国先贤的事迹中，挖掘好南开科学家"科学救国""科学报国""科学强国"的生动故事，体悟其爱国、创新、求实、奉献、协同、育人的伟大精神；讲述好爱国奋斗的南开人将自己的知识、热血、青春献给祖国与人民，积极投身于国防建设事业，奔赴祖国大江南北支农支教、送医下乡、支持西部发展的典型事迹。使先进典型真正成为弘扬爱国主义的一面光辉旗帜，以此榜样来凝聚青年，激励青年，鼓舞青年，赓续爱国精神力量，传承红色精神血脉。

（二）如何深入贯彻落实习近平总书记视察南开大学重要讲话精神，教育引导学生继承百年优良传统，立志成才报国

认真学习贯彻习近平新时代中国特色社会主义思想和党的二十大精神，特别是深入学习贯彻习近平总书记视察南开大学重要讲话精神，牢记习近平总书记嘱托，以最崇高的敬意将老一辈科学家精神这最为宝贵的精神财富开发好、整合好、继承好，以思想凝聚共识，以真实打动人心，以楷模精神牢筑思想阵地。

继续着力培育和打造"杨石先精神宣讲团"品牌活动，继续开放总书记视察元素有机国家重点实验室展区，组织宣讲团成员面向全校师生和社会各界宣讲总书记来校视察的场景、重要讲话精神和南开化学的光辉历程。以清明节、九一八、烈士纪念日、抗战胜利纪念日等为契机，结合学院发展的重要时间节点、老一辈先贤的重要纪念日等组织开展系列主题教育活动。在讲好老一辈科学家的爱国故事的同时，进一步选树好以李正名院士、周其林院士、陈军院士等为代表的新时代南开化学爱国奋斗优秀知识分子群体，传承爱国奋斗光荣传统，让南开人"爱国奋斗、公能日新"的精神代代传承、赓续发扬，凝聚为实现中华民族伟大复兴中国梦而奋斗的磅礴力量。

（马婧、国家兴、刁立达，南开大学化学学院）

优秀案例

"三点一线"牢筑战斗堡垒
爱国奋斗力践公能日新

——化学学院分析科学研究中心研究生第四党支部爱国主义教育典型案例

引 言

南开大学化学学院分析科学研究中心研究生第四党支部成立于2019年9月，是依托南开化学"双一流"学科，以实验室、教学科研团队为核心建立的跨年级纵向支部。自成立伊始，支部认真学习贯彻习近平总书记视察南开大学重要讲话精神，持续深耕"三点一线"工作体系，坚持"爱国奋斗"主线，以武装头脑为基本点，构建学习互促共同体；以宣传群众为着力点，开辟红色宣讲新阵地；以服务国家为落脚点，培育科研报国践行者。立足学科特色，在扎实做好"三会一课"的基础上，开展了一系列特色党员教育活动，唱响新时代南开化学党员青年爱国奋斗最强音。

一、背景情况

2019 年 1 月 17 日，习近平总书记到南开大学视察，他指出："爱国主义是中华民族的民族心、民族魂。南开大学具有光荣的爱国主义传统，这是南开的魂。"南开化学学科创建百年来，一代代南开化学人用救国、兴国、强国的自觉与担当，书写着爱国奋斗的时代答卷。为学习和传承南开"爱国奋斗、公能日新"的光荣传统，激发新时代大学生爱党、爱国、爱校的情怀担当，南开大学化学学院分析科学研究中心研究生第四党支部构建"爱国奋斗+学习、宣讲、实践"的"三点一线"工作体系，将"历史与时代""理论与实践""师生与先锋"相结合，开展一系列爱国主义教育活动，不断激发支部活力，引导学生党员树立科研报国志向，展现新时代南开青年党员的责任与担当。

二、主要做法

（一）构建学习互促共同体，陶铸公能日新"南开魂"

牢记殷殷嘱托，致敬学科先贤。支部将习近平总书记对南开师生的殷殷嘱托贯穿于支部建设始终。围绕"不忘初心、砥砺前行，凝心聚力、爱国奋斗"的核心理念，支部以南开大学百年校庆为契机，举办"寻迹百年南开化学"系列活动 20 余场，通过寻访学院在科学研究、教书育人工作中鞠躬尽瘁的院士、教授，以及化学先贤杨石先等著名化学家的家人及学生，口述百年南开化学发展历史，再现优秀南开化学人的生平事迹、科教成果及家国情怀。开展"寻迹百年化学，礼赞百年南开""传承先辈弘志，续写爱国华章"等主题党日活动 20 场，通过主题宣讲、访谈实记、感受交流等形式学习杨石先、陈茹玉、何炳林等老一辈化学家的家国情怀和理想信念，发掘爱国奋斗精神资源，弘扬奋进时代力量。

回望红色历史，砥砺爱国初心。为发扬南开大学"爱国奋斗，公能日新"的光荣传统，践行"知中国，服务中国"宗旨，支部开展"学党史忆初心，庆百年担使命"党史学习教育专题组织生活会、"胸怀革命精神，勇做时代先锋""民法典进校园"等主题党日活动，以研促学，凝心聚力共担使命；参观"国家荣誉——中国女排精神展"，感受女排精神的时代内涵；举办"铸剑为犁 砥砺前进"纪念抗战胜利 75 周年主题党日活动、"以战止戈，百代勿忘"抗美援朝精神学习——《长津湖》观影活动等，以"爱国心、报国情、强国志"砥砺奋进新时代，实现个人奋斗与国家发展同频共振。

推进共建常态化，同学同研同进。寓专业于党建，以党建促专业。从"党建联合党建""党建带动团建""党建促进班建"三个维度着手，与院内外各先进党支部、共青团支部、学生班级开展交流活动，全面推进"1+X"合作机制，促进多层次共建。联合马克思主义学院支部开展"重走视察之路，共话南开担当"共建活动，共话南开人的百年爱国情怀和时代责任担当；与学校科研部党支部、津南研究院等开展"红色 1+1"结对共建，号召党员了解国情民情，在实践中为国家建设贡献力量；开展"弘扬伟大建党精神，勇担科技强国使命"主题党日活动，聘请国家超算天津中心孟祥飞主任担任支部指导教师，以榜样引领推动支部建设创新突破；与"全国第一个农村党支部"——河北省衡水市安平县台城村党支部共建开展"星火燎原学百年党史，共驻共建启百年新程"主题党日活动，向当地小学捐设"南开书屋"，围绕"化学学科建立百年来，南开化学先贤践行科研报国之心与教育强国之行"赴当地中小学做爱国教育主题宣讲，让富有南开底蕴、化学特色的爱国主义教育"走出去"；带领化院师生深入"全国第一个农村党支部纪念馆"参观学习，将敢为人先、勇于奉献的"台城精神""引进来"。

（二）开辟红色宣讲新阵地，打造爱国奋斗"同心圆"

传承红色基因，讲好南开故事。支部联合南开大学首个科学家精神宣讲团——杨石先精神宣讲团，以爱国主义为核心，借助校内外平台资源，开展爱国奋斗主题宣讲 20 余场，其典型做法入选中组部和教育部联合推广的典型案例；在百年南开爱国主义教育基地，组织"重走习近平总书记视察之路"活动，支部成员积极承担志愿讲解工作，做爱国主义精神最坚定的弘扬者和实践者，为天津市总工会、团市委党校、各区县教育局、团区委等机关党办代表以及天津市大中小学校师生宣讲习近平总书记来校视察的场景、重要讲话精神和南开化学的光辉历程累计 50 余场，覆盖 1000 余人。将南开人爱国报国的情怀播撒到祖国大江南北，播撒到广大青年和人民群众心间。

立足学科优势，志愿科普讲解。助力学院推进科普服务工作，探索富有南开化学特色的科普教育新模式。支部成员积极参与学院科普基地建设工作，每年开展志愿讲解 10 余场，向公众展示南开化学在农药、电池、量子点等科研领域的成果。2020 年南开化学科普基地被认定为天津市科普基地。

打造朋辈讲堂，树立榜样模范。组织"身边的榜样"专题活动，每月邀请一位优秀党员在支部内展开学习交流，进一步引导支部党员筑牢科研报国志向，通过党建云平台宣传推广；设立"党员科研学习服务岗"，帮助党支部新生更好地适应研究生科研学习生活，连续两年举办"考前辅导答疑小课堂"，以讲促学，以学提质。

（三）培育科研报国践行者，坚守抗疫一线"主战场"

响应国家号召，投身科研攻关。百年来，杨石先、邱宗岳等化学先辈曾经在科研岗位上呕心沥血、至诚报国，新时代、新百年的南开化学人也在抗击新冠病毒感染的"战役"中勇往直前。疫情发生后，支部成员第一时间加入南开大学疫情防控应急科研攻关团队，成功研发出新型冠状病毒快速检测新技术，助力疫情防控提效增速。项目得到国家和社会各界的肯定，试剂盒已获得欧盟认证、美国 EUA（美国食品药品管理局推出的一种新的紧急使用管理方式）许可，进入战略合作阶段，为全世界新冠病毒感染的快速诊断、科学防治贡献了南开力量，研发该项目的"滴血'抗'疫"科研团队斩获了第六届中国"互联网+"创新创业大赛铜奖、中美青年创客交流中心优秀团队。

强化组织引领，彰显先锋力量。落实常态化疫情防控要求，支部结合线上、线下双模式，践行"四个一"工作新举措，充分发挥基层党组织防疫先锋堡垒作用。设立一个"党员亮身份、支部亮旗帜"疫情防控党员先锋岗，主动承担实验室安全管理、值班守岗、环境消毒、宣传报道等工作；开展一次"同心抗疫，共迎曙光"社会实践活动，向荣迁东里社区居民发出防疫倡议；举办一场"山川无恙，共盼樱香"组织生活会，贯彻落实总书记关于新冠肺炎疫情防控工作的重要讲话和指示精神；开设一堂"为打赢疫情防控阻击战提供强大科技支撑"专题微党课，教育引导支部成员对标前沿、攻关科研，把论文写在抗击疫情的第一线，把研究成果应用到战胜疫情的攻坚战中。

三、经验启示

支部认真学习贯彻习近平新时代中国特色社会主义思想和习近平总书记视察南开大学重要讲话精神，树立"立德树人、服务需求、提高质量、追求卓越"的支部建设目标，以传承弘扬"爱国奋斗"的南开精神为主线，在坚定理想信念、厚植爱国主义情怀、加强品德修养、增长知识见识、培养奋斗精神、增强综合素质六个方面下功夫，探索构建融合南开特色、学科特色、研究生特色于一体的党支部工作模式，促进支部成员全面发展、成长成才，引导研究生党员积极将自身发展融入学科、学校和国家发展，成为能够适应多领域需要的建设社会主义现代化强国的高层次人才。

支部现已入选第二批"全国百个研究生样板支部"培育创建单位，支部成员在国内外核心期刊发表学术论文 34 篇（SCI 论文 31 篇），影响因子 7 以上文章 13 篇，专利 3 项，承担重大科研项目 23 项，50 人次荣获国家级、省级和校级荣誉。

四、深入思考

（一）理工科研究生如何以专业赋能新时代爱国主义教育

在理工科研究生群体中开展深入、持久、生动的爱国主义教育是极富挑战性的，因其存在学业、课业、毕业、就业压力大、任务重等特点，开展被动性理论学习教育时常会出现消极抵触情绪。如何结合理工科专业背景调动研究生群体自身能动性、主动性去开展新时代爱国主义教育这一问题值得深入思考。

支部以赓续百年爱国传统的南开化学历史为出发点，深入挖掘青年学生熟知的南开化学大家杨石先、陈天池、何炳林、陈茹玉、李正名的个人事迹、精神品质，自主成立以支部成员为核心的红色理论宣讲团，通过"学—研—讲—演"串联校内红色资源新形式，联合杨石先精神宣讲团，在百场宣讲中打磨讲稿和宣讲硬实力，进一步发挥红色教育育人效果，逐步建立配套完备、人人可讲、人人会讲的红色宣讲创新型支部，丰富"爱国三问"的时代内涵和当代价值，让"南开魂"入脑入心更入魂。通过发挥典型的示范引领作用，结合成员本身的兴趣点和接受习惯进行爱国主义教育，将大家对化学先贤的敬仰和感动转化为立志报国的实际行动。

（二）如何以培育共建为抓手，有效扩大爱国主义教育辐射范围

一个支部就是一座堡垒，为突出高校研究生党支部的专业优势与理论优势，以坚定信仰和实际行动传承弘扬爱国奋斗的南开精神，支部强理论、重基础、深探究、勤实践，创新探索"1+X"共建模式，互学互鉴优化支部建设新模式，推动爱国主义教育辐射范围持续扩大。

对内，支部与全国样板支部物理科学学院硕士第二党支部、化学学院应化所研究生第二党支部等联合开展数场共建交流活动，分享支部建设经验，聚焦短板弱项，对标争先；对外，支部与全国第一个农村党支

部——台城村党支部、天津滨海高新技术产业开发区物华道消防救援站党支部等联合开展党日活动，积极探索搭建多元化、阵地化教育实践新平台。通过多形式培育共建，支部将"爱国奋斗"的建设主线打造为可传播、可复制的共建"品牌"，有效扩大了爱国主义教育辐射范围及影响力。

（刁立达、李雨鑫、张思彤、雷航，南开大学化学学院）

毕业前 再答一次"爱国三问"

——牢抓重要时间节点做好新时代爱国主义教育

引 言

习近平总书记说,"当代中国青年,是与新时代同向同行,共同前进的一代,生逢盛世,肩负重任"。2021届毕业生离校之际,恰逢中国共产党成立 100 周年前夕,南开大学计算机学院和网络空间安全学院组织开展"计百年伟业,网无垠征程"毕业生爱国主义教育活动。

学院聚焦学生毕业的重要时间节点,围绕"计百年伟业,网无垠征程"主题夯实思想政治教育内涵,加强爱国主义教育,培育新时代"新工科"人才科研爱国报国、立志秉公尽能的责任担当。

一、背景情况

爱国主义是中华民族精神的核心，是中华民族的精神底色；中国特色社会主义进入新时代，中华民族伟大复兴正处于关键时期，爱国主义更是历久弥新的时代主旋律。

《新时代爱国主义教育实施纲要》对爱国主义教育进行了重要部署，为爱国主义教育提供了思想理论及方法论的指导，表明爱国主义教育发展到新的高度。新时代爱国主义教育是在创新继承爱国主义教育历史和传统的基础上，培养担当历史重任和时代使命的建设者和接班人。

学院围绕立德树人根本目标，秉承为党育人、为国育才的初心使命，在2021届毕业生毕业之际开展"计百年伟业，网无垠征程"爱国主义教育毕业活动：邀请计算机学院和网络空间安全学院院长袁晓洁为学院毕业生讲述"最后一课"；学院党委副书记、副院长仇林与现场青年重温"爱国三问"；学院优秀毕业生代表窦传喜、于胜龙、李君龙分享在南开奋斗成长的故事，与毕业生们共忆青春；勇闯"五育关"全面发展，在南开园里答党史题、趣味游戏、唱响红歌、共绘红船、比拼专业；赴基层社区开展"智能手机课堂"志愿服务，为社区老人搭建学习平台，回馈社会。

依托"计百年伟业，网无垠征程"爱国主义教育毕业活动，2021届毕业生学习百年党史，再答"爱国三问"，感怀南开精神，助力社会发展，在临别南开之际深入增强爱国意识、公能情怀和感恩意识，促进广大毕业生"立大志、入主流、上大舞台、干大事业"。

二、主要做法

（一）知：听嘱托，传承爱国信仰，磨炼专业本领

爱国主义教育是贴近社会现实的，当代大学生群体成长在中国现代化建设蓬勃发展之时，对"时代新人"的培育首先要明晰爱国信仰的新时代内涵。活动旨在以青年喜闻乐见的爱国主义教育话语传递国家梦想，引导大学生树立崇高理想，用中国梦引领毕业生投身于实现人民幸福、

民族振兴、国家发展的伟大事业之中。

6月24日,计算机学院和网络空间安全学院院长袁晓洁为2021届毕业生上"最后一课",寄语毕业生:一是要传承爱国报国信仰,将青春奋斗延续下去;二是要磨炼专业本领,作为"新工科"人才要责无旁贷勇闯"无人区",掌握真才实学;三是要把小我融入大我,将个人抱负与国家富强、人类进步相结合,在实现中国梦的生动实践中放飞青春梦想。

(二)情:忆南开,深挖爱国思想,明确时代使命

随着科技的进步与时代的前行,新时代大学生的需求与价值选择呈现多样化特点,因此我们的爱国主义教育也要逐渐改善,"使爱国主义……接地气、有生气、聚人气,有情感、有深度、有温度"。

6月18日,学院本科生党支部召开"行远不忘来时路,砥砺初心奋前行"毕业生党员教育,围绕"初心""奋斗""梦想"三个篇章,结合百年党史辉煌历程展开主题讨论。

计算机学院本科生党支部书记于胜龙、网络空间安全学院党支部书记窦传喜和优秀团员代表李君龙作为毕业生代表,分别分享自己在南开园中与优秀同学们共同学习、进步的成长故事。于胜龙以周恩来总理一首"大江歌罢掉头东,邃密群科济世穷。面壁十年图破壁,难酬蹈海亦英雄"送别同学们;李君龙以自己的学习感受讲述一代青年有一代青年的使命和责任,青年人要不断奋斗;窦传喜以自己的未来方向选择为例,阐释了勇担历史使命、把小我融入大我的时代含义。他们说,自己在良师益友的陪伴下,立志成长为更好的自己;今后踏入新征程,也将带着南开人的底色服务社会,奉献祖国。

(三)意:宣誓词,笃定爱国信念,胸怀家国天下

活动中我们将"理论说教"灵活转化为"日常感悟",用学生听得懂、愿意听的话语符号、行动体系解读新时代爱国主义精神,实现"因势利导"与"价值引领"的统一,充分发挥高校爱国主义教育体系的解释力与感染力。

6月24日,学院组织开展"校园旅行"活动:总理像前的"体健关",

同学们在"红军过草地""飞夺泸定桥""统一战线"的主题运动中体验团结的力量；文化谷的"劳作关"，同学同心协力绘画"红船精神"，献礼中国共产党成立 100 周年；思源堂的"德馨关"，通过党史知识问答与同学们一起学党史理论；马蹄湖的"美涵关"，同学们唱响红歌；学院楼的"智学关"，同学们重温专业知识，鼓励扎实科研。同学们在重重关卡中逐渐增强对国家与民族的认同、对南开精神的认同。

2019 年，习近平总书记在视察南开大学时曾深情说道，老校长张伯苓先生的"爱国三问"是历史之问、时代之问、未来之问。学院党委副书记、副院长仇林与同学们一起回顾习近平总书记视察南开的重要讲话，寄语同学们要握紧时代接力棒、跑出好成绩，不忘初心，奔赴山河！学院师生在总理像前共同庄严重温"爱国三问"，毕业生们以饱满热情做出郑重回答，在"爱国三问"中树决心，强信念，启新程。

（四）行：做服务，践行爱国报国，诠释公能精神

依托实践活动，推动爱国主义教育走进大学生心里，往深里走、往实里走，在实践中鲜活起来，引导大学生争做圆梦人，在实践活动中守初心、担使命，拿出逢山开路的干劲奋勇搏击；在拔节孕穗期学真理、悟真知，以舍我其谁的责任担当投身于国家建设之中。

2021 年 6 月至 7 月，信息安全宣讲队中的毕业生志愿者前后八次赴天津市东惠家园社区为老年人开展智能手机小课堂，助力基层社区普及老年人智能手机应用。主要服务内容涉及教授字体调节、键盘手写、移动网络等手机基本功能应用，以及拍照技术、微信、手机信息安全等教学。本次志愿服务以"学得会，用得好"为原则，通过课堂讲授、小组教学及反馈等环节，帮助老年人学会、巩固智能手机的应用。

三、经验启示

（一）遵循新时代大学生的成长规律，引领青年思想自觉生成爱国主义信念

高校思想政治工作要求"因事而化、因时而进、因势而新"，这也是爱国主义教育保持活力的必要条件。当今"00 后""05 后"更加注重感觉与体验的共鸣，在思想上面临多元价值与碎片化信息的影响，如何在不断澄清中找到并坚定爱国主义理想信念，是个值得探索的话题。

理想信念的建构由"知情意行"四个部分构成，在不断深化的过程中逐渐加深，达成思想自觉到身体力行的变化。在爱国主义教育中，"知"是要了解我国所处的历史新方位和国际新形势，对爱国主义思想理论有共同认知；"情"是要培养例行爱国主义之情，从朴素情感到情怀培育；"意"是自觉将个人理想统一到中华民族伟大复兴的实现中，树立坚定意志；"行"是报国之行，将爱国之情融入各类社会实践之中，并反过来持续涵养、内化爱国之情。

"计百年伟业，网无垠征程"毕业生系列教育活动从"知情意行"四个维度循序渐进，在毕业季这个关键时间节点为毕业生打造铸魂育人平台，在走出校园、走进社会前切实激发学生从感性到理性对爱国主义的认识与践行。

（二）在"三全育人"理念下，重视育人队伍建设，发挥好"全员育人"作用

教师作为"传道授业解惑"者贯穿爱国主义教育全过程，要发挥好育人队伍的主体责任。专业教师通常因专业优势与学生有天然的密切联系，也是本专业学生"未来可能会成为什么样的人"最近距离的榜样，一言一行都可能会影响到学生发展；辅导员作为大学生成长成才的人生导师和健康生活的知心朋友，在"第二课堂"、实践活动中积极发挥思想引领作用，将显性思想政治教育和隐性思想政治教育相结合，助力学生成长为"时代新人"；朋辈力量在学生成长过程中是十分可靠的"引路人"，没有"代沟"的交流与碰撞更加能引发学生积极思考，以榜样为目标努力奋斗，在良性竞争中提升个人能力。

本次活动邀请到学院院长袁晓洁为毕业生讲授科研爱国报国的故事，邀请学院学生工作负责人仇林回顾习近平总书记寄语南开师生重要讲话精神，邀请朋辈优秀榜样分享自己的成长历程，互相勉励，共同进步，在"全员育人"中巩固毕业生心中的"爱国主义"。

（三）"五育融合"创新打造思想政治教育阵地，丰富爱国主义教育形式

爱国主义教育贯穿人的一生，目前多数形式为课堂教育、参观红色基地、参与社会实践等，多半为被动接受，教育效果不甚明显，甚至只盲目喊爱国口号，尚未落实到理性思考与坚守上。

新媒体时代，爱国主义教育需应和学生发展需求，融入更多现代元素和学生喜闻乐见、乐于接受的形式。本次活动通过闯关"游园"的形式，将党史、校史、专业知识等有机融合，以德智体美劳"五育"为支撑，在生动鲜活的沉浸式体验中潜移默化地传达爱国主义教育理念。同时也重视向外输出，更加广泛地提升思想认同。毕业生亲手设计"计宝""网宝"的形象，采用鼠标、键盘、盾牌、锁等计算机和网络安全的元素，激励毕业生作为"新工科"人才牢记专业技能，在建设网络强国中发挥生力军作用。毕业生站好志愿服务最后一岗，为社区老人送上贴心服务。在毕业半年后，一位毕业生仍会想起这场面向老人的志愿服务，更真切地关注社会需求。

四、深入思考

（一）学生"四史"知识储备较少，容易"空喊口号""被带跑偏"

在活动中，我们发现学生对"四史"的了解，多来自党课团课、短新闻、微信公众号等，虽然对经常提到的理念、历史有一定了解，但有些肤浅或碎片化，较难形成体系化的知识结构。另外，学生虽喊着"爱国报国"，但一旦接触到其他主义或辩论，并无十分把握能阐述清楚原理。

针对这一薄弱之处，一是要充分发挥思政课这一思想政治教育主阵地的作用，站在更高格局、更广视野为学生解读"爱国主义"，但要结合新时代学生新特点，深入浅出地引导学生正确认识"中国共产党为什么能"，提升思政课吸引力；二是在检验育人实效时，也能重视其所培养的学生是否秉持报效祖国、服务人民的赤子之心，是否能自觉把所学的知识、本领运用到祖国需要的地方去；三是在和平年代如何做好忧患意识教育，告诉学生"中国梦的实现既不会敲锣打鼓，也不会轻轻松松，要时刻把祖国放在心中，以'天下兴亡，匹夫有责'的使命担当精神大步向前"。

（二）新时代的仪式教育如何体现时代性

仪式教育作为新时代进行爱国主义教育的重要载体，可以让人身处其中，潜移默化地直击心灵深处，激发爱国情感，目前常用的一般为入党仪式、升旗仪式等。但在现实中，当代青年普遍受西方自由主义思潮影响，遗忘很多中国传统礼仪，甚至生活中的基本礼仪都有些缺失。

仪式教育作为古代强化政治认同的载体之一，其存在有一定必要性，也十分有助于规范爱国行为，深化爱国认知，久久为功。针对新时代发展有如下思考：一是增加线上仪式感，例如视频弹幕、线上会议等也要重视仪式教育，使学生在方便快捷中关注爱国主义教育，自觉接受熏陶；二是认真落实良性的仪式教育，告知仪式背后的内涵，增强自觉践行的动力。

（三）爱国主义教育如何与专业人才培养更好结合

高校的根本任务是立德树人，如何培育又红又专、德才兼备、全面发展的社会主义合格建设者和接班人是高校的育人目标，落实到各高校、各专业，须将爱国主义教育与培育本专业高素质创新型人才有机结合。

针对于此，有以下几个思考：一是做好顶层设计，基层积极落实，"三全育人"背景下多方协作构建爱国主义育人平台；二是要注意正确舆论导向，避免不良思潮影响大学生的价值判断；三是社会和企业在选人、用人时也要将爱国主义情怀及表现作为考察元素之一。

（薛颖，南开大学计算机学院和网络空间安全学院）

牢记嘱托铭初心 爱国奋斗勇担当

——以"学习宣传贯彻习近平总书记视察南开大学重要讲话精神"系列活动打造爱国主义教育多元化平台

引 言

  南开大学化学学院坚持全面贯彻党的教育方针，坚持社会主义办学方向，落实立德树人根本任务，持续深入学习领会习近平总书记视察南开大学重要讲话精神，全面做好思政育人工作。学院始终牢记习近平总书记的殷殷嘱托，高度重视爱国主义教育，坚持理论学习与情感教育相结合相统一，通过师生专题同学共研、重走习近平总书记视察路线、组建总书记来校视察宣讲团等方式，打造爱国主义教育必修课、精品课。

一、背景情况

党的十八大以来，以习近平同志为核心的党中央高举爱国主义、社会主义旗帜，坚持大力弘扬爱国主义精神，把爱国主义教育贯穿国民教育和精神文明建设全过程。

2019 年 1 月 17 日上午，习近平总书记来到南开大学，参观了百年校史主题展览，与部分院士、专家和中青年教师代表互动交流，察看了化学学院和元素有机化学国家重点实验室，围绕如何立德树人、培养学生的爱国情怀、建设专家型的教师队伍等多方面，作出重要指示。

化学学院作为习近平总书记视察时重点考察的单位，始终高度重视爱国主义教育，学院党委带领师生第一时间学习、领会习近平总书记视察南开大学重要讲话精神，依托思政育人工作，弘扬南开品格，举办习总书记视察南开重要讲话精神系列学习活动，打造南开爱国主义教育特色品牌。

二、主要做法

（一）师生同学共研——领会精神 引航前行

2019 年 1 月 17 日上午，习近平总书记来到南开大学视察，勉励师生把学习奋斗的具体目标同民族复兴的伟大目标结合起来，把小我融入大我，立志作出我们这一代人的历史贡献。总书记的视察在当天便在学院师生中引起热议，学院通过新媒体阵地精心策划线上宣传，在微信公众号和学院官网上开设"师生热议"专栏，以鲜活生动、喜闻乐见的形式分专题发布系列推送，集中报道和展示化学师生的热烈反响和昂扬面貌。化学学院师生们通过线上线下各种形式，热切关注习近平总书记在南开大学视察情况，抒发爱国爱校情感。

视察次日，化学学院第一时间响应，在化学楼召开学习贯彻习近平总书记视察南开大学重要讲话精神学习座谈会。中国科学院院士、化学学院教授周其林、陈军出席，学院党政领导班子成员、党支部书记、辅导员和师生代表参加座谈。

在座谈会上，时任院长陈军对总书记的接见感到荣幸和激动，并表示一定要牢记立德树人的根本任务，发扬"爱国、敬业、创新、乐群"的光荣传统，不断提高教育教学和人才培养的质量，把每一个学生都培养得更好；同时，要面向世界科技前沿和聚焦国家重大需求，扎根中国大地，增强服务国家社会的能力，建设世界一流化学学科。周其林院士向在场的同学转达了习近平总书记的嘱托和寄语，并表示作为南开人、化学人一定要牢记嘱托、不负关怀、砥砺奋进，为"两个一百年"奋斗目标、为实现中华民族伟大复兴中国梦做出自己的贡献。化学学院时任党委书记张守民也深情表态，要把抓好学院党建工作和学生的思想政治工作作为基本功，发扬"爱国、敬业、创新、乐群"的光荣传统，激励学生坚定理想信念，厚植爱国主义情怀，让爱国主义精神在学生心中牢牢扎根，将自己所学知识和国家需求相结合，为实现中华民族伟大复兴做出南开人、化学人的新的更大贡献。其他受到习近平总书记接见的师生也在座谈会上分享了自己的感受，大家一致表示，一定牢记习近平总书记对南开大学的殷切期望与嘱托，不负关怀，砥砺奋进，为实现中华民族伟大复兴的中国梦贡献南开力量。

学院还通过党团组织，以"三会一课"、主题党日活动和有序开展多层次学生培训等形式和时机，将总书记重要讲话精神切实传达到每一个支部、每一个班级、每一名学生，实现全覆盖、全参与。硕士生武荃发表回忆习近平总书记来校视察的文章《爱国三问 问下去答下去》，被《大学生》杂志收录。

习近平总书记来校视察是南开大学的历史大事、政治大事、发展大事，是南开大学迎庆建校 100 周年、化学学院迎庆化学学科成立 100 周年，迈向新百年新征程的重大喜事、无上荣光和最高荣耀。习近平总书记视察南开大学重要讲话精神指引着化学学院全体师生，继承南开爱国

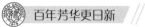

奋斗传统，为实现中华民族伟大复兴接续奋斗。

（二）重走视察路线——不忘嘱托 感悟初心

学院将习近平总书记的视察路线作为开展爱国主义和理想信念教育的"大课堂"，带领学院师生重走总书记在天津视察的高校、社区、港口、园区等场所，充分利用"红色教育"的感染力，为师生开展了一场场生动而深厚的历史课、教育课、思政课。

2019年1月22日，化学学院组织师生代表重走习近平总书记来南开大学视察之路。在二主楼里，学院师生参观学习南开大学百年校史主题展览，再次感悟南开人的爱国初心与报国情怀；在石先楼中，师生跟随中国科学院院士、时任院长陈军的脚步重现习近平总书记视察场景，重温总书记的殷殷嘱托；在核磁室中，倾听中国科学院院士、化学学院教授周其林与其课题组部分学生的讲解，再次深刻领会南开化学爱国报国的光荣传统。在场师生无不感到激动、兴奋、无上光荣而又重任在肩，他们庄严宣誓："秉承'允公允能、日新月异'的校训，牢记总书记嘱托，把小我融入大我，立志为公，做有理想、讲奉献的时代新人；锐意创新，做有担当、讲奋斗的追梦青年，脚踏实地，倾尽全力，为实现中华民族伟大复兴的中国梦献出自己的力量！"

为了进一步宣传贯彻落实习近平总书记视察天津重要讲话精神，践行南开大学"知中国，服务中国"办学宗旨，为天津经济发展提供科技支撑，2020年4月19日，化学学院农药国家工程研究中心教师党支部、本科生党支部来到了习近平总书记视察天津的第二站——朝阳里社区志愿服务展馆。总书记在社区调研时特别回忆了他曾经给郭明义爱心团队回信的往事，而南开大学唯一的一支郭明义爱心服务分队恰好就在化学学院。在和平区新兴街朝阳里社区，支部党员走进社区志愿服务展馆进行参观，了解中国社区志愿服务发祥地的发展历程，学习社区治理的先进经验，并与朝阳里社区党委以党团共建的方式建立联动机制，搭建长期定点志愿服务平台，在教育、科普、敬老助困等方面进一步开展合作。5月28日，化学学院志愿服务基地授牌仪式在朝阳里社区举行。

2020年4月20日，支部党员来到了习近平总书记视察天津的第三站，天津港太平洋国际集装箱码头公司。在这里，负责为总书记讲解的党委书记付强同志，在总书记视察时站立的点位，为党员们详细介绍了天津港的整体布局规划和智慧港口码头现场作业情况。随后，师生党员来到公司调度指挥中心，详细了解天津港航运大型化、智能化、绿色化发展情况以及服务京津冀战略和国家"一带一路"建设的总体情况。化学学院师生党支部与太平洋国际公司党委技术低碳党支部、工程总务部党支部联合举办"牢记总书记嘱托，唱响爱国奋斗主旋律"座谈会。会上，化学学院时任党委书记张守民和天津港有限公司党建工作部副部长周朝锋分别宣讲习近平总书记视察南开大学和天津港重要讲话精神，并开展结对共建，签署支部共建协议，内容包括共同开展"三个一"定期交流活动，约定今后资源互补共享，共学共研推动支部创新发展。

（三）南开精神宣讲——投身实践 勇担使命

秉承着"知中国，服务中国"的宗旨，继承百年南开积淀下的爱国情怀，化学学院的领导干部带领师生们积极加入校、院两级红色宣讲团，借助线上线下等多种渠道，通过引进来和走出去，自觉传承和宣扬南开精神，传递爱国思想。

国家杰出青年基金获得者、学院时任副院长朱守非教授加入了南开大学爱国奋斗精神宣讲团，通过宣讲杨石先、何炳林、陈茹玉、申泮文、李正名、周其林、陈军等两院院士的奋斗历程和学术成就，展现南开人"知中国，服务中国"的学术传统，表达作为青年一代南开学人秉承老一代科学家的爱国奋斗精神，为实现中华民族的伟大复兴做出新的贡献的坚定信念。

2016年成立的杨石先精神宣讲团，旨在深入挖掘"杨石先精神"这座宝藏，展现杨石先先生对党和国家的忠诚、对事业的热忱和无私的奉献精神。自习近平总书记视察南开后，杨石先精神宣讲团学习领会习近平总书记视察精神，带着总书记"把小我融入大我"的嘱托，启动了"重走习近平总书记视察南开之路"志愿讲解活动。宣讲团曾接待中组部、中纪委、教育部等中央部委领导，广西大学、河南省教育厅、天津市教育两委等兄弟高校、教育系统的来宾，甘肃省庄浪县、太平洋国际集团、天津化工集团等区域地方政府及企业的客人，带领他们重温习近平总书记视察时的真实场景和殷切嘱托。宣讲团还开通了线上预约通道，截至2021年底，共宣讲125场，辐射全国3000余人，宣讲团的志愿讲解工作获得了校内外来宾的一致好评和高度赞扬。

除了做好元素所的讲解，杨石先精神宣讲团还积极走出去，将南开的爱国主义传统和总书记视察的重要讲话精神播扬至祖国大地。2021年5月13日，在河北省衡水市安平县台城村，杨石先精神宣讲团成员面向黄城一小500余名师生开展了"党员杨石先与他的爱国主义情怀"红色宣讲，通过讲述南开化学先贤的生平事迹、情怀担当、精神品质，进一步继承和发扬杨石先老校长的教育救国情怀与科研报国精神，鼓舞新时代青年厚植爱国情怀，锤炼品质担当。

每年暑期，学院杨石先精神宣讲团都会积极加入暑期实践队伍当中，在实践地进行主题宣讲，弘扬社会主义核心价值观，传递新时代的南开最强音。在周恩来总理的故乡江苏淮阴，团队成员面向淮阴师范学院师生开展杨石先精神宣讲，宣讲以"党员杨石先"为切入点，以点带面，通过杨石先的四个故事，介绍了老校长杨石先的生平事迹，生动阐释了其对党的忠诚，对国家化学事业、农药产业、教育事业以及对南开化学建立发展的重大贡献。在山西繁峙，团队成员分别在繁峙中学、砂河四中、繁峙县青少年活动中心等地面向当地青少年进行宣讲，传达了习总书记视察南开大学时的重要讲话精神，鼓励青少年树立远大理想，心怀国家社会，立志成才报国。在新疆伊犁阿顿巴村，团队成员们积极宣传国家改革开放辉煌成就，用实际行动学习宣传贯彻习近平总书记视察南开大学重要讲话精神，弘扬百年南开爱国奉献传统，筑牢南开青年的责任与担当。

三、经验启示

一是围绕时代主题。随着时代的发展进步，爱国主义的内容也伴随着国家和社会的需要不断发生着改变。一直以来，南开大学化学学院坚持以习近平新时代中国特色社会主义思想为指导，着力统一思想、凝聚共识，始终将爱国主义教育作为思想政治教育中的重要环节，围绕时代主题，推动爱国主义教育在内容或手段上与新时代的爱国主义相适应。

二是激发师生热情。习近平总书记在南开大学的视察和讲话精神是化学学院师生积极投身实践、勇担时代使命的强大动力，化学学院也积极为学生搭建各种平台，组建宣讲团队，提供实践经费，着力引导师生秉承"知中国，服务中国"的宗旨，主动参与爱国主义教育实践，在学校和社会中贡献青春力量，书写时代篇章。

三是利用红色资源。化学学院充分挖掘和利用好周边的红色资源，重走习近平总书记在天津、河北等地的视察路线，组建宣讲团传承和宣扬南开的爱国奋斗传统，做到让学院的爱国主义教育有内容、有底蕴、有内涵、有特色。

四、深入思考

（一）如何在开展新时代爱国主义教育时进一步体现出南开特色

在爱国主义教育中，如何深入挖掘南开的历史资源和文化底蕴，如何搜集南开大师们的生平事迹、科教成果、情怀担当、精神品质，如何赓续南开人爱国报国、公能兼济、勇于创新的精神血脉，如何将爱国主义教育与建设南开品格、中国特色、世界一流学科和一流的大学相结合，始终是我们思考和研究的重要课题。

（二）如何在信息化时代不断拓展爱国主义教育的新途径

在进行爱国主义教育时，如何借助现代化信息媒介探索爱国主义教育的新方法和新途径，扩大学院爱国主义教育成果的影响力度和影响范围，如何继承和发展传统的宣传教育方式，在传统的基础上突破并改进，还需要不断探讨和思索。

（三）如何在加强新时代爱国主义教育时持续强化师生的使命驱动

在开展爱国主义教育时，如何引导师生做到将爱国热情与报国实践相结合，面向国家战略需求、人类未来发展、思想文化创新和基础学科前沿，增强使命责任，激发师生的爱国热情和内在动力，值得继续探索。

（刁立达、马婧、周冰玉，南开大学化学学院）

锻造丽泽品牌 厚植爱国情怀

——以图书馆阅读文化推广助力新时代爱国主义教育

引 言

2021 年 4 月 23 日，在中国共产党成立 100 周年之际，以"百年风华，阅悟初心"为主题的第十一届"南开读书节"活动在南开大学图书馆开幕。融汇了爱国精神、传统文化与南开品格的图书馆"丽泽阅读文化品牌"徽标也同时揭晓。

"丽泽"是南开大学图书馆文化与阅读推广系列活动的品牌，取自馆藏出版年代最早的古籍《丽泽论说集录》，寓意师生共享文献资源，交流思想学识。自创建以来，图书馆始终坚持将爱国主义教育贯穿于品牌建设与活动开展过程中，依托学校和图书馆丰厚的爱国主义教育资源、强大师资队伍和朋辈互学的良好氛围等优势，开展涵盖文化展览、名家讲堂、师生共读、真人图书馆和实践体验等系列文化和阅读推广活动，培养师生爱党爱国爱社会主义的理想信念，传承红色基因，厚植爱国情怀。

一、背景情况

党的十八大以来，以习近平同志为核心的党中央高度重视爱国主义教育，做出一系列重大部署，推动爱国主义教育取得显著成效。习近平总书记深刻指出，要把爱国主义教育贯穿国民教育和精神文明建设全过程，让广大青少年培养爱国之情、砥砺强国之志、实践报国之行，让爱国主义精神代代相传、发扬光大。

2019 年，习近平总书记在视察南开大学时指出，爱国主义是中华民族的民族心、民族魂，南开大学具有光荣的爱国主义传统，这是南开的魂。培养社会主义建设者和接班人，首先要培养学生的爱国情怀。

近年来，习近平总书记在多个场合强调读书的重要性，提倡多读书，建设书香社会，并心系图书馆事业发展，要求图书馆坚持正确政治方向，弘扬优秀传统文化，创新服务方式，推动全民阅读，更好满足人民精神文化需求，为建设社会主义文化强国再立新功。

南开大学图书馆认真学习贯彻习近平总书记关于爱国主义教育的重要论述和来校视察时的重要讲话精神，牢记总书记对图书馆事业的殷殷期望，以阅读推广工作为抓手，充分发挥图书馆文化育人功能，加强新时代爱国主义教育，弘扬爱国主义精神。2017 年 11 月，专门组建了文化建设与推广部，与学校党委宣传部、教工部、学工部、研工部、校团委、教师发展中心等多个部门和各学院紧密合作，打造丽泽阅读文化品牌，通过文化展览、名家讲堂、师生共读、真人图书馆和实践体验等丰富多样的文化和阅读推广活动，学习宣传贯彻习近平新时代中国特色社会主义思想，广泛开展党史、新中国史、改革开放史、社会主义发展史教育和国情教育，传承弘扬中华优秀传统文化，厚植师生的爱国主义情怀，生动传播爱国主义精神。

二、主要做法

（一）举办阅读文化展览——观主题展 铭初心志 凝爱国情

从红船启航到开国大典，从小岗村改革到中国梦的庄严昭告……在南开大学图书馆七楼展厅，参观者跟随一幅幅经典画作走进中国共产党100年的光辉历程。

在中国共产党百年华诞之际，南开大学图书馆举办了"不忘初心忆往昔，砥砺奋进新百年——庆祝中国共产党成立100周年党史画作暨文献展"，全年持续展出，以百幅经典画作、数百部图书影像和包括馆藏记载开国大典等党史重要事件的《人民日报》在内的多份珍贵文献，展现党的百年辉煌历程，并专设"与党同行"板块，展现南开大学百年来为党育人、为国育才的奋进之路，激发南开师生将爱党爱国、奋发有为的精神力量转化为践行初心使命，努力学习工作，为党和国家奉献青春力量的强大动力。同时，成立了由图书馆馆员组成的讲解志愿服务队，为参观者提供讲解服务。自展览开展以来，已接待校内外千余人次来馆参观。此外，还制作了线上电子展览，加大展览的教育辐射力度。

依托馆藏丰富图书文献资源，利用专门开辟的文化艺术展示空间，南开大学图书馆每年都举办数十场以爱国主义教育为内核的书展和文化展览。"党史学习教育专区"以党史学习教育图书专架、红色珍本展柜和用于党史学习的电子阅读机，使师生通过多种方式阅读学习党的百年奋斗史。"抗战时期大后方社会生活图文展"从馆藏抗战文献中精选珍贵图片100余张，让观者通过图片，跨越时空，感知中国人民不为困难所压倒的决心和勇气。"历史瞬间——新中国成立72周年大事记图片展"融入AR技术和智屏互动，使师生多角度沉浸式地感悟新中国成立以来的伟大成就。"求同存异·和平共处——周恩来外交思想图片文献展""至诚报国——何炳林先生科学家精神主题图片展""改革开放以来南开大学知名学人著述展"激励师生继承和发扬老一辈革命家、科学家和南开学人胸怀祖国、创新求实、服务人民的优秀品质。"华夏瑰宝 光耀传承——中国非遗文化主题书展""梨园霓裳——京剧服饰展与鉴赏沙龙"让非遗文化走进校园、走近师生。"中西合璧——天津历史建筑图片及摄影展""天津历史文化图书展"使参观者以了解建筑为契机,更加深入系统地探索南开所在地天津的历史和文化。"美丽南开园"摄影展则通过展现毕业生们捕捉到的南开不同时节、不同角度的美好镜头,激发师生爱校之情。

通过一系列丰富的主题展览,南开大学图书馆充分挖掘和展示重大纪念日、重大历史事件中蕴含的爱国主义资源,传承发扬南开爱国传统,发挥中华优秀传统文化的涵育功能,营造浓厚的爱国主义教育氛围,激发师生爱国热情,涵养家国情怀,凝聚奋进力量。

(二)开展阅读文化活动——与名家读 偕朋辈行 筑爱国基

2021年4月23日,一堂以"迎来春色换人间"为主题的"京剧党课"在南开大学图书馆"丽泽讲堂"开讲,南开大学京剧传承基地负责人、汉语言文化学院教授刘佳与专业剧团的表演艺术家们对《白毛女》《红灯记》《沙家浜》《智取威虎山》等京剧红色经典剧目片段进行演绎和解读。这种以京剧艺术讲述党史故事的创新形式,受到师生的广泛欢迎。

"丽泽讲堂"是南开大学图书馆丽泽阅读文化品牌活动之一,邀请学养深厚的文化大家、知名专家学者分享阅读经历和人文智慧、艺术创作,与在校师生碰撞思想的火花,潜移默化地开展爱国主义教育。在"丽泽讲堂"中,国家图书馆原馆长韩永进讲授"文化自信·文化自觉·文化强国——典籍文献的魅力与力量";国家级教学名师陈洪教授畅谈金庸小说的传统文化底蕴;非遗传承人苏丽妍、高筵为师生讲解、演示入选首批国家级非物质文化遗产名录的杨柳青木版年画和木版水印技艺,并指导师生们通过刷绘、套印等工序,体会中华优秀传统技艺的匠心和魅力。

除名家讲座外,图书馆还通过开展师生共读交流活动,推介优秀爱国主义文艺作品,搭建师生分享思想感悟的教育平台。图书馆和教师发展中心联合举办的"丽泽师生共读"活动已持续举办了 37 期，每期由一位教师领读一部图书。《习近平新时代中国特色社会主义思想学习纲要》《高山下的花环》《中国古代文化常识》《美的历程》《国士无双伍连德》……师生通过共读经典，感悟中华民族奋勇前行、生生不息的精神力量。2021年全新推出的"丽泽悦享"主题定制活动则根据学校各学院、部门、组织的不同需求，定制更有针对性的阅读文化活动。"专业悦读定制"首期活动在文学院举行，就"现代中国与世界"主题向师生推荐相关专业书籍，分享读书心得，探索理解"现代中国"与"世界"的新思路和新视野。"艺术体验定制"首期活动为来自图书馆、历史学院的师生党支部定制了"长征纪念剪纸活动"，重温中国共产党光辉历史，传承弘扬长征精神，激发昂扬斗志。

图书馆还注重发挥朋辈引领作用，充分挖掘师生身边的先进典型，举办"真人图书馆"活动，以人为书，"借阅"人生。如邀请收到习近平总书记勉励回信的南开大学入伍学生，为师生讲述他们关于写信缘起、入伍经历、军队生活的感悟，分享对百年南开爱国精神的体会，展现南开学子的良好精神风貌，传承南开大学爱国主义传统。在 2022 年北京冬奥会举办前夕，邀请南开大学女排主教练、前天津女排主力副攻杨洁分享自己投入排球事业的经历感触，交流对奥运精神与南开体育精神的理解。

除了丰富的线下活动，图书馆还积极利用微博、微信等新媒体平台，从声、影、文等多个角度开展阅读文化推广活动，让爱国主义教育充盈网络空间。如"丽泽读书短视频"以影像方式推荐好书，"书卷有声"展示师生朗读的经典著作片段音频等。在中国共产党成立 100 周年之际，更是推出了"建党百年读百书""观影答题学党史"等多个特色线上栏目或活动。

以丽泽阅读文化活动为基础，图书馆还面向本硕学生开设了"名家读经典"通识选修课程，发挥学生主体作用，采取互动式、启发式、交流式教学，引导学生树立家国意识，增进爱国情感，构建新型课程思政育人模式。

（三）组织阅读实践体验：阅经典书 树爱国心 抒报国怀

"中国正昂首阔步地走在中华民族伟大复兴的征程之上，我们要继续完成可爱的祖国母亲的梦想，以信仰之光照亮前行之路，怀如磐初心担当青年使命，为中华之崛起而读书。"2021 年 6 月 20 日，在"初心如磐向未来"庆祝建党百年读书分享暨 2021 书香天津·大学生"悦读之星"评选活动决赛中，南开大学选手张宁参阅著作《可爱的中国》，以"信仰"为题进行现场演讲，深情讲述了中国共产党人胸怀坚定信仰，为了民族独立和人民解放抛头颅、洒热血，以宝贵生命换来今天幸福生活的壮丽史诗，表达了南开学子传承红色基因，为中华之崛起而读书的壮志豪情，获得了评委和观众的一致好评，以优异的成绩荣获一等奖。

近年来，南开大学图书馆联合党委学工部、研工部、校团委等部门举办了七届校园"悦读之星"评选活动，旨在通过爱国主义经典书籍推荐、组织读书演讲展示等，使学生在阅读实践中坚定理想信念，厚植爱党爱国情怀。活动得到了同学们的热烈响应和积极参与，他们认真阅读经典著作，精心制作演讲视频，满怀深情地分享自己的阅读感悟，表达对党和祖国的热爱之情，抒发报国之志。同学们从《中国共产党简史》中重温伟大的中国共产党百年来走过的辉煌历程，从《知之深 爱之切》中，深入学习习近平总书记真挚深厚的为民情怀和勇于担当的改革精神，从《青春之歌》《四世同堂》等经典红色文学著作中汲取昂扬向上的精神养分。图书馆还邀请来自校党委宣传部、文学院等的专业教师对参赛选手的演讲内容、展现形式等进行悉心指导，选送优胜者参加天津市和全国大学生"悦读之星"评选，南开学子多次获得一等奖、金星奖等优异成绩。

"悦读之星"的参赛同学中，约有 1/3 的同学来自"读南开书，行爱国路"寒假社会实践活动，这是图书馆依托校团委寒假社会实践平台进行爱国主义教育的又一积极探索。寒假期间，同学们可以自主安排时间，是阅读经典著作、开展爱国主义教育的绝好时机。活动将读书与社会实践活动紧密结合，鼓励学生利用假期精选精读图书馆馆藏好书并提交文字、音频、视频等多种形式的心得体会或书评，同时列出《红色家书：革命烈士书信选编》《改革开放四十年的家国记忆》《抗战烽火中的南开大学》等推荐书单作为参考，旨在引导同学们在阅读中汲取精神力量，进一步激发爱党爱国、砥砺奋斗的热情与决心。

此外，图书馆还指导支持学生社团丽泽读书协会组织开展"寒假读书打卡"、主题团日等读书实践活动，充分发挥实践育人作用。

三、实施效果

经过不断精心打造和培育，图书馆丽泽阅读文化品牌已成为南开大学开展爱国主义教育和繁荣校园文化中备受瞩目的品牌和亮点，产生了积极广泛的效果。

（一）营造了浓厚的爱国主义教育氛围

爱国主义教育是思想的洗礼、精神的熏陶。南开大学图书馆以爱国主义教育为核心举办系列文化展览、阅读推广及实践体验活动，将其融入师生学习研究、交流展示等校园生活各方面，注重对师生的文化浸润、感染与熏陶，既重视显性教育，也重视潜移默化的隐形教育，实现入芝兰之室久而自芳的效果。图书馆举办的很多主题展览、搭建的系列活动平台等已成为学校各学院、单位乃至校外团体开展党团活动及爱国主义教育的首选。

（二）推进了"三全育人"工作理念落实

南开大学图书馆开展的爱国主义教育主题阅读文化推广活动覆盖面广、参与度高。校长、院士亲自推荐图书，广大师生踊跃参与师生共读、朋辈分享，活动涵盖课上课下、线上线下、校内校外，实现全员全过程全方位育人。南开学子多次在全国、天津市举办的"悦读之星"等爱国主义主题阅读评比及实践活动中获得佳绩，展现了爱国情、强国志和报国行。

（三）产生了积极广泛的社会效应

南开大学图书馆以中国共产党成立 100 周年、中华人民共和国成立 70 周年、南开大学百年校庆等为契机，在读书日、毕业季、迎新季等节点开展主题阅读文化推广活动，同时依托图书馆自有各类媒体、南开大学新闻网和社会知名媒体宣传报道，将推进全民阅读与开展爱国主义教育相结合，扩大了活动影响力和教育辐射范围。活动多次被《人民日报》、新华社、《光明日报》、《天津日报》、天津电视台、《天津教育报》等主流媒体报道。图书馆获评 2019 年度全民阅读先进单位，丽泽阅读文化品牌活动获 2020 年高校图书馆阅读推广案例风采展示活动金榜案例。

四、经验启示

南开大学图书馆在以阅读文化推广助力新时代爱国主义教育的过程中取得了一定成效，也积累了宝贵的经验，得到了有益启示。

（一）充分发挥图书馆资源与文化育人优势，不断丰富爱国主义教育内容与形式

南开大学图书馆拥有丰富的图书文献资源和优质的文化环境、浓厚的学习氛围。图书馆充分利用馆藏党史国史类、传统文化类以及哲学社会科学等爱国主义书籍、珍贵红色文献以及电子资源等，作为爱国主义教育素材，同时借助馆内学习空间、文化展览空间、阅读空间等，在师生中广泛开展爱国主义书籍文献的推荐解读、宣传展示、交流研讨等活动，坚持以文化人，不断拓展丰富爱国主义教育内容与形式。

（二）深入挖掘校史校训、师生校友中蕴含的红色基因，不断凝聚爱国主义教育的传承力量

百年南开的革命历史文化就是一部活的教科书，师生校友则是这部书的书写者与讲述者。南开大学图书馆在开展阅读文化推广活动时，注重凸显以光荣的爱国主义传统为魂的南开精神，引导南开人读南开书、讲南开史，激励南开人抒爱国情、立报国志，将爱党爱国爱校铭于心、践于行，不断凝聚爱国主义教育的传承力量。

（三）创新利用多种载体，不断增强爱国主义教育的感染力

南开大学图书馆在开展以爱国主义为主题的阅读文化推广活动中，注重形式的创新与载体的多元化，通过文字、声音、影像等多种方式呈现展览主题，优化活动内容。同时创新传播载体，积极运用微博微信、视频网站等全媒体传播平台，运用虚拟现实、增强现实、互动智屏等新技术新产品，进一步增强爱国主义教育的吸引力、感染力。

今后，南开大学图书馆将进一步加强丽泽阅读文化品牌建设，推出更多以爱国主义精神传承与弘扬为核心的南开特色阅读文化推广活动，厚植师生爱国情怀，助力新时代爱国主义教育。

（张丽、林红状、龚雪竹、李诗苗、王渊、付士娟，南开大学图书馆）

以青春之声 讲党史故事 发时代强音

——在百年党史文化的浸润下陶铸爱国魂

引 言

"手绘讲授党史党课，诗教传承初心使命。"这是文学院学生党总支推出的系列微党课主题。2021年7月，文学院师生党员14人赴嘉兴红船遗址、上海中共一大会址等地追寻红色足迹，深挖红色资源，同讲党史故事，其间手绘10幅党史主题图画，录制7期实地微党课，在实践过程中坚定红色信仰。

"祖国是人民最坚实的依靠，英雄是民族最闪亮的坐标。"2021年10月起，"南开文院人"微信公众号每周六准时推送《勋章故事》音频朗读专栏，文学院青年学生以动情的声音讲述于敏、申纪兰、孙家栋、李延年等"共和国勋章"人物的光辉事迹，从英模故事中汲取前行的力量。

"试看将来的环球，必是赤旗的世界！"这是1919年1月李大钊发表于《新青年》上的演说辞，也是2021年11月文学院师生原创爱国话剧《青春》中震撼人心的一幕。将中国共产主义伟大先驱李大钊的故事搬上舞台，让新时代青年演绎百年前的激荡风云，在时空交互中砥砺报国之志。

一、背景情况

2021年是中国共产党成立100周年。没有中国共产党，就没有新中国。百年来，中国共产党始终以为中国人民谋幸福、为中华民族谋复兴为初心使命，团结带领全国各族人民不懈探索，浴血奋斗，创造了一个又一个的中国奇迹，从根本上改变了中国人民的前途命运，开辟了实现中华民族伟大复兴的正确道路，深刻改变了世界的发展格局。在当今中国，爱党、爱国和爱社会主义早已达成高度统一，成为最响亮的时代主旋律。

习近平总书记在党史学习教育动员大会上指出："我们党历来重视党史学习教育，注重用党的奋斗历程和伟大成就鼓舞斗志、明确方向，用党的光荣传统和优良作风坚定信念、凝聚力量，用党的实践创造和历史经验启迪智慧、砥砺品格。"青年学生肩负着实现中华民族伟大复兴的历史重任，在青年学生中持续深入地开展党史学习教育，引导青年学生自觉将党史红色基因融入专业学习，对弘扬爱国奋斗精神、培育时代新人意义重大。

为贯彻落实习近平总书记在党史学习教育动员大会上的重要讲话精神，让党史学习教育深入每一个学生心底，从百年大党的历史进程中汲取精神力量，做到学史明理、学史增信、学史崇德、学史力行，持续唱响爱党爱国爱社会主义的主旋律，2021 年初，文学院学生党总支认真制定党史学习教育方案，立足学生专业特色，推进师生"同学、同研、同讲、同行"，充分发挥青年党团骨干的先锋作用，牢牢把握网络宣传思想主阵地，创新性开展了一系列的"党史+"主题教育活动，形成了丰富的党史学习教育成果。

二、主要做法

（一）讲好党课，让党史学习教育入脑入心

历史是"最好的教科书"。要让党史学习教育真正入脑入心，就要全面回顾党的百年奋斗历程，从党史经验中汲取丰富的营养。为扎实开展党史学习教育，2021 年 7 月，文学院学生党总支马丽娇、门昕、刘星宇等 14 名党员师生代表赴浙江、上海、江苏等地开展"师生同行"暑期社会实践，重走革命道路，追寻红色记忆。

实践途中，师生选取嘉兴红船、中共一大会址纪念馆、中共二大会址纪念馆、中共四大纪念馆、毛泽东旧居、孙中山故居、人民海军诞生地共 7 处爱国主义教育基地，深挖党史资源，手绘党史图画，记录党史故事，在实践中边学边画边讲，陆续推出了"红船精神与红船故事""中共一大 开天辟地""诞生第一部党章的中共二大""党支部建设的历史起点""寻忆海军诞生 传承渡江精神""先驱与先锋——孙中山与五四运动""共产党人的初心与坚守"共 7 讲微党课视频和 10 幅党史系列主题手绘作品。

通过视频录制、实地手绘、推送宣传等方式，鼓励学生在学习党史的过程中，运用专业知识，创新学习形式，激发学习热情，获得党性修养和专业素养的双向提升。同时，实践成员将红色资源从实践基地带回南开校园，激励更多青年学子了解红色江山，赓续红色血脉。微党课系列成果发布以来，累计阅读关注量逾 1800 人，并被纳入"南开大学党史学习教育优秀党课"专题报道。

（二）树好榜样，让党史学习教育走深走实

榜样是"有形的价值观"。党和国家的发展历程中，涌现出了一批又一批的英雄和楷模，他们的感人事迹无不闪烁着爱国奋斗的光芒。为推进党史学习教育走深走实，2021 年 10 月，文学院 2019 级本科生党支部与文学院团委宣传部联合策划开展了"讲述勋章故事，担当青年使命"主题教育活动，以 9 位"共和国勋章"人物、29 位"七一勋章"人物为学习榜样，采用"线上专栏+线下宣讲"相结合的方式，引导同学们在讲述榜样故事的过程中汲取精神力量，弘扬爱国奋斗精神。

线上开设《勋章故事》红色育人专栏，依托"南开文院人"公众号，通过音频朗诵的方式，每周六固定推送"共和国勋章"人物、"七一勋章"人物专栏，让党史学习教育人格化、形象化，引领青年学生在挖掘和讲述英雄故事的过程中，自觉成为英雄精神的传承人。线下设立"红色故事讲述人"先锋岗，扩大"勋章故事"影响力，党支部书记、学生骨干走进党团支部，讲述党史故事，10 月 21 日，与数学科学学院党员共建交流，面对面讲述先辈英雄事迹，学习科学家精神；11 月 4 日，深入 2021 级新生团支部，开展示范性主题团课，朋辈促学，提升理论学习层次。

目前，该系列活动已发布 7 期线上专栏推送，累计阅读关注量逾 1500 人；组织 2 场线下主题宣讲，覆盖学习人数近 300 人。未来，文学院将进一步拓展宣传主体，结合思政主题教育要求，推出其他系列学习推送，在校园中大力营造爱党爱国爱社会主义的浓厚氛围。

（三）演好话剧，让党史学习教育鲜活起来

话剧是"生动的爱国课"。在迎庆党的百年华诞过程中，各宣传平台推出了一系列红色主旋律影视作品，如电视剧《觉醒年代》《理想照耀中国》《大决战》，电影《革命者》《长津湖》等。为激发同学们主动学党史的热情，继承党的光荣传统和优良作风，文学院基层党团组织在开展党史理论知识学习的过程中，注重利用红色影视资源丰富学习形式，组织同学们集体观影，分享观影感受。

除组织观看红色影视作品外，2021 年 11 月，文学院举办"话党史初

心 谱青春华章"首届文学院话剧节，鼓励学生演绎爱国话剧。话剧《青春》是文学院话剧节上重磅推出的作品，该剧由文学院本科生宋婕宁、那露文、任婧源、阎瑞泽、孙杨 5 名学生共同创作，他们在辅导员翟洋洋的指导下，历经一个多月的精心准备，将中国共产主义伟大先驱李大钊的事迹搬上舞台，以沉浸式的教育方式激发青年学生的爱国热忱。

《青春》话剧共吸引 30 余名来自不同年级的学生参与演出，从剧本改编、演员招募、试妆彩排，到上台演出，同学们始终洋溢着昂扬的青春活力，自发参与话剧排演。在自编自导自演话剧的过程中，同学们深刻领会了伟大建党精神的具体内涵，更加坚定了政治理想，立志当好红色信仰的传承人。

三、经验启示

一是聚焦主题主线，学党史与立德树人相统一。高校开展党史学习教育，从根本上讲，是为了铸魂育人，培养能肩负中华民族伟大复兴重任的社会主义建设者和可靠接班人。因此，高校在开展党史学习教育过程中，要始终紧紧围绕立德树人这一根本任务，以百年党史为沃土，将爱党爱国爱社会主义教育贯穿学校教育的全过程，引导同学们深刻认识中国共产党为什么"能"，马克思主义为什么"行"，中国特色社会主义为什么"好"，胸怀两个大局，不断增强"四个自信"。

二是立足专业特色，学党史与强基赋能相统一。培养高素质人才是高校教育工作的首要目标。"立德"和"育才"是教育工作的一体两面，开展党史学习教育，切忌空谈，只有将"学党史、强信念"与"学本领、长知识"相结合，推进思政课程与课程思政相协同，实现科研创新与思政育人相融通，才能更大限度地激发同学们的学习热情，真正培养一批立大志、明大德、担大任、成大材的时代新人。

三是创新活动形式，学党史与五育并举相统一。百年党史是丰富的精神宝库。一代人有一代人的时代印记，开展党史学习教育，要与时俱进，要以新时代青年学生喜闻乐见的方式讲好党史故事，发挥青年学生的主观能动性，鼓励青年围绕党史学习开展丰富的艺术创作、体育运动、话剧演出、劳动教育等活动，将理想信念教育融入日常的点滴生活中，以学促行，以行促效，在五育融合的实践中陶铸爱国奋斗精神。

四、深入思考

（一）如何推进网络思政育人取得实效？

新冠病毒感染疫情使得高校思政育人的方式发生了一定变化。线上线下主题教育同时存在。网络是一把双刃剑，一方面它为线上主题教育活动提供了便利的条件，另一方面，也难免存在学习监督不到位、学习效果不明显的弊端。因此，提升网络思政在思政教育中的重要地位，是时代发展所趋。加快构筑网络思政大格局，合并冗余网络信息，提供"思想引领、学业指导、科研创新、生活服务、就业指导"高效便捷的一站式学生成长服务平台，是推进网络思政育人落向实处的关键所在。

（二）新百年征程上如何引领青年"以史为鉴，开创未来"？

习近平总书记在庆祝中国共产党成立 100 周年大会上的重要讲话中多次强调，要"以史为鉴，开创未来"。未来属于青年，青年如何走好党的新百年新征程，是时代赋予青年的重要命题。走好新百年的长征路，必须全面深刻总结党的百年奋斗重大成就和历史经验，贯通历史、现在和未来的关系，扎实求学，守正创新，掌握真本领，学习新方法，用发展的眼光关注世界和国家的变化，深入广袤大地开展调研实践，以更加昂扬的姿态建功新时代。

（翟洋洋，南开大学文学院）

领路青春 四砺成才报国初心

——以阿斯哈尔·努尔太榜样培育经验思考做好国防育人工作

引　言

2021 年 9 月，南开大学法学院本科毕业生党员阿斯哈尔·努尔太报名通过了武警新疆总队指挥管理岗直招军官的选拔，重返军营续写忠诚，矢志在父辈牺牲奉献过的热土上接续奋斗，以实际行动回报习近平总书记"把忠诚报国、担当奉献作为毕生追求，为实现强国梦强军梦贡献力量"的嘱托厚望。

一、背景情况

2017 年 9 月，阿斯哈尔·努尔太与其他七名南开学子应征入伍，奔赴军营前夕，在仔细阅读《习近平的七年知青岁月》后，他们被总书记在最宝贵的青年时期扎根基层，在艰苦的环境中踏实肯干的故事深深打动。难抑保家卫国之情思，他们集体给习近平总书记写信，表达自己立志从军报国、忠于党和国家人民，希望像青年时代的总书记那样，扎根基层、心系人民，不怕困难、艰苦奋斗，用青春和汗水创造无愧于时代的光辉业绩的理想。

2017 年 9 月 23 日，习近平总书记给南开大学八名入伍大学生回信，肯定阿斯哈尔·努尔太与其他七名同学"你们响应祖国召唤参军入伍，把爱国之心化为报国之行，为广大有志青年树立了新的榜样"。勉励他们"珍惜身穿戎装的机会，把热血挥洒在实现强军梦的伟大实践之中，在军队这个大舞台上施展才华，在军营这个大熔炉里淬炼成钢，书写绚烂、无悔的青春篇章"。2018 年 9 月，在八名学子入伍一周年之际，习近平总书记对他们的成长变化再次给予勉励。

2019 年 1 月 17 日，习近平总书记视察南开大学，寄语师生："爱国主义是中华民族的民族心、民族魂。南开大学具有光荣的爱国主义传统，这是南开的魂。当年开办南开大学，就是为了中华民族站起来去培养人才的。我们现在迎来了从站起来、富起来到强起来的阶段，我们要把学习的具体目标同民族复兴的宏大目标结合起来，为之而奋斗。只有把小我融入大我，才会有海一样的胸怀，山一样的崇高。希望你们脚踏实地，在新的起点做出你们这一代人的历史贡献，成为南开大学新的骄傲。"

总书记历次对南开大学及入伍八学子的亲切关怀、谆谆教诲和殷切希望都让阿斯哈尔·努尔太备受鼓舞，领袖嘱托牢记在心，强军号角回响耳畔，时刻激励他努力成长为党和国家需要的好战士。"强国必先强军，军强才能国安"，围绕党在新形势下的强军目标，高校肩负着为全面建成世界一流军队输送优秀大学生的重任，国防教育在大学生思想政治教育中发挥着导向性作用，在高等教育阶段做好大学生征兵和国防育人工作，培养懂政治、高素质、强技能、爱国家的军队后备人才，是一项极其重要的政治任务。

二、主要做法

（一）定初心，坚定走上参军路

阿斯哈尔·努尔太的父亲是一名公安英雄，在一次反恐行动中壮烈牺牲，被追授为公安系统二级战斗英模。从军报国的种子自幼扎根在阿斯哈尔心中，他刻苦求学，希望长大后像父亲一样肩负保家卫国的使命，南开大学是他梦想启航的地方。在谈到南开大学爱国主义传统对他参军入伍的影响时，阿斯哈尔·努尔太说："特别是当我考入南开大学，学习了张伯苓校长以子许国的动人故事、看到西南联大纪念碑上镌刻的抗战师生名录、聆听着近年来退伍返校老兵的故事，令我再次坚定身着戎装的梦想。"

"家与校"是辅导员周敬文在一对一做他的征兵动员时始终坚持结合的两方面，带他叩问身为"南开人"的初心与追求，用南开的爱国历史感召他心中的从军梦，将他对英烈父亲的朴素情感，更化为坚定的报国志向。2017年，阿斯哈尔·努尔太怀揣报国初心，坚定选择了参军入伍。

（二）守初心，蜕变走好从军路

阿斯哈尔·努尔太入伍后，毫不犹豫地选择了最危险的武警部队反恐一线。随着军队现代化要求的发展大学生士兵比重逐年增大，但刚去部队"吃不了苦""不合群"成了大学生士兵的标签，阿斯哈尔凭借顽强的意志出色完成新兵连"魔鬼周"训练考验，主动请缨加入特战中队；服役第二年作为理论骨干和副班长，带领全班战士学习进步；在2018年6月淮河汛情危急之际，主动请战参加抗洪抢险；入伍期间多次返津参加征兵动员，获评天津市首届"青年创优能手"。

阿斯哈尔服役期间，学校对他在军营的成长倍加关心。当他初入部队适应融入时，老师同学们为他加油打气，为他寄送衣物书籍，学校领导亲自带队到部队探望，母校的温暖成为他迎难而上的强大动力；适应部队后，则更侧重在理论学习、主讲团课、申请入党等方面对他的交流指导，激励他守住初心更要进一步思考初心，从热血男儿蜕变为信仰坚定的有志青年。2019 年 6 月 25 日，阿斯哈尔·努尔太在部队成为一名光荣的中国共产党预备党员。

（三）讲初心，返校引领报国路

"从学子到军人，再从军人到学生，我们爱国初心不改、报国之志依旧。复学后我们也将秉持部队的优良作风和苦干精神，做到学有所成，成为公能兼备的南开人，担负起国家和时代赋予我们的责任。"阿斯哈尔·努尔太等八名学子在学校为他们召开的退役复学座谈会上坚定地说。

2019 年 9 月，阿斯哈尔服役期满正式退役，重返南开大学继续学业。原本是 2015 级本科生的他，开始与 2017 级的学弟学妹一同学习，在学院专业教师、辅导员、同学的帮助下，他快速重新适应法学专业的学习，攻下一门门课业难题。同时，学院鼓励阿斯哈尔积极融入党组织，担任法学院本科生第一党支部宣传委员，他在支部主题党日活动中分享军旅生涯感悟，向全院作征兵动员，仅所在的党支部就有两名同学受到感召参军入伍；在中宣部"时代新人说"全国演讲大赛中斩获佳绩，站上央视舞台发出时代新人的爱国强音；疫情防控期间在全国高校爱国奋斗精神云宣讲中，代表南开大学讲述南开学子的家国情怀。阿斯哈尔以自身经历激励青年学子把实现自身价值同强国使命结合起来，带动大批青年学子积极向党组织靠拢、立志献身国防。南开大学入伍学子人数自 2017 年后持续增长，全市大学生士兵更是占到总征兵数的 90%。

阿斯哈尔返校后从适应融入到发挥榜样引领作用，离不开学校党委的持续关心以及法学院的细致工作。返校初，学校和学院为他制定全面的培养帮扶计划，在学业、生活帮扶落细落实的基础上，不断引领鼓励他发挥先锋模范作用，为他提供更大的成长锻炼舞台。同时，以阿斯哈尔这个点，串起法学院国防育人工作的一条线，进而在全校树起一个榜样、一面旗帜。

（四）践初心，重返军营正当时

2021年6月，在天津市庆祝中国共产党成立100周年座谈会上，阿斯哈尔·努尔太激动地说："2019年，习近平总书记视察南开大学时，曾寄语师生'只有把小我融入大我，才会有海一样的胸怀，山一样的崇高。'作为一名应届毕业生，虽然有很多就业选择机会，但我始终没有忘记青年党员和退役大学生士兵身份，多重经历的磨炼让我更加坚定参军报国的人生梦想。"

进入大四后，毕业后选择什么就业方向，成为阿斯哈尔面临的又一抉择，虽然已经有两家国企向他发出录用通知，但部队就业信息一直是他和辅导员关注的重点，正在他积极备考军队文职招录时，传来一条好消息——2021年军队首次从"双一流"建设高校或"双一流"建设学科的应届毕业生中直接选拔招录军官。在学校武装部的政策供给和全面指导下，在就业指导中心的细致帮助下，阿斯哈尔与辅导员一起在直招网站上的2263个岗位中连夜筛选锁定了武警新疆总队某排长岗位，顺利完成报名、考察、面试等环节。2021年5月，在全国高校毕业生就业促进周活动中，阿斯哈尔向孙春兰副总理汇报了就业去向，得到高度肯定和亲切鼓励。

如今，阿斯哈尔已回到父亲曾经牺牲奉献过的新疆热土，主动请战到反恐一线岗位，再次投身中国特色强军道路和世界一流军队建设，也再次以实际行动回报习近平总书记当年对他们提出的期望和嘱托。

近年来，以习近平总书记回信勉励入伍学子为契机，南开大学不断完善具有特色的立体化国防教育模式，在全校范围内持续深入学习贯彻习近平总书记视察南开大学重要讲话精神，学习贯彻习近平总书记给入伍八学子的回信精神、勉励语精神，不断引导教育广大师生将爱国之情化为报国之行，立足岗位做贡献，把小我融入大我。法学院、商学院牵头创建全校首个国防育人工作室，蓬勃开展国防育人工作，国防教育系列活动提质增效，入伍学子人数逐年增加；制作《军魂》《嘱托》《爱国·奋斗》等主题教育手册，把校史校训教育、时事政策教育和重大纪念活动纳入军训育人范畴，强化学生的国防意识、危机意识、责任意识和使命意识；大力开展征兵动员工作，制定《南开大学学生参军入伍培养发展路线图》，做好入伍学子的全过程培养工作，发挥退役大学生士兵在国防宣讲、体质测试、军事训练中的积极作用。特别是以阿斯哈尔·努尔太毕业后重返军营为典型，加大宣传力度，联合就业指导部门，为退役大学生士兵及全体在校生供给到部队就业的新思路、新选择、新方案，感召小我融入大我，浇灌青春在党和人民最需要的地方绽放绚丽之花。

三、经验启示

一是要持续强化爱国主义教育。习近平总书记视察南开大学时指出："爱国主义是中华民族的民族心、民族魂。南开大学具有光荣的爱国主义传统，这是南开的魂。"在开展学生思想政治教育工作中，必须牢牢抓住爱国主义教育这条生命线，结合南开大学的爱国历史教育资源开展具有南开特色、"公能"品格的爱国主义教育活动，高度重视发挥国防育人在爱国主义教育体系中的重要作用。

二是接续深耕培育报国人才。阿斯哈尔所走过的报国路、奋斗路、引领路、人生路的背后，正是学校"为党育人、为国育才"的集中体现，阿斯哈尔的成长发展离不开学校党委的坚强领导和持续关心，离不开学校各部门的帮助支持，离不开法学院党委、行政和专业教师们的全员悉心培育，离不开家校一体的及时沟通联动。用心引领一个青春，再去带动更多青春，要将培育阿斯哈尔成长的宝贵经验及时总结，在国防育人中不断践行推广。

三是做好榜样事迹宣传工作。从 2017 年 9 月阿斯哈尔·努尔太等八名入伍学子收到总书记回信到 2021 年 6 月阿斯哈尔重返军营，他经历的每一次重要成长都被及时报道宣传，为被他点燃报国热情的青年学子们提供了参照与指引。从天津市到全国，多家部门单位、主流媒体都将赞许的目光投向阿斯哈尔，投向南开大学，这为在新时代诠释南开大学的爱国精神，续写南开百年新篇章增添了最好案例。

四、深入思考

（一）如何进一步谱写百年南开矢志爱国的国防教育精神谱系

南开学子向来有从戎报国传统，自从阿斯哈尔·努尔太的榜样事迹得到广泛宣传，我校 2017 年以来已有 80 余名大学生踊跃参军，莘莘学子中掀起的参军热潮持续不断。我们需要思考的是如何进一步梳理南开学子参军报国的光荣历史，总结凝练南开大学国防教育特色优势，将"参军热潮"火热现象不断转化积淀为师生"报国热情"内生动力，谱写南开大学国防教育精神谱系。

（二）如何更好构建国防教育的"三全育人"体系回应习近平总书记的殷殷嘱托

习近平总书记视察南开大学，是对南开的亲切关怀和巨大鼓舞，是对南开百年来办学理念和办学成绩的充分肯定，是南开大学的无上荣光和最高荣耀。新百年要有新作为，要牢记总书记的殷殷嘱托和期望，全面推动我校国防育人事业在新的起点做出新的历史贡献。以习近平新时代中国特色社会主义思想为指引，强化国防教育在学生思想政治教育中的地位作用，着力构建国防"三全育人"格局，用爱国奋斗核心价值引领全员参与国防育人氛围，将国防教育融入学生发展关键阶段，全力打造校内外国防育人平台，构建课堂内外联动的全过程育人路径，建立师生互促共进的全方位育人格局，努力探索新时代爱国主义国防教育有效途径。

（周敬文，南开大学法学院）

"特别的爱 给特别的你" 新时代爱国主义教育案例

——南开大学附属小学党史故事主题班队会

引　言

2021 年 5 月 24 日，是"特别的爱 给特别的你"南开大学附属小学党史故事主题班队会时间，师生一同走进爱国主义教育大课堂。

一、背景情况

为了深入学习宣传贯彻习近平总书记来校视察重要讲话精神和习近

平总书记对南开大学的一系列重要指示批示精神，全面贯彻落实《新时代爱国主义教育实施纲要》，把习近平总书记充分肯定的南开爱国主义传统、爱国奉献精神发扬光大，附属小学党总支把"爱国主义教育"活动与党史学习教育、附属小学立德树人工作、思政课程建设相结合，以"访革命足迹，讲红色故事，传革命精神"为主线，以"学史明理、学史崇德、学史增信、学史力行"的目的，通过学习理解"中国共产党精神谱系"，增强党员的基因认同和历史认同，培养小南开人的国家认同感，传承南开爱国传统，献礼建党百年，尝试探索新时代爱国主义教育的新方法新路径新模式。

5月24日为"爱国主义教育"活动主题日，附属小学召开"特别的爱 给特别的你"党史故事主题班队会。全体党员及部分班主任参加，全校学生参与党史故事学习，党员佩戴党徽，不分校区，边学习，边思考，边实践，较好地完成了此次活动。

二、主要做法

（一）党史研读，增强理论自信

组织党员认真学习总书记关于党史学习动员会的讲话精神及视察南开大学的指示精神，成立党史学习小组，制定学习计划，开展党课宣讲，提高广大党员教师学习党史的热情和思想觉悟。4月27日，邀请直属单位第一党委书记邢志杰进行授课，党课以"中国共产党为什么能——读《中国共产党历史》《中国的1948年》收获"为题。5月25日，邀请天津市委党史学习教育宣讲团成员、南开大学马克思主义学院教授赵铁锁，为大家进行"党史学习"专题教育宣讲。附属小学全体党员教师、预备党员以及入党积极分子参加了此次党史学习活动。会后，老师们表示：要认认真真学党史，秉承"公能日新"的南开精神，交出一份无愧于时代、无愧于历史、无愧于人民的南开答卷。

（二）"红色讲堂"分享学习收获

深入交流党史学习体会，认真开展"红色讲堂"。附属小学总支委带头给小南开人讲"红色讲堂"党史课，挖掘教材中的"党史"内容，用讲故事的形式，结合教材内容，采取配乐朗诵、图文并茂的内容解析，利用隔周三下午阅读课时间对全校师生进行爱国主义教育，受到学生的欢迎。

（三）学史力行，传承红色基因

召开"特别的爱 给特别的你"附属小学党史故事主题班队会。

"特别的爱"就是党员教师"学党史、悟思想的体会、收获"，"特别的你"就是"新时代的，我们的学生"，"给"就是"用小学生接受的方式——讲故事、主题班队会，服务学生的健康成长，传承红色基因，落实爱国主义教育"，这也是附属小学全体党员教师送给孩子们"六一"的"特别礼物"。

各位党员在认真学习党史的基础上，结合学生年龄实际，确定"主题班队会"的讲课题目、形式、内容等，上报各支部书记，提前与班主任沟通，布置学生查找资料。5 月 24 下午，附属小学第一、第二党支部的党员老师们，利用校会课的时间，给全校学生上了一堂生动的党史教育课。通过讲故事，引导学生了解我们党的诞生、发展、壮大，以及在每个历史时期、不同时代，共产党的先进人物、模范事迹及他们的影响作用、精神力量。用这些"金色的信念"激励小南开人从小树立"全心全意为人民服务"的思想，增强对中国共产党的热爱之情，以及民族自豪感。知道要成为什么样的人，树立好好学本领、长大建设祖国的远大志向。

（四）教育成果化为爱国行动

将爱国主义精神贯穿学校教育全过程，推动爱国主义教育进课堂、进教材、进头脑。党总支把教师们的学习实践收获汇总成《大南开小南开"思政"校本课程教学参考资料（一）》和《附小党员党史学习收获》两本材料，方便今后更好地为学生服务。

爱国报国的实际行动。有计划地组织学生参加日常爱校劳动和服务性劳动，让学生动手实践、出力流汗，接受锻炼、磨炼意志，培养学生的正确劳动价值观和良好劳动品质，通过劳动扮靓校园。向学生征求学校卫生建议，启动"学生调查"发现学校（教学楼、操场等地方）的卫生死角，每班一张表格，34个班级上交了"建议"。学校进行汇总后，公布校园劳动公益岗位共17处，各班小干部与班主任商量自愿申报"公益岗位"，定期参与爱校劳动，贡献力量，认真完成"实践活动记录"填写。未申请上的班级自主发现推荐劳动岗位，经学校批准，第二批公益岗位又确定了17处。学期末，各班推选"班级劳动之星""优秀志愿者"，学校对其进行表彰。该活动提升了学生劳动幸福感和"志愿服务"的快乐，使学生树立了国家意识，增进爱国情感。

三、实施效果和经验启示

第一，附属小学党员教师从学习、准备到上课，整个过程就是一次"精神洗礼"。例如，薛素梅老师为四年级的学生讲《五四运动与李大钊》，主要讲解了三个内容：简要回顾中国历史发展的几个时期；五四运动爆发的原因；李大钊同志在党的建立和国家重大转折阶段起到的关键作用以及他为了新中国的成立鞠躬尽瘁死而后已的崇高革命主义精神。

秦玉梅老师在自己的收获中写道："我大量寻找英雄生活的时代背景，成长足迹，思想也跟着英雄的足迹受到了一次次的洗礼和教育，在备课的过程中，眼睛常常被泪水遮挡，看不到ppt的内容，哭一会擦干眼泪再接着学习，我感觉我不是在上课，我是在学习，我受到一次非常好的红色基因传承教育，我更加明确了今后应该怎样做，我应该怎样守护先辈们用生命换来的和平生活，如何把革命的火种传递下去，如何让我们的下一代坚定不移跟党走，听党话，如何让我们的下一代牢记历史，体会社会主义制度的优越性，体会今天和平生活的来之不易，体会身上肩负的历史重任，我有强烈的责任和义务做好传承教育工作。"

耳洁老师在学习全国优秀共产党员、丽江华坪女高的校长张桂梅的事迹中明白了什么是"一名教育者的不忘初心"。

第二，此次主题班队会的党史故事宣讲也是党员们的主题党日活动，其实现了两个百分之百：附小党员百分之百参加，学生百分之百受益。

第三，激发了党员教师作为共产党人的自豪感，使其在服务中不断增强"四个意识"。党员教师通过学习理解"中国共产党精神谱系"，增强党员的基因认同和历史认同，弄清"我是谁、我姓啥，从哪来、到哪去"，永葆共产党人的政治本色，弘扬光荣传统和优良作风，以更加奋发有为的精神状态开拓党和国家事业的光明未来，服务于学生的健康成长。这是对中国共产党建党 100 周年的最好纪念。

第四，聆听主题班队会的党史故事，不仅使学生在课堂上知道了一个或多个党史故事，更主要的是"点燃"了他们学习了解党的历史的热情，树立了"没有共产党就没有新中国"的坚定信念，根植下"全心全意为人民服务"的价值观！而小南开人的爱校劳动，是懂得爱校就是爱国的具体表现，在爱校护校劳动锻炼中增强爱国情感。

四、深入思考

激发学生爱国之情变报国行动需要做的还有许多，具体包括以下几方面。

（1）在爱国主义教育中，如何结合南开特色、附小特点、学生实际，调动主观能动性，把学习教育成果转化为爱国报国的实际行动。

（2）在丰富中华优秀传统文化的传承方式，推动中华文化创造性转化、创新性发展中，增强学生的中华民族归属感、认同感、尊严感、荣誉感。

（3）如何把学生的生活密切地与城市社区、农村、企业、部队、社会机构等相联系，拓展爱国主义教育校外实践领域。

（魏小东，南开大学附属小学党总支）

示范团日立标杆 红色传承正青春

——"青春向党·奋斗强国"示范性主题团日接力

引 言

为迎接建党 100 周年，基层团组织接力开展"青春向党·奋斗强国"示范性主题团日。以百年党史为主线，以"爱国三问"为历史考卷，开展爱国主义教育，19 个分团委（团总支）接力 15 场示范性主题团日活动。通过展现不同历史阶段、学科领域中南开青年的担当作为，以"时代之声"答"历史之问"；通过国家重要行业领域发展、重大核心技术攻坚克难，畅想"未来之梦"。南开青年以实地探访、对话人物、场景复现、专题授课、社会实践等多种形式，聚焦党的百年光辉历程，聚焦青年爱国奋进、科研报国的青春故事，在新时代新百年新征程的开拓奋进中，以实际行动答好"爱国三问"，彰显青春力量，勇担时代使命。

一、背景概况

开展好主题团日团课对加强团员思想政治教育和自我教育、强化团员意识、提升基层团组织凝聚力及战斗力具有重要意义。在建党 100 周年之际，南开大学团委进一步贯彻落实习近平总书记关于青年工作的重要思想和视察南开大学重要讲话精神，深入开展"学党史、强信念、跟党走"学习教育活动，充分发挥青年理论先锋引领作用，选树好一批示范性团日团课，营造共庆百年华诞、共创历史伟业的浓厚氛围，团结带领广大南开青年听党话、跟党走，培养其成为堪当民族复兴重任的时代新人。

"青春向党·奋斗强国"示范性主题团日以百年党史为主线，围绕特定时间及主题，在 2021 年开展团日活动接力，完成"历史之问""时代之声""未来之梦"等多个支线任务。通过展现不同历史阶段、学科领域中南开青年的担当作为，以"时代之声"答"历史之问"；通过国家重要行业领域发展、重大核心技术攻坚克难，畅想"未来之梦"。在团日活动开展中推动共建、共促、共学，在爱国主义理想信念教育中，回顾峥嵘岁月，发扬红色精神，砥砺无悔青春。

二、主要做法

（一）历史之问：讲好党史故事，赓续红色基因

以史为鉴，开创未来。以基础学科为参与主体，团日活动以党史为主题，回顾光辉历程，传承红色基因，教育引导广大团员青年厚植爱党、爱国、爱社会主义的情感，在党史学习中树立远大理想，增强奋斗精神，争当中华民族伟大复兴的生力军。

其中，哲学院团委、马克思主义学院团委以"联学共建铭初心，红

色传承筑青春"为主题，邀请共建团委九十五中学生共同参与，通过举办党史专题讲座、举办新团员入团仪式等活动，共学马克思主义在中国的发展历程与南开校史，将南开百年的爱国奋斗融入共产党波澜壮阔的历史背景中进行传承。数学科学学院团委以"百年一瞬忆先辈，时空对话看今朝"为主题，讲授革命先辈的青春故事、奋斗历程和光荣事迹，以"时空对话"的形式向先辈汇报今日的幸福生活。经济学院团委赓续以文化人、话剧育人在百年南开的优良传统，弘扬南开大学爱国奋斗精神，组织青年深度参与爱国主义话剧的制作，重温峥嵘岁月，汲取前进力量。

（二）时代之声：坚定理想信念，勇担青年使命

以时代为主线，以应用型学科为参与主体，将党史思想教育与学科特色融合，引领青年以实现中华民族伟大复兴为己任，培养当代青年的理想信念、家国情怀、创新意识、奉献精神，增强志气、骨气、底气，不负时代，不负韶华，不负党和人民的殷切期盼，与时代同频共振。

电子信息与光学工程学院团委、人工智能学院团委和图书馆团总支以"科技兴邦献礼百年，青年有为责任在肩"为主题，深入学习习近平总书记考察清华大学重要讲话精神，邀请五四青年奖章获得者讲授主题微团课，通过科技人才微论坛等载体深化青年科技报国的理想信念。医学院团委邀请三位不同年龄的优秀校友讲述自己的经历、分享成功的经验，用一场跨越三代"南医人"的青春成长对话，坚定新一代"南医人"的从医信念和报国之志。药学院团委通过回顾中药作为中华优秀传统文化的发展历程和当代传承，围绕推动中医药发展的政治力量、创新力量、初心使命三个方面，生动展现党的领导下中医药事业发展的辉煌奋斗史。历史学院团委响应国家乡村振兴战略，传递助农富农精神，带动支部和全院全校同学关注国家发展、社会需要、乡村振兴，讲述南开大学对口支援庄浪的事业和脱贫攻坚"庄浪模式"，助力消费扶贫，书写庄浪故事，发出南开青年的时代之声。

（三）未来之梦：致力科研报国，服务重大战略

爱国奋斗是南开的传统，回顾百年党史，南开青年在各个历史时期都发挥着重要作用。在新的历史时期，南开人将继续勇于创新，深刻理解把握时代潮流和国家发展需要，敢为人先、敢于突破，以聪明才智贡献国家，以开拓进取服务社会。

物理科学学院团委以"科研报国永怀不忘，献礼百年青年自强"为主题，组织团员青年走近青年奖章获得者团队，与南开大学永怀精神宣讲团一起面对面交流，讲述前沿科学，分享科研经历。商学院团委则以"助力青年双创，勇担时代使命"为主题，响应人才强国战略，助力创新驱动发展，积极引导青年投身创新创业实践，胸怀"国之大者"，创青春，添活力。材料科学与工程学院团委开展主题团课比赛，通过自发学、自主讲，明确青年科研报国志向，激励青年用先进思想武装自己，投身学科前沿领域，为祖国建设奉献青春力量。

三、经验启示

一是抓住组织育人有效载体。高校共青团作为紧密联系和服务青年的主阵地，主题团日活动以团支部为基本单位展开，是有效覆盖青年学生的重要载体，也是高校开展爱国主义教育的重要平台。着力提升基层组织活力和育人成效，努力通过组织育人体系的优化打通学生思想政治工作最后一公里。

二是发挥榜样示范引领作用。选树一批主题鲜明、形式多样、组织有力、成效突出的示范性主题团日活动，通过其具体的、鲜活的、真实的活动现场，增强活动感染力，有效促进基层组织间的学习交流，同时，通过接力的方式，使其示范作用具有可持续性。

三是坚持系统思维做好顶层设计。以主题团日为例，通常各级团组织会按照上级团委要求自行展开，但在具体实操过程中，会出现主题重复性、随意性等不足，降低了教育实效。因此，开展主题教育活动，要从全校层面做好顶层设计，统筹规划，将党史学习教育专题下的主题团

日有效分为"历史之问""时代之声""未来之梦"三个篇章展开。

四是强化分层分类精准指导。尊重学生群体各阶段的主体差异性特点，加强分层分类教育指导。依据基础学科、应用学科、新型学科等不同学科差异性，分模块设计主题；再结合各学院学生主体特点，进行单场主题团日活动的具体策划，有效增强参与主动性与实效性。

四、深入思考

随着时代和社会的发展，青年思想政治引领工作面临新的挑战。习近平总书记多次强调要高度重视对青年一代的思想政治工作，青年一代有理想、有担当，对于社会主义现代化建设和实现中华民族的伟大复兴具有重要意义。"任何时候都不能脱离青年，必须密切联系青年。如果不能深入广大青年，自说自话，自拉自唱，工作是很难做好的。"

一是结合大学生成长需求，如何坚持学生在主题教育中的主体性？学生虽然是受教育者，但高校实施爱国教育过程中，其主体地位毋庸置疑。以供给侧改革为思路，侧重教育供给侧引领的同时，坚持以学生为本，强调教育需求侧的反馈，调动学生的自主性，精准有效地教育供给。

二是适应"微"时代发展特点，如何丰富爱国主义教育载体多样性？移动网络的快速发展和新兴微媒体的广泛应用，给高校大学生爱国主义教育提供了新的教学平台，但其无法取代线下平台的有效互动性与感染力。这就需要探索适合不同阶段、各群体实际的主题教育模式，实现教育精准性。线上线下有效结合，优化活动方式，实现全过程、全方位把控，增强主题教育的实效。以主题团日为例，在具体形式的选择上，不局限于集中学习、理论团课、心得分享等基础环节，丰富对话访谈、志愿实践、现场教学、微团剧等载体，发挥共建共学优势，以党建带团建，师生共建等组织共学的方式，激发组织活力，最终实现教育与实践相结合。

三是针对新时代大学生特点，如何深化爱国主义教育实效性？面对比以往更加复杂的思想激荡与文化碰撞，新时代大学生很容易受到一些不良的思想和文化的渗透侵蚀，在理想信念、价值取向等方面容易产生动摇。共青团是青年自己的组织，有效发挥组织体系优势和动员能力，把组织建设与教育引领结合起来，发挥群团组织的育人纽带功能，是深化爱国主义教育的重要途径。具体而言，以团支部为基本单元，依托支部主题团日，组织化推动学习教育深入基层、融入日常、抓在经常，增强引领凝聚、组织动员、联系服务团员青年的能力，着力提升基层组织活力和育人实效，以组织育人打通学生思想政治工作最后一公里。

（刘维爽、杨璨，南开大学团委）

"互为镜观，命运相连" 高校学子走进边疆军营

——以爱国主义教育编织成青年交融的鲜活纽带

引　言

对于当代青年而言，在"实现理想"这个美好愿望中，总会有两道身影，一道是绿色的"军营梦"，一道则是多彩的"校园梦"，这二者是否能结合，是否能互通，南开大学哲学院的师生踏上了探索的旅程。

一、背景情况

为响应中央军委 2018 年"征兵宣传进校园"活动，全面贯彻习近平强军思想，凝聚新时代强军梦的伟大力量，作好军民融合深度发展这篇大文章，贯彻落实习总书记给南开大学新入伍大学生回信要求，寻求高校与军营在"为谁培养人、培养什么人、怎样培养人"方向上的共通点和新途径，由哲学院研究生骨干组成的"初心永铭强军志，公能总关边防情"南开大学校级示范实践团奔赴新疆喀什，来到某防空团进行实践活动，并进行题为"高校学子与军队青年成长成才路径比较研究"的调研项目。

实践团在该团建设南开大学校团委社会实践首个"红色文化育人"实践基地，代表哲学院党委在该团"军事训练标兵连"落成"支部共建基地"，并建立南开书屋。本次实践活动获防空团领导大力支持，并在部队官兵中收获好评。

二、主要做法

（一）深入军营，感受血性，铸就红色信念

对实践团成员而言，军营生活极富冲击力。为期一周的体验使他们一改对军营生活单调的偏见，转而清醒地认识到：在军队，青年人所受到的教育是全方面的、丰富多彩的。

甫一踏入军营，军队的严明规整跃进眼帘，井然有序的布置下，青春的张力在涌动。实践团成员们迫不及待换上作训服来到训练场，深入到防空团"军事训练标兵连"中，体验防空团各色训练科目。实践团两名男生更是直接搬进了连队营房，与战士们同进同出。对此，实践团成员、哲学院 2015 级硕士生王宇明表示："和战士们一比，我们的体能确实有差距，要向战士们学习，在训练场上竭尽所能，不断坚持，不断突破极限。"

防空团现任"军事训练标兵连"指导员王雪振，是哲学院 2008 级国

防生，毕业后即扎根边疆始终坚守，他带领实践团成员参观连队，连队设有电子学习室、音乐室、体育活动室及影片剪辑室等，随着实践团的到来，又增设"南开书屋"及配套阅览室，战士们的业余生活充实而丰富，能够根据个人的兴趣爱好发展特长，学习新知和技能。值得一提的是，王雪振上任后，在连队特设连史专题展览，展示连队自建队以来的发展历程和取得的成绩。王雪振介绍说："标兵连的建队与周恩来总理有密不可分的关系，于我而言，在这里就像与南开再续前缘，所以传承连史，激发现在这批战士的荣誉感和使命感，是必要且急迫的育人工作。"

为考察喀什地区精准扶贫政策落实情况，实践团随防空团前往莎车县米夏乡探访特困户。据了解，针对特困户致贫的不同状况，扶贫干部们到特困户家中，与困难村民结成"亲戚"，实打实地帮助他们解决问题。在维吾尔族村民喀迪尔·阿布都拉家中，实践团见到了他用泥土垒成的旧屋和小院落，也看到了他即将迁入的、由部队和政府支持新盖的"安居房"。当队员将部队准备的夏凉被交到他手上时，老人握住了队员的手，激动地用维吾尔语讲述扶贫政策带来的变化，还采摘新熟的杏子和桑葚塞到队员手中。辞行时，老人又用汉语郑重道谢。在精准扶贫的道路上，各民族团结一心，向着共同的目标进发。

（二）沉淀哲思，打开视界，传播红色理念

实践团认识到，他们不能仅仅将军队的红色文化带回高校，同样要发挥哲学专业研究生的优长，把高校对红色文化的时代阐释传播到军队中；而这需要找到军队官兵最需要的、最迫切的关节点，有针对性地进行育人工作。

在军营中的日日夜夜，实践团成员尽可能找机会和战士们待在一起，倾听他们所思所想，探讨他们青春成长中所遇到的困惑。了解到边防官兵求知若渴，但图书资源较为匮乏，实践团通过校友、媒体等渠道募集四百余本图书，建立起一座南开书屋。书屋落成后，战士们积极借阅，也常和实践团成员们讨论书籍内容。标兵连的二排长李洋，热爱哲学思考，对许多事情都有独到的见解；战士刘星，性格内向，不善交流，但对于阅读有极高的热情，借着读书的由头，往往能够打开他的话匣子；还有几位曾读过大学的志愿兵，也常常愿意和队员们聊聊大学，聊聊南开的百年辉煌。实践团成员、2016级博士生党支部书记乔敏说："其实战士们在成长过程中遇到的困惑，我们都曾经历过，由于所处环境、所接触的群体不同，会有不同的视角。我们的交流一方面告诉他们不要妄自菲薄，要相信自己拥有的能力；另一方面不要故步自封，要不断扩宽自己的视野。"

为解决基层党支部建设过程中存在的问题，扩宽军队基层党建思路，防空团与实践团举办了强军思想及党的建设交流会。会上各连队负责政治工作的主官就共建渠道、政治学习形式创新及理论学习等方面进行了提问，实践团成员分别作出回答。实践团负责人、哲学院2016级硕士生党支部书记田佳佳表示："高校与军队的支部共建是要长期坚持的，可能会有一个建设的过程，在这个过程中，我们不断探索新形式。实践团此来是要迈出第一步，形成一个示范效应，我们回去后，会联络更多基层党支部与我们各连队对接，形成星火燎原之势；同时能够群策群力，建成党课、案例共享平台，建设军人素质拓展项目等，通过我们的努力，为军队的党建提供更多思路和资源。"主持本次座谈会的防空团宣传股长刘同江说："通过高校与军队的共建，我们也为军人形象的树立找到一个好的宣传途径。通过共建合作，打造强军文化，激发强军精神，是我们的共同目标。"

（三）育人为上，扎实堡垒，做好红色共建

对于实践团而言，这次军营之行，有着一个重要的理论任务：他们要从军队和高校——当代青年发展的两大关键平台对比中，为青年发展寻得一条普遍的路径。通过调研，实践团发现党员教育和支部建设在其中起着关键的作用。

在实践团推动下，南开大学哲学院的学生党员与防空团的战士们共同听取了一堂特殊的党课。马克思主义学院肖光文副教授作"迈向强军

新征程"主题讲座，会议室里围坐着聆听讲座的哲院学子，而在遥远的南疆，战士们整齐地坐在广场上，听取屏幕中的报告解读。不同于平日理论学习的新形式，不同于军队主官解读的新视角，战士们听得入神，听得津津有味。

而党员教育绝不仅仅是理论输入，更重要的是通过"输出"，让党员将所学所获内化于心。为加快学习成果转化，实践团参与防空团特色党日活动"强军思想朗读者"，见证战士们通过演讲、组诗朗诵甚至是话剧等形式展示的学习心得。田佳佳代表实践团参赛，朗诵自己创作的文章《你好，来自象牙塔向烽火台的致意》："今天，我们来到这里，要将支部共建的桥梁搭起，跨过山河湖海的距离，超越时间和空间的界限，让生命的宽度与广度，蔓延到另一个群体的生命里。通过这些日子的相处，我们成为战友，成为同学，成为亲人，生活在共同的穹顶之下，我们同呼吸，共命运；通过我们之后的努力，青年人成长的两个维度能够逐渐弥合，我们共同经历青年都会经历的痛苦和迷茫，重新审视和直面自己的选择，成为人生路上的同行者，共同铸就钢铁般坚定的意志和心灵，共同见证最前沿的理论和思想如何迸发出创造的火种。"这正是实践团此行的目的，也是时代赋予高校和军营中青年人的使命。

防空团政治处主任李冰对本次活动给予高度评价："同龄人思想碰撞交流所产生的火花，是青年党员进步的最佳动力。南开大学的学子们深入军营，搅活并改变官兵对政治教育枯燥呆板的感受和印象，感谢他们的工作，也期待一个繁荣的新图景。"

三、经验启示

实践团事迹已获《解放军报》、中国军网、凤凰网等多家媒体广泛报道。后续，南开大学哲学院将继续携手军事训练标兵连，建设青年共育新机制，将两个平台的育人成效落到实处。

爱国主义教育在青年群体中的传播，需要与青年发展的实际相结合。青年思想政治教育，本质上是将主流的意识形态和价值观念传播给青年，使其理解、认同、接受，进而付诸实践的过程。习近平总书记强调，以青年为本，就是要尊重青年，竭力满足青年的需求，保障青年的利益，为青年的成长成才服务。高校与军营青年培养体系优化进步，表现为满足青年人基本的生理、尊重、社交和安全的需要，进而满足人自我实现的最高需要。让教育及服务工作满足于青年的学习、就业、婚恋、社会参与等多方面、多层次的精神文化需要和成长成才的利益要求，才能开启关爱青年、助力青年成长的成功之门，开启"小我融入大我"的进阶之旅。

四、深入思考

（一）爱国主义教育要融入"五育融合"体系，培养"公能兼备"的青年才俊

在实践团调研过程中，来自学校的思想政治辅导员，与作为连队政治主官的指导员有许多共同话题。他们认为，在谈及青年教育"五育融合"问题时，高校和军营都应对"融合"一词的话语体系进行反思，以确保其工作符合党中央对于高校教育的全局部署。从历史上来看，在我们长期的高等学校教育实践中，德智体美劳五育显现出一种不平衡的发展态势，落实到学生的成长路径上则显现出"偏科"的表征，重文化课程建设，轻素质能力培养，成了高校教育亟须解决的问题；而在军营，则存在着文化

课程支持力度不足、素质能力培养深度不够的问题，亟需丰富的师资补充支援。2018 年，习近平总书记在全国教育大会上明确指出，"要努力构建德智体美劳全面发展的教育体系"，这让教育工作者在开启"五育融合"的讨论时，不仅仅要将视角投入到五育发展的细枝末节，更要反身思索，去思考教育的本质为何，如何用理想信念教育引导青年的价值追求，如何激活青年对知识的好奇、对他人和社会的关切，如何去形成对幸福人生的追求，成为身心和谐的现代人。这一命题绝

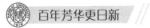

非简单拆解成五个部分可以回答，更需要我们在思想政治引导上下苦功夫。

（二）爱国主义教育形成"全过程育人"纽带，红色基因影响青年一生

在实践团和连队的共建中，双方达成了一个讨论共识：爱国主义教育为全过程的育人理念提供连接纽带。在倡导"大中小学思政一体化"的当下，青年教育更要把德智体美劳的培养视作一个连续的不可中断的过程，向前延伸至学生的基础教育，向后则要与职业教育相衔接，让五育的教育体系贯穿在育人的全过程，让青年在人生成长的各阶段都接受到连贯的培养。而在这一过程中，爱国主义教育可以成为串联各环节的红色纽带。以中国共产党人的精神谱系为例，它并非已完成的乐章，而是具备强大生命力，且仍在持续更新进展。当青年在任一人生阶段接受精神谱系教育后，他掌握的就不仅仅是固定的知识，而是一种学习的态度、方法以及处世的价值观，形成对精神谱系的认同和跟从。这将在不同的教育阶段形成一套共同的话语体系，从而令爱国主义教育的思想融入这套话语体系，形成教育过程的有序衔接、循序渐进，同时根据不同阶段青年身心发展特点，设计出符合青年需求的培养体系。

当代青年教育面临多重任务和复杂的现实环境，作为思想政治教育工作者，更应善于理顺多重线索的头绪，把握教育的根本任务，将工作做通落实。爱国主义教育蕴藏着巨大的能量亟待挖掘，教育工作者更应把握理想信念教育的关键时间点，为青年寻找最适宜的教育方法，实现"教书育人"方式的时代转型。

（田佳佳，南开大学哲学院）

金曲传唱强国梦 红歌创演展豪情

——以"师生四同"新时代红歌创演厚植爱国主义情怀

同呼吸MV成片

引 言

"拂去岁月厚厚的封尘，敞开心的世界记忆的闸门……"天津市蓟州区，2021 年 7 月，南开大学爱乐音乐协会师生前往当地多处红色资源现场教学点，为改编红歌《追寻》MV 进行取景拍摄。在拍摄过程中，同学们深刻体会到祖国发展日新月异、综合国力不断攀升、人民安居乐业的幸福光景，这都是中国共产党百年历程、千秋伟业的集中展现。

参观学习中，师生了解到在盘山的土地上，就有 2852 名烈士在抗日战争、解放战争、抗美援朝战争以及新中国成立后为保护国家和人民生命财产安全而牺牲。师生在蓟州区盘山烈士纪念碑下庄严肃立，感受这流淌在中华大地上的浩然英雄之气。

录音棚中，指导教师针对同学们发声、咬字、断句、情感演绎等方面进行业务指导。师生怀着敬意，共同完成歌曲演唱录制。改编后的《追寻》与《国际歌》进行混声处理，既有追寻共产党、新中国之意，也有追寻共产主义、幸福生活的意味。

一、背景情况

党的十八大以来，党和国家高度重视大学生美育工作，强调"以美育人""以文化人"培育"时代新人"。《关于全面加强和改进新时代学校美育工作的意见》指出，美育是审美教育、情操教育、心灵教育，也是丰富想象力和培养创新意识的教育。

在革命战争年代、社会主义建设年代、改革开放年代，许多宣传革命、赞颂党和祖国、讴歌新时代的歌曲作为经典传唱着中华民族的精神追求，传承着中华儿女爱国报国的信念追求。红色歌曲在长时间的流传、推广过程中，其自身具备艺术性、群众性、民族性、时代性等美学元素。在高校思想政治工作中，红色歌曲能发挥巩固青年理想信念、增强政治使命感和社会责任感、提升审美情趣和思想道德水平等育人功能。

在新时代，充分发挥红色歌曲的育人功能，以红色歌曲的创作演唱作为培养学生理想信念、爱国报国的精神和社会责任感的载体，是增强大学生社会责任感和使命感的有效途径，是高校思想政治工作中非常重要的组成部分和宝库资源。近年来，爱乐协会连续开展了多种形式的红色歌曲创编演唱等活动，旨在引导学生牢固树立文化自信，厚植爱国主义情怀。

二、主要做法

（一）挖掘南开美育资源，传承南开爱国传统

南开系列学校具有悠久的美育教育传统和深厚的美育资源基础。新

时代，南开大学为更好地推进"公能"素质教育，强化"以文化人、育人兴文"的文化育人理念，连续多年在开学典礼、毕业典礼上设置红歌教唱环节，增强爱国主义教育的仪式性、浸润性和生动性。案例主持人受邀担任典礼红歌教唱任务，多年来，累计教唱《我和我的祖国》《毕业歌》等红色歌曲受众达 4 万多人。南开大学对于美育的重视和红歌传唱的氛围营造，为本案例的成功提供了重要的环境基础和保障。

（二）从第二课堂引入，培育激发学生兴趣

案例主持人依托"雅韵电光美育课堂"，以"立公增能，求美育己"为目标，以文化艺术学习、实践为主要内容，激发、引导和培育学生发现美、感知美、创造美。开设红歌经典艺术实训，品鉴并教唱红歌，如《中国音乐 70 年》《中国流行音乐 40 年》《红色文化自信之红歌鉴赏传唱》，在课堂上通过梳理中国红歌产生、发展的历史脉络，典型红歌案例的鉴赏分析，以及组织学员进行新时代红歌的改编创作，激发大学生对红歌传承、传唱的兴趣和实践。

（三）创立社团增活力，红歌快闪唱经典

在第二课堂的引导孕育下，学生自发组建南开大学爱乐音乐协会，本案例主持人担任社团指导教师，师生共同开展红色歌曲创演实践。协会充分利用自身较高的音乐素养、现场表演能力和高校社团在学生思想政治工作"第二课堂"教育中的重要作用，以"文化育人、思想立身"为指导思想，连续多年开展"红歌快闪进校园 青春相逢中国梦"主题活动。精选《我的祖国》《中国军魂》《人民军队忠于党》等红色歌曲，通过"原创编曲、串烧快闪、现场奏唱"的新颖形式，用当代学生喜闻乐见的大众流行音乐的表现形式合奏串烧表现出来。在创作角度方面，通过原创、改编等音乐创作进一步推动红色歌曲的创新发展，让红色歌曲永葆生命力。在演出形式方面，突出沉浸式、群众性，活动以出其不意的"快闪"形式在学校人流密集的开阔场地开展，吸引众多师生驻足观看。观众也可直接参与演唱，提高参与度和获得感。"红歌快闪"活动被团中央关注，由团中央微博直播，观看量破万。

（四）"师生四同"创经典，服务大局勇担当

2019 年 1 月，习近平总书记视察南开大学、视察天津市朝阳里社区。社团在 2 月受邀来到朝阳里社区，以原创歌曲唱奏参与社区新春慰问，发挥了高校学生社团服务城市建设的良好作用。2020 年，天津市在创建文明城市中，为进一步响应总书记号召，建立"新时代文明实践站"，社团来到津南区双新街社区参与老年大学的指导授课并编排合唱曲目。该项目荣获 2021 年度学雷锋志愿服务"六个一批"先进典型荣誉称号。

2020 年，为向奋战在抗疫一线的英雄们致敬，表达南开人祝福祖国、勇于担当的精神风貌，社团师生共同创作演唱战"疫"歌曲《同呼吸》并录制 MV。歌曲以团结奋战为创作主题，以"同呼吸"为关键词，表达疫情之下，全国人民心手相连，同呼吸、共战"疫"的感人画面，歌颂了不惧风雨、守望相助的真挚情感。社团师生在创作之初即确定歌曲风格和基调走向为既要温暖人心，又要激情豪迈、奋发昂扬，起到鼓舞人心的作用。在歌词创作方面，为便于传唱，突出简洁有力、朗朗上口，通过意象铺排和比喻抒发情感。在歌曲创作方面，音域跨度广，富于张力，旋律积极阳光，前期温情后而昂扬，如汇川纳海、层层递进，体现南开人对抗击疫情的必胜信念和奋战拼搏的担当。歌曲间奏由南开校歌旋律改编而来，饱含南开精神和南开祝愿。词曲创作、演唱混音和视频创作全部由南开大学爱乐音乐协会非专业学生独立完成。特殊时期，不具备专业设备，参与创演的师生居家进行了一次"云接力"，经过反复推敲、熬夜赶工，只用 7 天的时间就高质量完成了作品。师生共克时艰、全情投入，为英雄的中华儿女加油鼓劲！

歌曲创作完成后，在校内外网络平台上引起广泛关注和影响。新华社、学习强国、共青团中央、天津电视台、津云等平台均报道和转载《同呼吸》MV。原版音乐已在 QQ 音乐、网易云音乐公开发表。

（五）打造"行走的红色课堂"，祖国大地唱响时代青音

由社团骨干组成的"红歌新唱"暑期"三下乡"师生同行社会实践队，赴蓟州区革命烈士陵园开展纪念采风活动，并拍摄录制红色歌曲《追

寻》MV，在当地开展《音乐党史课》和社区红歌展演，受到广泛好评。

同时，社团也将"红歌支教"搬到了南开大学扶贫定点单位——甘肃省庄浪县小学，连续多年赴庄浪开展"三下乡"暑期实践活动，为当地小学生开设美育课堂、传唱红歌，丰富当地孩子的精神世界，并将爱国的种子扎根在贫困地区儿童的心中。

（六）线上浓郁爱国情，红歌唱响"微"时代

利用新媒体及时开展线上线下互动模式构建及文化推广，在线上推出个性化文艺作品展览展示，开设《声动中国》专栏，定期推送爱国主义歌曲创作与艺术鉴赏，挖掘历史、探索创作背后感人的故事等，营造育人氛围，实现浸润式美育陶冶的效果。同时，入驻微博、抖音等当代青年较为活跃并关注的网络领域，开展全媒时代下的红歌文化传承、展示和交流，拓展影响力。

三、经验启示

入主流，上大舞台。爱乐协会成立 5 年来，连续 3 年荣获南开大学十佳社团、社团团支部，原创音乐作品登上第 33 届全运会舞台及新华社、学习强国、团中央媒体平台，作品受关注度超百万，代表学校多次参演省级大型演出，包括全运会火炬传递、团市委主办"庆祝新中国成立 70 周年主题音乐节"、河北省宣传部主办庆祝建党 100 周年主题红歌 MV 录制、天津市轨道交通集团庆祝建党 100 周年主题文艺演出等，在社会及南开文艺青年群体中具有一定知名度和影响力。社团事迹获评 2021 年天津市爱国主义教育优秀案例，社团参与社区服务项目荣获天津市 2021 年度学雷锋志愿服务"六个一批"先进典型荣誉称号。

做强文化品牌，重要时间积极发声。经过多年实践，爱乐产生的品牌文化活动包括"红歌快闪""音乐党史课""慰问校园劳动者晚会""南开新说唱"等，积极参与南开大学"梨园春荟"活动，助力校园文化繁荣。与此同时，爱乐协会在全运会、抗"疫"、迎庆新中国成立 70 年、建党百年等重大事件和时期中均积极发表原创作品，截至目前已产生《青春相逢中国梦》《星空》《同呼吸》《天南路北》《追寻》《青春之我》等原创歌曲，体现了社团强大创作能力，展现了南开青年弘扬正能量，积极发挥高校社团服务国家、社会和青年的作用，社团形象及社会声誉良好。

联动一、二课堂，积极实践有活力。依托社团文化实践产生南开大学文化素质类课程《流行音乐赏析与实践》，进一步宣传拓展社团辐射面、挖掘音乐人才、服务素质教育，课程热度较高、评价较好。同时，课程实践作业与社团活动密切联动，选课同学可参与红歌新唱社会实践，互为补充。爱乐协会是南开目前规模最大的音乐类社团，累计吸纳会员超千人，产生青年乐队 20 支，是南开大学重要青年音乐阵地。

强化研究创新，助力社团建设。以社团为案例产生论文一篇，入选全国大学生使命教育论坛文集，为相关课题研究和创新美育工作提供研究和借鉴素材。

四、深入思考

一是适应新时代新青年对新文化的需要。美育是当前我国教育方针中的重要促成部分，是在互联网时代、消费性社会、快节奏生活、高压力状态中激扬学生感性，丰富学生情感，激发和保持学生直觉力、创新力、生命活力的根本之策，也是学生身心健康、塑造完整人格、全面发展，成为堪当民族复兴大任的必要手段。以红歌创编为形式的美育教育，一方面突出以音乐为载体类型的艺术手段对学生情感的激发、抒怀，另一方面以思政元素浓郁的红歌创编为媒介对象厚植爱国主义情怀。

二是满足新形势下爱国主义思想文化传播创新的需要。融媒体时代，爱国主义思想文化传播需要面向青年人的行为特点和文化需求，以更为新颖活泼的形式开展。"红歌快闪""红歌改编""红歌新唱"等以原创文化突出当代爱国主义教育的创新力和生命力，促进新时代青年爱国的新表达。同时，以融媒体的方式拓展传播覆盖面、提升互动效果，进一步提升文化传播效力。

三是以"师生四同"模式，提升文化传承的温度、深度、热度、效度。第一，充分发挥课堂教学作用，梳理总结新时期红色经典育人元素，运用鉴赏、视听、演唱、小组讨论展示等不同形式，准确运用红色教学案例，不断提升教育效果，积极引导学生践行新时代青年爱国之声的表达。第二，充分发挥二课堂辅学作用，以"红歌快闪""素质讲堂"等丰富活动，教师深入参与红歌创编，实现师生同创共唱，共同创作演绎作品，增强教师在爱国主义教育方面的引导力。密切联动一、二课堂，激发文化实践的活力。第三，积极指导学生唱红歌、讲红歌，组建红歌宣讲创演队，从歌曲名录到声音表达均予以细心指导，打造精品活动，让学生在演绎经典、创造新经典的实践中深刻理解党和国家的历史，增强"四个自信"。第四，深入开展美育服务基层的社会实践活动，打造"行走的红色课堂"，进一步提升认同感、自豪感和价值感。

基于目前所做的美育教育尝试，还有较大提升和完善的空间。

第一，美育工作典型经验需要进一步提炼总结。项目实施以来取得一些成效，但案例整理、论文研究、学术研讨等总结提炼和深化还有待提升，也缺少与同类院校的工作借鉴与交流，需要进一步提升项目的科学化水平。

第二，美育优秀个人选拔有待加强。项目实施以来涌现出一批美育优秀人才，但总体而言培养选拔机制尚不完善，未来将尝试在项目培训授课、组织管理、反馈调研等环节吸纳学生共同参与，凸显学生在美育实践创新中的主体性。

第三，社会资源融合度不足。项目思路中提出开展富有地域特色的审美实践，项目组虽与天津大剧院等建立合作，但总体而言社会资源利用率不高、共建单位规模小、合作形式较单一，有待挖掘和创新。

（潘麒羽，南开大学商学院）

沉浸式爱国主义教育党史学习系列活动案例总结

引　言

　　一直以来，如何做好党员的学习教育工作，如何获得良好的教育学习效果，都是党建工作人员所面临的实际问题。在党史学习教育中，我们在支部层面尝试创新方式，开展了具有沉浸式体验的爱国主义教育活动，通过丰富多彩的活动和下沉式的体验充分提高党员的教育学习效果。

一、背景情况

党的十八大以来，以习近平同志为核心的党中央高度重视爱国主义教育，固本培元、凝心铸魂，作出一系列重要部署，推动爱国主义教育取得显著成效。在 2018 年的全国教育大会上，习近平总书记就强调过著名教育家、南开创始人张伯苓在开学典礼上的"爱国三问"："你是中国人吗？你爱中国吗？你愿意中国好吗？"，称其为历史之问，更是时代之问、未来之问，并号召全体党员要一代一代问下去。那么，在回答"爱国三问"之前，我们可能还必须回答的问题是："你了解中国的历史吗？你了解中国共产党的历史吗？"2021 年 2 月，习近平总书记在党史学习教育动员大会上做出了动员和部署前行方向。2021 年 3 月，南开大学召开了党史学习教育动员大会，组织各单位认真学习贯彻习近平总书记重要讲话精神，动员全校开展党史学习教育活动。药物化学生物学国家重点实验室隶属南开大学药学院分党委，目前共有 2 个教工党支部、2 个学生党支部。其中，国重实验教师系列党支部包含了国重实验室正式编制的全体教师和实验技术系列的教工党员，目前共有正式党员 19 名，其中"双高"党员 8 名。在此次党史学习教育活动中，党支部围绕学院党委的领导，树立正确党史观，丰富学习形式，积极联系学生，紧跟时事热点，组织了一系列以沉浸式爱国主义教育形式为主的党史学习活动，尝试了一些方式创新，获得了较好的教育效果。

二、主要做法

（一）突出南开特色，学习青年楷模

南开大学是百年名校，南开大学的发展历史本身也是一段爱国主义教育史，有提出"爱国三问"的南开创始人张伯苓校长，有无数优秀的爱国师生校友。众所周知，周恩来总理年少时曾在南开求学，青年周恩来的优秀事迹不仅是大学生、青少年学习的榜样，同样是我们青年教职工要学习的楷模。2021 年 9 月 10 日，在药学院党委的大力支持下，国重

实验教师系列党支部组织了以"缅怀革命先驱重温革命历史"为主题的周恩来邓颖超纪念馆（以下简称"周邓纪念馆"）参观学习活动。

周恩来同志是伟大的无产阶级革命家、政治家、外交家和军事家，中华人民共和国的开国元勋之一，他从少年时代就立下志向"为中华之崛起而读书"。学生时代，他辗转国内外求学，组织学生发起爱国运动，为山河破碎的祖国寻找救国之路。周恩来同志在青年阶段就确立了共产主义信仰，于1921年加入中国共产党八个发起组之一的巴黎共产主义小组，成为中国共产党创建人之一，从此矢志不渝地走上了为人民谋幸福、为民族谋复兴的道路。邓颖超同志是伟大的无产阶级革命家、政治家，著名社会活动家，坚定的马克思主义者，中国妇女运动的先驱。她少年时就立志救国，曾发出"振起精神，谋国家之进步"的誓言。后来，青年邓颖超与周恩来共同组织青年进步团体，投身爱国运动。1925年3月，邓颖超同志加入中国共产党，成为一名忠诚的共产主义战士，自此，她勇于探索、不懈奋斗，经受住各种艰难困苦的考验，为中国革命、建设和改革事业毫无保留地奉献了自己的一切。

主题参观作为一种传统的学习教育形式，依然具有很好的仪式感与代入感。通过与一件件历史藏品、一封封亲笔书信的隔空对视，我们可以近距离地感受到革命前辈当时的艰难缔造，也很难不被他们舍身忘我的革命精神所感染。通过这次参观学习活动，我们支部的青年教师们学习了青年楷模周恩来与邓颖超同志的卓越事迹，重温了老一辈革命先驱为了我党和革命事业矢志不渝、死而后已的革命情怀，同时也了解到他们从少年和青年就立下远大志向，为了爱国和救国所树立的崇高的世界观、人生观与价值观，这也是我们作为教师在立德树人、为党育人、为国育才的过程中应该传承与发扬的精神。

（二）创新方式方法，沉浸式体验学习

在全党开展党史学习教育的过程中，习近平总书记指出，要注重方式方法创新，克服形式主义、官僚主义，不断增强针对性和实效性。因此，在2021年10月12日，我们党支部联合马克思主义学院2020级硕士生新民班党支部举行了一场生动、有趣、富有教育意义的红色剧本杀体验活动，活动得到"红传思政"大学生创新创业团队的充分支持，选取以我国抗日战争时期为背景的《兵临城下》剧本杀为脚本，组织支部党小组成员通过角色扮演的形式，沉浸式体验和学习那段历史，获得了良好的教育效果与群众反响。

"剧本杀"是近年来涌现出的一种集知识属性、心理博弈以及社交属性为一体的演绎式娱乐项目，它以具体故事背景为支撑，以玩家角色扮演为形式，具有非常强的故事沉浸感与体验感。我们邀请了专注于红色剧本杀服务的"红传思政"学生创业团队来合作，采用了一个抗日战争年代的真实故事，组织支部党员以角色演绎的方式，下沉到抗日战争的历史中，在故事展开与解谜的过程中，以小见大地完成了抗战历史的教育学习过程。通过此次沉浸式党史学习教育活动，党员老师们不仅深切感受到了抗日战争中百姓生活的水深火热、抗战胜利所付出的惨烈牺牲，而且亲身体会到英雄们舍家为国的抉择不易、和平年代幸福生活的来之不易。

（三）紧跟时事热点，学习抗美援朝精神

2020 年 10 月 23 日，习近平总书记在纪念中国人民志愿军抗美援朝出国作战 70 周年大会上发表了重要讲话，高度评价了抗美援朝战争的伟大胜利：伟大的抗美援朝战争，抵御了帝国主义侵略扩张，捍卫了新中国安全，保卫了中国人民和平生活，稳定了朝鲜半岛局势，维护了亚洲和世界和平。在过去的一段时间里，对于很多学生和青年教职工而言，对志愿军的印象还只停留在教科书上的"谁是最可爱的人"。但是，伟大的抗美援朝精神跨越时空、历久弥新，必须永久传承、世代发扬。2021年 9 月 30 日，革命历史题材影片《长津湖》上映，这是一部具有爱国主义教育意义的红色主题电影。因此，我们支部响应学校党委组织部和宣传部的号召，在药学院党委支持下，组织支部党员去电影院观看了爱国主义教育影片《长津湖》。

主题观影一直以来都是一种比较受党员欢迎的爱国主义教育形式。

老师们走进影院，全身心地投入影片的观看中，跟随主角人物变换视角，更加可以体会到战争的残酷，以及志愿军的钢铁意志。许多老师在观影过程中都被志愿军战士的英勇无畏的精神打动，忍不住流下了眼泪。通过这次主题观影，支部党员对抗美援朝战争的历史有了更多了解，体会到志愿军为了祖国和民族的尊严而奋不顾身的爱国主义精神，英勇顽强、舍生忘死的革命英雄主义精神，不畏艰难困苦、始终保持高昂士气的革命乐观主义精神，为完成祖国和人民赋予的使命、慷慨奉献自己一切的革命忠诚精神，为了人类和平与正义事业而奋斗的国际主义精神。

三、经验启示

一是贯彻党的领导。习近平总书记说过："只有坚持爱国和爱党、爱社会主义相统一，爱国主义才是鲜活的、真实的。"同样的，在爱国主义教育中，我们要坚决贯彻党的领导，响应党组织的各项路线、政策、方针和要求。总书记还曾说过："新时代更需要继承发扬以国家民族命运为己任的爱国主义精神，更需要继续发扬以爱国主义为底色的科学家精神。"药物化学生物学国家重点实验室作为一个科学研究机构，在党的领导下，将个人发展与国家需求相结合，真正做到在立德树人、为党育人、为国育人的过程中贡献力量。

二是结合南开特色。南开大学具有百年发展历史，孕育了无数英才与雄才，其中最为卓著的当属"人民总理周恩来"。周恩来总理为了新中国的解放和建设，呕心沥血、辛劳一生，邓颖超同志的青少年时代是在天津度过的，他们在这里相识、相知、相爱并共同走上了革命道路，为了解放新中国、传播革命思想、探索救国真理。周邓纪念馆建馆于1998年2月28日周恩来诞辰百年前夕，陈列展览主题突出，生动再现了周恩来、邓颖超两位伟人光辉灿烂的一生，尤其是他们年少立志救国的历程，对立德树人，帮助学生树立爱国主义的世界观、人生观与价值观都很有教育意义。

三是密切联系学生。高校以教育学生为主要任务，学生同样是高校各项工作的主体。近年来，南开大学校党委积极推进师生支部进行共建，也打开了教师党支部的一些工作思路，借鉴学生党建或平台的一些年轻化的模式，对已有的爱国主义教育方式方法进行创新，既拉近了师生之间的距离，同时也丰富了教育的手段，增强了实质的教育效果。

四、深入思考

本次案例总结是对支部开展爱国主义教育党史学习系列活动的经验总结，对于教职工党支部的学习教育活动具有一定的借鉴和推广意义。考虑到教师的教学科研任务较重，因此支部在开展工作中要贴近教师们的需求，开展一些丰富多彩又具有教育意义的活动，增强沉浸感与体验感，让老师们愿意参与到支部的活动中来，并在活动中真正有所触动，切实增强爱国主义教育的实质效果。

（郭爽，南开大学药物化学生物学国家重点实验室）

心声唱给党 报志爱国行

——以《青莲紫 石榴籽》助力新时代爱国主义教育

引　言

2021 年 7 月 1 日，中国共产党成立 100 周年纪念日，一支献礼建党百年的原创歌曲 MV《青莲紫 石榴籽》重磅发布。"莘莘学子，济济堂堂；允公允能，蹈励发扬；日新月异，科教腾骧；猗欤南开，宏业无疆。"来自 5 个民族的 12 名南开学子，历时 6 个月的创作，用一句句歌词唱出了对党的深情告白。歌曲节奏铿锵、富有张力，旋律优美动听、朗朗上口，具有很强的感染力和感召力，彰显出新一代南开学子正当青春的浩然正气，传递了继往开来的力量，激励南开人在新的百年征程中敢于担当，胸怀祖国。

一、背景情况

爱国主义是中华民族的民族心、民族魂，是中华民族最重要的精神财富，是中国人民和中华民族维护民族独立和民族尊严的强大精神动力。习近平总书记曾多次强调，要在厚植爱国主义情怀上下功夫，让爱国主义精神在学生心中牢牢扎根，教育引导学生热爱和拥护中国共产党，立志听党话、跟党走，立志扎根人民、奉献国家。

高等学校肩负着培养德智体美劳全面发展的社会主义事业建设者和接班人的重大任务。如何在青年学生形成世界观、人生观、价值观的重要时期，开展好爱国主义教育，是当前高等学校需要研究的重要课题。而南开大学向来以"光荣的爱国主义传统"为魂，值此建党百年之际，我们创新方法，探索新路径新模式，以创作歌曲《青莲紫 石榴籽》，拍摄 MV 的方式响应新时代爱国主义教育。

二、主要做法

（一）聚焦主题主线——感悟百年党史 坚定爱国信念

在 1935 年的南开大学始业式上，张伯苓老校长面对全体南开师生发出了著名的"爱国三问"，这既是历史之问，也是时代之问、未来之问。此后一代代南开人不断重温这质朴厚重的"三问"，用"世纪之答"发出新时代最强音。《青莲紫 石榴籽》词曲虽长度有限，却回顾了党百年发展历史中数个重要的节点，其中包含的深沉爱国情怀与坚定理想信念是无限的。我们希望歌曲的创作、传播、反馈这一过程能够激励青年学生把爱国之情更好地转化为报国行动，引导青年学生树立远大理想，牢固树立"四个意识"、坚定"四个自信"、做到"两个维护"，切实发挥高校在爱国主义教育方面的作用，引导学子感悟百年党史，坚定爱国信念。

（二）谱写民族团结进步——各族学子 共唱心声

民族工作，关乎大局。建党百年之际，鉴往而知来，继往而开来，正当其时。2021 年 8 月 27 日至 28 日，第五次中央民族工作会议在北京召开，习近平总书记发表了重要讲话，提出要站在实现中华民族伟大复兴的战略高度，以铸牢中华民族共同体意识为主线，做好新时代党的民族工作。铸牢中华民族共同体意识，就是要引导各族人民牢固树立休戚与共、荣辱与共、生死与共、命运与共的共同体理念。习近平总书记的讲话，站位高，立意深，具有鲜明的理论性和实践性，是我们做好新时代党的民族工作的根本遵循，是全国各族人民、全体中华儿女的热切期盼。《青莲紫 石榴籽》的指导老师、作曲者、作词者及演唱者来自多个民族，他们共同谱曲作词，创作出这首献礼歌曲，体现了多民族师生的交流交往交融，更是南开大学为推动各民族师生坚定对伟大祖国、中华民族、中华文化、中国共产党、中国特色社会主义的高度认同，不断推进中华民族共同体建设做出的努力与贡献。

（三）奏响爱国之歌——填词作曲 妙笔生花

1. 迸发创作灵感——思想碰撞 一拍即合

南开大学有一群热爱原创音乐的学生，他们以歌记录生活、歌颂南开。2021 年是中国共产党成立 100 周年，来自 5 个民族的 12 名南开学子以"庆祝建党 100 周年"为主题，受歌曲《飘向北方》启发，创作全新形式的说唱风格原创歌曲，献礼建党百年，在歌曲中体现南开园中各民族学子的团结进步。

2. 明确创作方向——字斟句酌 千锤百炼

从无到有，从一张白纸到设计好歌曲的结构框架、歌词重心与和弦走向，邓旭、郭子昂、吾木提、张百熙、郑懿洋等同学专注于说唱编写，陆怀瑾和李伟同学倾情创作副歌。仅第 1 版 1200 余字的歌词和第 1 版编曲小样制作就历时 1 个月。

同学们查阅了习近平总书记关于民族团结进步工作的讲话，天津市、南开大学相关文件，将历史和当代青年的奋斗尽可能融合起来。张晨同学更是从文学内涵和句间押韵两个方向对歌词进行打磨。终于，在创作团夜以继日的努力下，经过 13 版修改，1400 余字的《青莲紫 石榴籽》歌词在 5 月 6 日得以定稿。

3. 拍摄音乐短片——录音取景 交叉剪辑

同学们克服困难，跨校区多次共同排练、多次录制，在歌曲的高度基础上，给予作品更多的动态和活力。音乐短片大量采用了运动镜头和"快节奏镜头交叉剪辑"的手法表现说唱的张力，增强视觉体验与冲击力。

4. 完成全部创作——精诚所至 金石为开

定稿歌词综合考虑编曲、旋律、内容、韵脚、旁白等方面，共分为四个段落。

第一部分立足于"南开学子"的身份，描述了南开学子潜心笃志，回首百年征程与初心，传承发扬"知中国，服务中国"的精神，共同歌唱新百年。

第二部分以南开"爱国三问"为核心，在坎坷与荆棘中不忘初心、砥砺前行，方成就了今日巍巍南开的华光，充分刻画了"河海泱泱，立学启庠"、不断求索、越难越开的精神。

第三部分追溯了新中国成立前后的重大历史事件，通过关键事件，概括青年人笃志求索的身影，献礼党的百年光辉。"国之重器，上天入海，探索苍穹；超级工程，攻坚克难，刷新纪录；中国智慧，走出国门，惊叹世界。"祖国的科技成就凝练于 9 个四字词语，低沉厚实的声音正如祖国科技稳重前行的发展之路，让人听后热血沸腾、振奋人心。

第四部分将歌词提升到新的高度，升华全曲情感，体现了来自全国各地各民族学子的共同愿景："泱泱大国，文明风影相隽永；巍巍华夏，朝气梦想竞绽放。"无论我们身在何方，初心永不会忘，带着踌躇满志追寻共同的梦想迈向远方，我们中国人团结在一起共同谱写时代的华章。

副歌部分作为整首歌曲的核心，豪情挥洒、磅礴大气，"万流入江河，同血脉共期待"，来自祖国不同地方的学生血脉相同，南开的青莲紫孕育了我们共同的愿景和期待。"以己为舟济苍生"，我们传承着历史的厚重，也攥紧了民族团结的双手，铿锵的副歌表达出我们要和母校、祖国一起奋斗的心声。

音乐短片拍摄过程中，同学们在南开大学多处标志性建筑前取景。

在思源堂前回首、在总理像前展望，看见的是先辈留下的身影，心中燃起的是接过这棒接力棒、承先人之路继往开来的决心与斗志。闪过眼前的建筑，配着振奋人心的歌词，让人热血沸腾。

终于，经过 6 个月时间的精心打磨，2021 年 7 月 1 日，一部完整的作品——《青莲紫 石榴籽》在南开大学视频号上发布。

（四）创新路径模式——以歌为载 线上传播

习近平总书记曾指出，高校的爱国主义教育要创新方式。一是要采取新的教育方法。教育好新一代青年学生，既要做好正面的宣传教育，也要注重利用他们能够接受的方式方法，特别是要把显性教育和隐性教育结合起来，把爱国主义教育融入教育的全过程，做到春风化雨、润物无声。同时，也要更好发挥青年学生的主体作用。此歌曲的创作主要由学生完成，充分发挥了学子的主观能动性。歌曲朗朗上口，旋律节奏强，结合了年轻人喜欢的说唱，使得其接受度很高，教育的吸引力和感染力强。二是要利用新的技术手段。新一代青年学生是伴随着互联网发展成长起来的，其思维逻辑、沟通方式、情感表达无不与互联网的发展紧密相关。开展爱国主义教育，需充分考虑这一现实情况，注重线上与线下相结合，充分利用各类新技术让爱国主义教育生动起来。《青莲紫 石榴籽》音乐短片在南开大学多个社交媒体上发布，全网播放量超过 20 万，有效发挥了网络的优势，除了南开大学内部传播以外，也对众多其他高校学子与社会人士产生了影响。

三、实施效果

（一）理论价值

歌词的理论价值较高，通过对歌词的解读可以了解到党的百年发展史。从 1921 年先辈"不畏列强不畏军阀牢记使命心如玄铁"写起，描绘了红军长征"希望散播似火燎原，红军不怕远征难"、改革开放"轻轻一笔圈出经纶济世"、港澳回归"港澳回归洗雪百年耻辱"、北京奥运"零八奥运世纪呼唤，圣火熊熊点燃"，直至抗击疫情"英雄捍卫着生命的庄严"。其中每一个事件都值得歌曲的聆听者仔细探究，感悟每一个事件背后的中国力量与中国精神。

（二）实践意义

创作歌曲，拍摄音乐短片的爱国主义教育方式具有较高的实践意义。首先是它能够发挥学生的主体作用，激发青年学子的爱国情怀，让学生在这一过程中获得成就感与收获感，进而去带动其他人参与到爱国行动当中。其次是方式具有创新意义，贯彻了创新爱国主义教育方式的要求，也为其他高校探索了道路。

（三）收获奖项

此作品获得了由中国教育电视协会举办的"高校影视作品交流展映"综艺类一类奖（该奖项的最高级别），产生了良好的效果与积极影响，具有一定的示范意义和推广价值。

四、深入思考

（一）如何让爱国主义教育具有南开特色

南开大学建立于 1919 年，历经了战争与和平、改革与开放，其中无数的南开故事都值得作为爱国主义教育的依托。南开历史上贤人辈出，无论是"不忘初心、坚守信仰的杰出楷模"周恩来总理，抑或是"为有牺牲多壮志"的于方舟烈士，还是被追授"两弹一星功勋奖章"的郭永怀先生，这些伟人的事迹都是爱国行动中的南开色彩。

（二）如何让爱国主义教育不拘泥于理论

除开设爱国主义教育专题讲座以外，应积极开辟爱国主义教育校外课堂，如组织学生进行生产劳动、社会实践等，增强学生对工农兵的感情与对国家的责任感，做到在爱国中身体力行，理论与实践相结合。

（三）如何让爱国主义教育更具吸引力

针对青年的特点，可以运用影视、书刊、音乐、话剧、美术作品等形式，为学生提供更加丰富、生动的爱国主义教育，也可结合重要节日、纪念日等，增加教育的氛围感。

（麦尔旦·吐拉江，南开大学党委学工部；许多，南开大学商学院；郭子昂，南开大学化学学院）

当"南开"遇上"红旗"

——移动课堂助力新时代爱国主义教育

引　言

2021 年 6 月 3 日，是工商管理硕士专业必修课"运营管理"和工业工程本科选修课"先进制造系统"的第三次联合移动课堂，为了将爱国主义教育与专业教育相结合，帮助本科生认识中国的汽车制造工业，帮助硕士生将课程的理论知识应用于实践，秉持着南开大学"知行合一"的教学理念，11 名本科生和 28 名研究生跟随课程教师走出教室，深入天津一汽零部件有限公司（以下简称"天津一汽"）展开交流与调研，通过移动课堂助力新时代爱国主义教育。

一、背景情况

1919 年，五四运动风雷激荡，南开大学就是在这场伟大爱国运动的烽火中诞生的，在爱国斗争中接受洗礼，深深植下了爱国主义的基因。习近平总书记视察南开大学时说："南开大学具有光荣的爱国主义传统，这是南开的魂。当年开办南开大学，就是为了中华民族站起来去培养人才的。"

1953 年，中国第一汽车集团有限公司（简称"中国一汽"）正式成立。1956 年，第一汽车制造厂建成投产并制造出了新中国第一辆卡车（解放牌）。从此，中国结束了不能制造汽车的历史。1958 年，新中国第一辆小轿车（东风牌）和第一辆高级轿车（红旗牌）也先后在这里诞生，开创了中国轿车工业的纪元，红旗轿车亦成为国家领导人和国家重大活动的国事用车。对于中国人而言，"红旗"不仅是一个著名的汽车品牌，还是一种深深的情怀和神圣的记忆。对于一汽人而言，"红旗"更是一种强烈的责任和历史的使命。

当百年学府遇上共和国长子，如何将南开的爱国主义教育与一汽的民族工业情怀相结合，是本次移动课堂的重点，也让南开师生与一汽员工很是期待。

二、主要做法

（一）知中国：百载风雨，沧桑砥砺

在移动课堂中，首先由南开大学带队教师梁峰副教授向一汽员工介绍南开的发展历史，从老校长的"爱国三问"到组建西南联大，从北归复校到参与新中国建设，从"知中国，服务中国"到改革开放，将南开

大学"允公允能、日新月异"精神，尤其是南开的魂——光荣的爱国主义传统，也传递给了一汽的员工，得到了一汽员工的强烈共鸣。天津一汽总经理张杰表示，作为天津人，之前只是听说过南开大学"允公允能、日新月异"的校训，通过这次对南开大学校史的聆听，对于南开校训有了更为深入的体会。

随后一汽集团的供应链总监王志坤以《红旗品牌的前世今生》为主题，向南开师生介绍了一汽集团和红旗品牌的发展历史，从第一辆国产轿车到红旗品牌的全面辉煌，从坚持初心到红旗品牌的再次崛起，一汽历经了创业、辉煌、坚守、复兴的不同阶段。但是在每个阶段，一汽集团的所有员工，都在坚持着以爱国主义为核心的伟大的创造精神、奋斗精神、团结精神、梦想精神，肩负着振兴和发展自主品牌的重任。红旗的发展历史，每一步都贯穿着一汽的爱国主义精神。听完王志坤总监的介绍，大家也纷纷表达了对红旗品牌的爱国感受。工业工程本科生袁金澍说，以前只是听父辈骄傲地说过红旗这个品牌，这一次真切地感受到了红旗品牌的历史底蕴与爱国精神。

（二）服务中国：聚焦行业发展，献计献策

无论是南开大学，还是一汽集团，目前都面临着复兴的重任。如何相互学习，如何互助成长，也是本次移动课堂的主要内容。南开校史与红旗发展史回顾结束后，师生走出会议室，走进一汽车间，本科学生以参观为主，硕士研究生以分析为主，以教带学，相互学习。

在车间参观中，一汽员工向同学们介绍了整个车间的基本构成、核心零部件的制造工艺，以及整个车间的相关管理制度。南开大学 2020 级研究生、通用电气水电设备（中国）有限公司董事、质量总监樊国伟，作为在制造业工作多年的老兵，针对现场的生产管理，提出了相应的看法，并与现场的车间主任进行了交流。2019 级工业工程本科生朱月浩针对现场的权责发生矩阵图、生产时刻表等管理工具进行了仔细的学习和咨询。南开师生对于现场的一套自动化生产线表示出浓厚的兴趣，并与一汽员工就智能制造在汽车工业的应用展开了深入的交流。

参观结束后，双方回到会议室，结合现场观感与一汽提供的文字材料，交流对于汽车行业和一汽公司的看法，尤其是新能源技术的发展给汽车行业带来的冲击和发展机遇。首先，南开大学 2020 级研究生、廊坊卡酷思汽车零部件公司技术总监周小洪作《行业变革对汽车供应链的影响》的报告，从新能源汽车原理、产业发展、供应链变革等领域，对汽车行业进行了梳理和分析。

接下来，天津一汽总经理张杰介绍了天津一汽汽车零部件有限公司的发展规划，大家根据发展规划展开讨论，从供应商管理、采购管理、运营管理、营销管理、技术研发管理、产业融资等领域对天津一汽的现存问题进行了剖析，并提出了相应的改善建议。然后，南开大学校友、天津一汽党委书记苏连元作《一汽企业文化建设》的报告，并讨论了一汽文化与南开文化中共同蕴含的爱国主义精神。

最后是自由讨论时间，南开师生与一汽员工就最近汽车行业的其他热点问题进行了研讨。讨论结束后，南开师生试驾了最新款的红旗轿车和 SUV，现场感受到了红旗的品质与品牌魅力。

（三）持续学习：知行合一、砥砺前行

移动课堂结束了，但此次校企联动并没有结束。目前，南开大学商学院已经将天津一汽汽车零部件有限公司申报为专业学位的实践教学基地，商学院将聘请天津一汽高层管理人员为学生开设短期课程或作专业报告，这门课程也将会继续用移动课堂的方式，给更多的学生提供新时代爱国主义教育。而天津一汽也提出，希望借助南开大学优良的教育资源，结合天津一汽的企业特点，定制中高层管理人员的培训方案，并为南开大学商学院的本科生和研究生开放了部分实习和工作岗位。

三、经验启示

一是关注国家社会要求，增强社会服务意识。"知中国，服务中国"是南开大学一向以来的宗旨，如何更好地服务国家社会的要求，也是课程思政的重点。目前，新能源汽车作为七大战略性新兴产业之一，承载着新技术弯道超车和能源结构改革的重任。此次移动课堂，在进行爱国主义教育时，一方面通过企业发展史宣传了一汽人创造、奋斗、团结、梦想的爱国主义精神，另一方面也针对天津一汽在新能源汽车方面的发展机遇展开充分的交流和调研，提出了很多合理化的建议。这样既给了学生爱国主义教育的机会，也充分服务了企业的发展需求，增强了学生的社会服务意识。

二是结合专业特点，与产业发展同频共振。不管是工商管理专业还是工业工程专业，都需要加强对于企业的了解和体会。因此，本次课堂放在企业现场进行，结合企业管理的专业知识，使得学生在参观、交流、讨论的过程中，潜移默化地接受了爱国主义的教育。

三是多种形式并行，构建全方位的爱国主义教育。本次移动课堂，设置了校（企业）史介绍、现场参观、互动交流、现场试驾等多个环节，通过多种方式进行了爱国主义教育。另外，为了扩大爱国主义教育的受众面，除了现场参观之外，其他环节都采用了视频直播的方式，一汽集团王志坤总监《红旗品牌的前世今生》的报告就是他在吉林长春一汽总部通过腾讯会议的方式在线进行的，受到了众多未能来到现场同学的关注。虽然他们未能在现场参与交流讨论，但是移动课堂通过一汽和红旗发展历史的线上介绍，也将一汽人创造、奋斗、团结、梦想的爱国主义精神展示给了他们。

四、深入思考

（一）如何进一步激发师生的主动参与

在爱国主义教育中，如何结合南开特色，充分调动学生的主观能动性，是需要深入思考的地方。本次移动课堂，虽然是依托专业课程，但是爱国主义教育是面向所有学生的。因此，本次课程也针对非选修课程的同学进行了宣传，"红旗历史+新能源汽车"，成为宣传的主要关键词，得到了众多非选修课程学生的关注，报名人数非常踊跃，后来受限于参观人数，将交流调研规模控制在了 40 人。

（二）如何保障爱国主义教育的目的得以实现

爱国主义教育的目的不是单纯的宣讲，而是引导学生把爱国情、强国志、报国行自觉融入坚持和发展中国特色社会主义事业、建设社会主义现代化强国、实现中华民族伟大复兴的奋斗之中。本次选择的一汽集团和红旗品牌，作为民族工业的先驱和领导者，有效激发了广大同学对于民族工业的自尊心和自豪感，有很多同学交流结束之后表示，未来会努力学习，努力工作，积极参与到中华民族伟大复兴的奋斗中。为了实现本次教育的目的，授课教师提前一个月与企业进行沟通，挖掘一汽和红旗发展史中的爱国主义闪光点，确定参观路线与交流议题，提前布置调研任务，保障了本次爱国主义教育的目的得以实现。

（三）如何进行爱国主义的持续教育

爱国主义教育不是一次性的宣传过程，而应该是一个持续的教育深化过程。本次移动课堂，在爱国主义教育方面取得了较好的成果，因此目前继续深化合作，将天津一汽作为专业实践基地，未来服务更多的学生；与此同时，也将不断挖掘一汽发展史中的与党史、国史、改革开放史、社会主义发展史相关的爱国主义闪光点，持续进行爱国主义教育。

（梁峰，南开大学商学院）

国之脊梁须我辈 南开学子有话说

引 言

回顾并领略伟人精神，在习近平总书记的谆谆教诲与殷切期望中传承好百年南开精神，对我们广大南开学子而言是非常有意义的事。化学学院 2017 级化学类六班班委会计划开展一次线下"春游式"主题班会，前往校园中三位前辈先贤塑像前聆听伟人故事；重走习近平总书记参观元素所之路，聆听志愿者讲述习总书记参观元素所时的情景。

一、背景情况

2019 年恰逢南开大学成立 100 周年，也是新中国成立 70 周年。在百年南开的发展历程中，诞生了一批能力出众、心系天下的优秀人才，其中就包括我国伟大的教育家、思想家张伯苓先生，我们敬爱的新中国第一位总理——周恩来总理，以及杰出科学家、教育家杨石先教授。他们不仅推动了南开的发展，更对新中国的建设做出了巨大贡献。他们的身上体现了一代南开人的伟大品格和中华儿女的崇高精神，值得我们每一个青年学子学习。如今，他们的塑像就位于南开园中，陪伴着莘莘学子成长、进步。

2019 年 1 月 17 日，习近平总书记来到南开大学视察，他特地来到元素有机化学国家重点实验室，参观并了解了南开大学化学学科的发展概况以及改革开放以来所取得的科研成果，还与师生代表亲切交谈，并寄语师生："只有把小我融入大我，才会有海一样的胸怀，山一样的崇高。"作为化学学院的学子，我们备受鼓舞。

二、主要做法

（一）基本情况

2019 年 3 月 21 日下午，在辅导员宋燕的组织下，化学学院 2017 级化学类六班开展以"国之脊梁须我辈，化学学子有话说"为主题的爱国主义教育主题班会。学生前往张伯苓、周恩来、杨石先雕塑处，学习三位南开先贤的先进事迹，并重走习近平总书记视察南开大学化学学院元素有机化学国家重点实验室之路，聆听志愿者讲解。活动号召同学们学习伟人精神，传承百年精神，树立个人理想与奋斗目标，同心聚力百年南开发展。

（二）活动目的

通过重温张伯苓、周恩来、杨石先三位南开先贤的先进事迹，品味并学习其高尚精神，号召同学们以他们为榜样，树立个人理想与奋斗目标，同心聚力百年南开发展。

通过重走习近平总书记视察南开大学化学学院元素有机化学国家重点实验室之路，聆听志愿者讲解，重温习近平总书记参观时的具体场景，感受国家领导人对我校、我院的深深关怀与殷殷期盼，激励班级同学为目标而不懈努力奋斗。

（三）班会内容

1. 前期准备

（1）将班级成员分成四个小组，每个小组选出一名组长，第一、三、四小组分别负责周恩来总理、张伯苓校长、杨石先校长的先进事迹的搜集、整理、学习与分享工作，第二小组负责带领支部成员"重走习近平总书记参观元素所"的讲解工作。

（2）统计班级成员的统一时间，尽量确保班级成员全体参加。

（3）为制作关于本次活动的宣传推送，班委会拟安排新闻稿撰写组2名同学、摄影组2名同学用文字、照片记录本次活动的全部过程，最后安排1名同学汇总资料并制作微信推送。

2. 活动宣传

（1）线上宣传：本次活动主要采取线上微信公众号发布、朋友圈转发推送宣传的形式。

（2）团支部书记在线上群内召开简短会议向全体成员介绍活动内容。

3. 班会议程及开展情况

全班同学分成四个小组，每个小组选定一个主题和一个地点，第一组在总理像前简要梳理了周总理的生平经历，分享了总理和海棠花的故事；第二组带领班级成员参观元素有机化学国家重点实验室，为大家展现了习近平总书记视察时的场景；第三组在张伯苓塑像前，就张校长的教育救国理念展开了全面细致的讲解，并梳理了南开系列学校的创建过程，深入诠释了"公能"精神的内涵；第四组在杨石先塑像前从学习、工作、科研、教书育人、日常生活等多个角度，介绍了杨石先校长的先进事迹，让同学们深刻体会到杨老是当之无愧的"南开的化身"。

三、经验启示

（一）创新形式：增强活动意义

在筹备理论学习活动的过程中，班委会成员共同商讨，结合时事热点，共同确定了"前期学习准备、活动当天室外讲解展示"的创新性班会活动模式，通过分组合作、讲解展示等方式让同学们深入理论学习活动的准备过程，保证了理论学习的质量和效果，是一种可以借鉴的新型班会方式。

（二）分工明确：发挥成员才智

本次班会由团支部书记闫烁文同学总负责，班长王若璇和宣传委员张静同学负责配合推出前期后期的宣传成品工作。此外，在本次活动的分组过程中，每组均由一名能力突出、擅长展示与演讲的同学担任组长，在组织大家共同学习伟人先进事迹的同时，从各方面概括出了他们的学习成果并最后成功展示，所有成员在此次活动中均贡献了自己的力量。这不仅充分调动了班级成员的积极性，还让同学们各尽所能，在活动中充分锻炼、展示了自己的才华，最终确保了活动的高质量、圆满完成。

（三）注重宣传：扩大影响力度

活动前期，班委会就进行了详细周密的宣传工作的安排和部署。负责人同学首先在班级 QQ 群内详细叙述了活动的想法和大致安排，并征求班级成员们的意见。在不断完善活动方案之后，我们推出了《活动预热|重温南开历史，传承先辈精神》的宣传推送，详细公布了活动的具体时间地点以及注意事项。此外，活动结束后，及时推出《理论学习|领略伟人风采，传承百年精神》的活动总结推送并被化学学院公众号"NK 化学家"转载。

四、深入思考

（一）高校辅导员开展大学生爱国主义教育的挑战

1. 大学生对党和国家政策理解需进一步深入

当代大学生热爱集体也关注自我发展，关心国际政治、经济和文化等却对国内外形势把握不准，了解国家大政方针政策却不能深刻领会。目前，高校大学生对党和国家理论发展的集中学习主要依靠思想政治相关课程、党团班课，这也直接导致大学生对党和国家政策熟知却不能感同身受。

2. 学生易接收新鲜事物，但自我认知不够成熟

大学生正是人生观、世界观和价值观塑造的关键时期，由于大学生三观还没有定型，自控能力差，对网络各种信息和社会各类事件的发生不能有效地辨别。高校如何发挥全员全面育人措施对大学生的爱国主义情怀进行培养，如何让大学生主动自觉接受爱国主义教育是一个重大挑战。

（二）党史校史结合，户内户外并行，加强接受爱国主义教育主动性

本次班会选定"领略伟人精神，传承百年精神"的主题，并加入"重走习近平总书记参观考察之路"的参观讲解，旨在通过梳理、学习南开历史上诞生的几位杰出人才的生平经历、主要思想，树立个人奋斗目标，为中华民族的伟大复兴贡献自己的力量。南开有着爱国主义的优良传统和爱国主义教育的丰厚资源，有利于学生在了解南开前辈过往经历的同时，以前辈人生轨迹作为爱国主义教育的教材，自发接受爱国主义教育，同学们纷纷表示在活动中收获颇丰。

本次班会选择走出教室与会议室，在室外进行，并通过"前期学习+讲解展示"的模式，很好地保证了理论学习活动的效果。对于负责讲解展示的同学而言，前期的学习准备加深了对于伟人精神的理解；对于听讲的同学而言，户外的实地学习让他们能够在瞻仰伟人仪容的同时激发内心深处的共鸣，进而达到领略伟人风采、传承百年南开优良传统的目的。本次班会的预热通知、总结图文均发布在了班级公众号上，还通过院公众平台"NK 化学家"推广，使得本次理论学习活动受到了广泛关注，有了更大的影响力与影响范围。

（宋燕，南开大学新闻与传播学院）

牢记总书记殷殷嘱托 高举南开爱国主义旗帜

——以《张伯苓》话剧为核心打造文化育人精品系列活动

引　言

习近平总书记指出，南开大学具有光荣的爱国主义传统，这是南开的魂。张伯苓老校长的"爱国三问"既是历史之问，更是时代之问、未来之问，我们要一代一代问下去、答下去。2019 年百年校庆之际，金融学院第五届话剧节于大通学生活动中心小音乐厅成功举办，由学院本科生自导自演的爱国主义话剧《张伯苓》首次登台亮相，赢得现场 300 余名师生的热烈掌声。自此，学院以《张伯苓》话剧为依托，牢记总书记殷殷嘱托，高举南开爱国主义旗帜，精心打造了数场文化育人精品系列活动。

一、背景情况

金融学院立足百年党史校史的宣传学习，深入挖掘、宣传南开百年爱国奋斗史所蕴含的红色基因、红色精神和红色文化，通过话剧排演、精神宣讲、配音大赛、知识竞答等多种活动形式，力争弘扬张伯苓等南开先贤在教育救国道路上的为公情怀和艰辛探索，加强爱国主义、集体主义、社会主义教育，引导广大师生树立正确的历史观、民族观、国家观、文化观，激励广大师生厚植爱国情怀、坚定理想信念、陶铸公能品格、讲好南开故事，以实际行动为实现中华民族伟大复兴的中国梦贡献力量。

二、主要做法

（一）自编自导自演爱国主义精品话剧

南开的话剧传统，不仅是南开文化基因的传承，也是新时期文化育人的重要载体。金融学院自成立以来，坚持每年举办特色美育活动"剧韵津南"话剧节，为学生提供彰显青春魅力、展现文艺才能的舞台，凭借契合时代主旋律的爱国题材、独特新颖的精品剧目，受到广大师生的欢迎与喜爱。

2019年百年校庆之际，由学院本科生自导自演的话剧《张伯苓》首次公演，并于2020年10月入选南开大学爱国主义精品话剧，于2021年6月在天津人民艺术剧院正式登上专业舞台。

话剧以张伯苓老校长的生平为主线，聚焦于南开大学建校之初的艰难筹措、五四运动时期的学生爱国运动、抗日战争中遭受日寇野蛮轰炸等几个关键场景，逐丝逐缕剖析那峥嵘岁月里的一段段动人心弦的历史故事，生动地还原了在风起云涌的时代背景下，张伯苓携众南开人救亡图存、教育兴国的历史片段，将老校长心系家国、敢于变革、甘于奉献的精神充分展现。

三年里，该剧先后得到张伯苓先生后人张元龙和张伯苓研究会、严修研究会专家、天津人民艺术剧院专业话剧演员的指导帮助，剧本经数次打磨不断完善。学生在表演技巧、服装道具、音效舞美等方面不断提升专业水准，面向校内外单位举行 4 场公演，线上线下累计覆盖观众超千人次，将南开百年的光辉历史，将老校长的爱国奋斗故事，用凝练的剧本和精湛的演技充分展现。

此外，新剧《秋分维何》作为金融学院学生自编自导自演的新剧目于 2022 年首次亮相，该剧讲述了抗日战争时期共产党员林大广与藏族姑娘央日卓玛的革命爱情故事。金融学院学生用一部饱含革命理想信念和浪漫主义新作诠释了"将小我融入大我"的公能精神与爱国情怀。

（二）成立"爱国三问"青年宣讲团

金融学院立足于大中小思政一体化建设，于 2021 年底组建"爱国三问"青年宣讲团，根据相关南开爱国奋斗史和张伯苓教育思想，形成了近万字的宣讲材料，面向广大南开师生和天津市各高校及中小学开展校史宣讲活动，将张伯苓老校长的"爱国三问"和南开百年爱国奋斗史在更大范围内宣扬。"百年遒劲，公能愈彰，换看今朝，日月新芒。""爱国三问"不仅是历史之问，更是时代之问、未来之问，通过宣讲引导学生赓续南开优秀爱国主义传统，阐发"爱国三问"在新时代的价值。

（三）举办"峥嵘岁月留声，党史永驻我心"红色配音大赛

金融学院于 2021 年 5 月举办首届红色配音大赛，旨在激励广大南开学子坚定理想信念，勇担时代责任，以更加昂扬的姿态献礼建党百年。

该活动由学院团委学生课外活动指导中心主办，截取《张伯苓》《决胜时刻》《亮剑》《觉醒年代》《我和我的祖国》《建国大业》等十余部经典影视剧片段，由参赛选手现场为剧中人物配音。所选片段内容丰富多彩，或感人肺腑，或生动鲜活，或慷慨激昂，或催人泪下。以此方式引导学生通过不同语言节奏和情感表现，深入体悟不同性格、不同经历的爱国志士的报国情怀和不朽信念，通过声音穿越历史长河，重历往昔峥嵘岁月。参赛选手以音传情，用心吐字，用爱发声，传递着青年的激情与活力，传递着爱党爱国的赤子之心。

（四）举办"红色公能百年路，不忘初心踏征途"系列党史校史知识竞答活动

金融学院依托学院党校和各师生党支部、学生班团支部，通过多种方式开展党史校史知识竞答活动，深受广大师生支持与喜爱。活动以小组为单位，设置必答、抢答等环节，内容不仅覆盖"四史"教育主题、校史教育主题，同时还开设了"科技专题""人物专题""马克思主义政治经济学专题"等板块，通过竞赛充分调动师生参与的积极性，全方位搭建好理论交流学习、师生同学同研的平台。

三、经验启示

（一）创新活动形式，推进思政育人

该系列活动以话剧、宣讲、配音、知识竞赛等文艺活动形式呈现，将爱国主义教育、校史教育用师生喜闻乐见的艺术形式进行表达，以更鲜活的形式深化教育效果。

该系列活动同时也是金融学院中青年教师及学生的校史必修课，是学院持续加强师生思想政治工作、进行综合培育的重要途径。

（二）建立长效机制，切实提供保障

一是制度保障，成立金融学院学生话剧团和宣讲团，依托学院各级学生组织开展活动，学生组织须定期开展纳新换届工作，以老带新的方式不断增强组织活力，将系列精品活动有效传承。

二是实施保障，设定每学期面向师生开展不少于一次的专场演出和专场宣讲，组织学生利用固定课余时间进行练习和排练。

三是政策支持，《张伯苓》话剧入选校团委实施的南开大学爱国主义精品话剧项目，学生演员定期接受天津人民艺术剧院专业演员的艺术指导，表演水平得以有效提升。

四是理论支撑，邀请张伯苓研究会、严修研究会专家学者，结合史实就相关细节进行充分研讨交流，提升史料信度和思想高度。

该系列活动师生积极参与，反响热烈，收效良好。活动的举办作为生动的爱国主义教育课和党史校史专题教育课，激励南开教师深入学习党史校史，理解"公能"的思想精髓，完成好新时代立德树人的历史重任。同时，引导南开学子传承、弘扬老校长的爱国为公的情怀和坚毅正直的品格，用自己的实际行动践行公能精神，铸牢南开爱国之魂，继承发扬百年南开爱党爱国爱社会主义的光荣传统，并进一步辐射、影响、带动更多青年学子树立核心价值追求，坚定爱国心、化作报国行。

四、深入思考

（一）如何进一步实现文化育人精品系列活动的有效传承

文化育人精品系列活动随着近年来的发展，逐步暴露出一些问题。以话剧《张伯苓》为例，话剧团经历纳新换届后，新剧组演职人员由于没有受过专业训练，在入戏、台词、配合等方面在短时间内难以达到登台演出水平，需要大量时间尝试和磨合。团队在新老交接时易出现断层，需要将活动实现有效传承。

一是依托院校各级学生组织，组建培养专业学生团队，撰写明确制度及要求，从组织策划、任务落实、后勤补给、宣传总结等方面为学生提供充足培训；二是充分利用校内外专业团队资源，向张伯苓、严修研究会专家、天津人艺话剧演员交流请教，邀请团队老成员分享经验；三是将活动与当下理论学习热点、社会时政热点、网络热词等有机结合，为传统文化活动不断注入新的思想血液，推动精品系列活动常办常新，避免活动内容落伍，避免形式浮于表面。

（二）如何进一步扩大文化育人精品系列活动的品牌效应与影响范围

到目前为止，上述三个文化育人精品系列活动的主要开展对象仍集中在学院内部，近年来学院虽做了一些尝试，但依旧没有能够在根本上实现影响力的有效拓展。未来，应从以下方面下功夫。

一是联合兄弟院系和合作单位，主动吸收不同领域、不同学科的新元素、新资源；二是邀请专业人士或重磅嘉宾助阵，提升活动专业度和吸引力；三是要在宣传上下功夫，创新宣传形式，将线上消息推送与线下路演宣传有机结合，充分借助多平台宣传效应，力求将文化育人精品系列活动做大做强。

（郝人、季芳、唐琳，南开大学金融学院）

结合部门工作实际 做好基层党支部的爱国主义教育

——以基层党支部某次主题党日活动为例

引　言

习近平总书记指出：弘扬爱国主义精神，必须把爱国主义教育作为永恒主题；南开大学具有光荣的爱国主义传统，这是南开的魂；高校党组织要把抓好学校党建工作和思想政治工作作为办学治校的基本功。如何贯彻习近平总书记重要讲话精神，做好爱国主义教育是基层党支部需常抓不懈、久久为功的课题。本文以基层党支部某次主题党日活动为例，浅析笔者对加强爱国主义教育、弘扬爱国主义核心价值观的思考。

一、背景情况

2021 年基层党支部通过党史学习教育，深刻铭记中国共产党百年奋斗的光辉历程，深刻认识中国共产党为国家和民族做出的伟大贡献，深刻感悟中国共产党矢志不渝为人民的初心宗旨，系统掌握中国共产党推进马克思主义中国化形成的重大理论成果，学习传承中国共产党在长期奋斗中铸就的伟大精神，深刻领会中国共产党成功推进革命、建设、改革的宝贵经验，以此来深化爱国主义教育。

按照学校党委的工作部署，党史学习教育贯穿 2021 年全年，突出学党史、悟思想、办实事、开新局。如何结合本部门工作特色，将党史学习融入日常、抓在经常，深耕爱国主义教育，是基层党支部的重要课题。为迎接党的百年华诞，贯彻落实习近平总书记在党史学习教育动员大会上的重要讲话精神，促进党员同志体会党的革命历程、传承党的革命精神，走好新时代的长征路，也为推进基层党组织建设工作，以共建促党建，实现党组织优势互补，增强党组织凝聚力、创造力和战斗力，2021 年 4 月 25 日，南开大学基建规划处党支部（2021 年 9 月 30 日已撤销，成立新支部基建保障处党支部）与天津大学基建规划处党支部组织支部共建，前往西青区第六埠村红色教育基地联合开展"追忆红色经典，走好'新长征路'"主题党日活动。

二、主要做法

（一）挖掘红色资源，重视实践教育

西青区第六埠村红色教育基地，依着古河道、渠塘、稻田、柳林等自然条件，因地制宜、就地取材，设计了长 4 公里的"长征路"，沿途设立"遵义会议""四渡赤水""飞夺泸定桥""激战腊子口""三军大会师"等 10 个长征路上的重要节点。两支部通过参观红色基地，旨在促进党员同志体会党的革命历程、传承党的革命精神，引导党员加深对党的历史

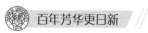

的理解和把握，让红色基因、革命薪火代代传承。

（二）做好支部共建，以党建促基建

本次活动以共建促党建，以党建促基建，与天津大学基建规划处党支部开展支部共建。两校基建部门在新校区建设中形成了良好的沟通交流基础，且天津大学基建规划处依托专业学院和设计院，在高校基本建设方面有很多值得学习和借鉴的经验。为搭建沟通平台，开展较为深入的交流，两校通过相同科室结对子的方式，促进党员更进一步的沟通交流学习，且队员之间建立联系方便后续深入交流。

（三）巩固学习成果，强化爱国主题

在活动中使用不同的教育形式，穿插精彩的活动内容，激发党员学习的兴趣，以此巩固学习成果，强化爱国主题。活动开始后，两支部党员在指挥部教官的指引下，观看长征纪录片，听讲解员解说长征历史背景。随后，军团代表带领全体党员重温入党誓词，并且为"军委纵队""第一方面军""第二方面军""第四方面军"等队授旗。授旗仪式结束后，"军首长"进行了讲话，然后队伍在教官的带领下阔步踏上"长征"路。"长征"队伍在跨越"沟壑纵横"的三道封锁线、突破第四道封锁线"湘江"后，抵达党的历史上一个生死攸关转折点的"遵义会议"会址。"长征"队伍分别体验了"四渡赤水河""船渡大渡河""飞夺泸定桥""爬雪山过草地""腊子口战斗"和"三军会师"。在"长征"路途中体验特色活动"军民鱼水一家亲"，第六埠村的长征志愿者为师生演绎《十送红军》《拥军秧歌》等情景剧，同志们热情地朝志愿者挥手，并向她们表示敬意。"长征"路上的每个重要节点，讲解员都会向党员们声情并茂地讲述那段波澜壮阔的历史，并告诫大家勿忘革命精神，时刻保持"战斗"姿态。

三、经验启示

（一）增加体验式学习活动，强化理论教育效果

本次主题党日活动支部成员共同前往红色教育基地，通过模拟"重走长征路"等方式亲身感受到了长征时期红军所拥有的强烈的革命精神

与顽强的意志品质，强化了大家对于革命精神的理解与把握。在震撼于红军伟大革命精神的同时，两支部成员也纷纷表示应像习近平总书记在宁夏考察时说的那样："伟大的长征精神是中国共产党人革命风范的生动反映，我们要不断结合新的实际，传承好、弘扬好，我们每代人都要走好自己的长征路。"的确，每代人都有自己特殊的历史使命，新长征永远在路上，长征精神永放光芒！这种主题党日活动开展方式更易引起支部成员的情感共振，对于现实的生活与工作更具指导启发意义，因此在今后的主题党日活动开展中可适当增加类似的体验性学习活动，以深刻强化主题教育效果。

（二）加强支部共建交流，提升党建工作水平

本次主题党日活动与天津大学基建规划处党支部共同开展。此种方式不仅加强了两校党支部之间的交流与学习，进一步丰富了党组织生活，而且还提升了党建工作水平，形成了"以共建促党建，以党建促基建"的良性循环。共建双方明确将以深入推进基层党建、提升党员党性修养为目标，以结对共建为契机，认真组织、抓好落实，整合双方的党建资源，形成互学互鉴、互帮互助的共建格局，通过党建引领，进一步推动党建融入业务发展、党建促进业务发展。今后，两校相关基层党支部将继续不断强化彼此间的共建协作，推动党建工作高质量、高水平发展，进而有效推进各自学校基本建设发展，促进绿色校园、美丽校园的稳步发展。

（三）突出实践教育优势，促进理论实践融合

本次主题党日活动主要以实践教育的方式进行。实践教育理论体系相对深入、完整；教育形式多样，可将爱国主义的理论教育与实践教育有机结合，使爱国主义教育的精神实质可以更好地内化于心、外化于行；教育内容丰富，能够结合本地红色资源对爱国主义教育有所创新，从而更加有效地达到教育目的。通过"重走长征路"实践活动，促进对"长征精神"的学习领悟，且以点带面，激发党员们学习延安精神、五四精

神、井冈山精神、长征精神、西柏坡精神等的实质，从而深化对党史教育和爱国主义教育的理解。今后，在主题党日活动的开展中可以充分借鉴学习此种方式，提高主题教育的吸引力，更加有效地帮助党员同志领悟主题教育精神的实质。

四、深入思考

（一）在疫情防控的要求下如何开展爱国实践教育

受疫情影响，赴外地红色教育基地受训受限，因此挖掘本地红色资源尤为重要。如何利用好本地红色资源开展实践教育成为基层党支部的重要课题，如赴本地红色教育基地实地参观、利用好本地展览馆和博物馆举办的活动、挖掘外地红色资源的线上展览等，以此来丰富学习形式，激发党员学习的积极性和主动性。

（二）在主题教育的指导下如何提升理论学习积极性

首先，优选推荐书目和文件，组织党员坚持认真自学与交流研讨相结合，自学时可适当做笔记记录、写心得感悟，然后定期采取适当方式进行学习交流。其次，学习时要把自己摆进去，真学深学，并坚持理论联系实践，学习分析实践问题。主题教育结束后，要形成长效机制，把理论学习作为党员、干部日常教育培训的重要内容，并建立常态化的考核机制，将学习培训纳入综合考核，采取有效的精神激励、合理的物质激励考评机制，持续推动理论学习。

（三）在理论实践结合中如何强化爱国主义教育成果

党史学习的理论学习及实践教育要符合马克思主义认识论的基本观点。认识来源于实践，认识的过程是实践、认识、再实践、再认识，循环往复，不断提高的过程。对于党史的学习也是由实践上升到理论，再由理论指导实践的过程。党史学习成果转化，实际上就是运用党史理论指导党员实践的过程。在日常实际工作的开展中，我们要把理论学习的精神实质与业务工作的开展紧密结合起来，用理论为业务工作的开展指明方向，同时使业务工作更好地实践精神实质，并进一步丰富和发展理论体系内容。

（李文佳，南开大学基建保障处）

继往日续繁峙旧谊 开未来启建设新程

引 言

我国脱贫攻坚战已经取得了全面胜利，2021 年 3 月 7 日，在参加全国两会青海代表团审议时，习近平总书记强调："要推进城乡区域协调发展，全面实施乡村振兴战略，实现巩固拓展脱贫攻坚成果同乡村振兴有效衔接。"位于山西省东北部山区的繁峙县曾是黄土高原上最贫困的地区之一，2019 年才摘掉这个帽子。在繁峙县砂河镇的上永兴村，青壮年大都外出务工，留在当地的只有老年人和留守儿童。南开大学化学学院持续十七载选派学生实践队前往当地助力乡村振兴，在当地展开支教与宣讲活动，向当地居民宣传科学文化知识。南开化学学院学子扎根中国大地了解国情民情，在艰苦奋斗中锤炼意志品质。

一、背景情况

南开大学坚持立德树人，弘扬"知中国，服务中国"的办学宗旨，引导一代代南开人赓续"实践"传统，用脚丈量祖国大地，深入了解国情民情，引导学生在实践中受教育、长才干、做贡献，为培养担当民族复兴大任、公能兼备的时代新人做出更大贡献。

党中央对实施科教兴国战略、人才强国战略、乡村振兴战略多次作出重要指示，提出要推动城乡义务教育一体化发展，高度重视农村义务教育。2005 年，南开大学化学学院师生联系到国家体育总局定点支持的国家级贫困县山西省繁峙县作为社会实践基地。截至 2021 年，化学学院赴山西繁峙社会实践项目已经持续了整整 17 个年头，是南开大学持续周期最长、体系最成熟的暑期实践项目。

二、工作思路

围绕新时代新要求，化学学院长期坚持结合学科优势与专业特点，围绕助力乡村振兴战略，深化实践育人内涵与服务实效；践行"知中国，服务中国"的理念，实践队员亲身学习并利用专业所长，积极服务实践地，引导学生走出校门、接触社会、了解国情，促进理论与实践相结合、提高思想觉悟、增强社会责任感和使命感、增强大学生服务社会意识、促进大学生健康成长。

社会实践项目每年依托"南开·繁峙"实践共同体，面向全校招募实践队员，利用南开优质资源，开展支教科普活动，积极推动农村教育发展，聚焦社会热点开展课题调研，为当地社会经济环境发展、农民脱贫致富、红色文化传承献出"南开智慧"，为当地民众提供人文关怀，建立巩固优化"南开·繁峙"育人共同体，开拓"南开·繁峙"实践育人新模式。

三、经验启示

（一）推动农村教育发展，巩固优化"南开·繁峙"育人共同体，开拓"南开·繁峙"实践育人新模式

1. 优化支教项目，设计"走心"暑期课程

支教是化学学院赴山西繁峙社会实践的基础与核心项目。支教当地的上永兴小学面临严重的生源缺失问题，2009 年曾因生源问题停办过，实践队的支教活动也因此暂时停摆过。对此，实践队期望能通过举办短期的暑期学校为上永兴小学吸纳生源。化学学院从全校广泛招收队员，在数理化等基础课程上，带来更多的如天文、音乐、美术、自然、社会等创新课程。每年的实践前期，实践队集中进行备课，对于课程安排、课程内容等进行了多次研讨和准备。每年抵达上永兴小学开展实践活动，实践队都会进行为期两周的支教活动，努力达到"学生们想听什么我们就能准备好什么"与"来一位同学就解决一位同学的问题"双重要求。在教学中，队员们注重培养孩子对问题的独立思考能力，培养孩子的自主学习能力。

2006 年，实践团队在上永兴小学进行了捐资仪式。实践队还将一位老奶奶捐赠的 1000 元钱设为南开大学奖学金的启动基金，用以鼓励那些家境贫困但品学兼优的学生。

2007 年，实践队还开设了"家长学校"，为家长带去法律知识、保健知识、科技知识，建立与家长交流的平台。在之后几年也都有延续。

2009 年，上永兴小学因生源大量外流而停办。眼看着一座往日欢声笑语的学校即将荒废，实践队举办了长达半个月的暑期学校，课程内容丰富，形式多样，其间前来复学登记的学生超过本村适龄儿童的 80%，支教结束后，学校生源得以补充，上永兴小学恢复重建。

2012 年，实践队创办南开大学"成长快乐"夏令营，其中包括师生座谈会、课程辅导一对一讲解、家长课堂、颁发奖学金以及素质拓展等

形式多样、内容丰富的活动，而不再只局限于课堂授学。

2013 年，实践队邀请上永兴村小学师生来天津、来南开参观体验，聆听夏季学期名人讲座等，让远在山村的孩子们感受大学生活，开阔视野。

2018 年，实践队在继承多年来"繁峙县上永兴小学支教"项目的基础上，以"南开公能志，助圆振兴梦；繁峙十四载，衷诉家国情"为主题，围绕"为振兴繁峙贡献南开智慧"这一主线，丰富实践内容和形式，坚持"智慧输出"与"能力输入"相结合，进一步深化了"南开·繁峙"实践育人模式。

17 年间，除了传统的课堂教学以外，实践队每年都会为当地中小学生带去丰富多彩的第二课堂活动，给他们最欢乐、难忘的活动体验。

2. 共建科普基地，传播化学之美

科普作为一种知识的传承，是孩子全面、健康成长的基础，同时也是搭建我国人才全面知识结构的基础，是培养学生基本科学知识与实际应用能力的关键教学活动。科普知识教育已经成为现代教育中不可或缺的重要组成部分。此外，科普知识教育往往与生活贴近相关，或者有着奇妙的现象，比起教学更注重引发孩子兴趣。然而，繁峙县尚在脱贫攻坚道路上艰难前行，难有优质科普教育资源，对此，实践队积极利用南开大学优质教育资源，通过共建"南开书屋"、化学科普基地来激发当地学子的学习热情。

2014 年，实践队在上永兴小学建立"南开书屋"，时任南开大学校长龚克与山西省繁峙县常务副县长姚力山共同为书屋揭牌。这是南开大学在山西省建立的第一座"南开书屋"。书屋包括各类图书近 2000 册，主要由实践队员面向全校师生募集而来。书屋中还放置了南开大学捐赠的20 台笔记本电脑和 6 台投影仪，并设置了社会实践照片墙和小学生心愿千纸鹤专区，深受当地学生的欢迎。之后的每年，实践队都会对"南开书屋"进行维护。

化学学院一直致力于科普教育工作。南开大学化学科普教育基地作为天津市科普基地，是南开大学化学学院弘扬科学精神、普及化学知识、服务社会的窗口。2021 年，为进一步发挥南开大学化学学科的带动辐射作用，为国家培养更多具有浓厚科学兴趣、热爱学习科学，具有一定科学素养的新时代青少年，实践队完成南开大学科普基地与上永兴小学共建，建成"萌芽科普基地"，开展趣味实验，完成科普项目推广。

（二）深入推进社会调研与红色文化育人，探索构建"知中国，服务中国"深度长效机制

1. 探寻红色基因，传承红色精神

山西红色文化资源丰富，底蕴深厚，保存着大量不同时期的重要机构旧址、重要历史人物故居、重大战役遗址和重大纪念设施，不同时期的一大批英模人物和集体，催生出了太行精神、吕梁精神、大寨精神等宝贵精神财富和先进典型。同时，老一辈艺术家在山西也曾留下一大批流传久远的红色文化瑰宝。

探寻红色遗迹，传承红色基因，是实践队每年暑期的"必修课"。每年支教结束后，队员们都会拿出 2 至 3 天的时间在繁峙县乃至整个山西省进行红色革命遗迹寻访，体会革命的艰辛和当今生活的来之不易，坚定为国家发展奋斗终身的理想信念。

2015 年，实践队立足红色歌曲《歌唱二小放牛郎》，深入寻访人们对于歌曲的记忆及相关的红色往事，并采访两位抗战老兵，聆听抗战往事，激发实践队员们的爱国热情与使命感。

不光只有输入，实践队也向当地民众进行智慧输出，17 年来，实践队面向繁峙县不同群体开展各种形式的宣讲 20 余场，他们结合当年国家的大政方针和社会热点，从青年大学生视角出发，积极传递南开声音，传播中国声音。

2. 用脚步丈量祖国大地，践行"知中国，服务中国"

每年暑期，实践队组织学生奔赴山西省繁峙县，围绕乡村振兴与社会热点选题进行深访调研，实地勘察了解当地经济、文化、环境、人们心理等状况，开展相关实践活动或撰写调研报告，为当地脱贫攻坚、提升人民生活幸福感提供南开智慧。

2007 年，团队了解到上永兴村的医疗条件较差，于是成立了"义诊小分队"，为老人免费测量血压，并进行一些简单的身体检查，让老人们对自己的身体状况有更多的了解，并给出很多科学的治疗方案，活动得到了村民们的一致好评。

2008 年，恰逢北京奥运前夕，团队在当地大力宣传奥运知识，为北京奥运的成功举办贡献了一份力量。实践队还进行了"今天我做干部"的工作体验，深入了解农村发展现状。

2010 年，实践队结合自身专业特点参观了紫金矿业集团和中兴实业有限责任公司，把理论知识与实践相结合，在参观中学习、思考、创新。

2016 年，围绕精准扶贫主题，实践队走访上永兴村及附近村庄当地近 50%的农户，实地勘察了解农村经济状况，调研当地作物种植等实际经济状况。

2017 年，实践队在支教基础上，围绕"十八大以来中西部农村教育新变化"进行社会调研，了解农村教育发展情况，为接下来教育政策制定提供参考。

2018 年，实践队分"中西部偏远农村环境治理问题的探究""'逆城镇化'对'城镇化'的促进作用的实证研究"与"中西部农村留守儿童经济、心理问题调查"三组进行民生专题调研。

四、深入思考

经过 17 年的实践历程，化学学院逐渐探索出了"连续在同一地点，不断扩展实践内容，打造具有可持续发展的深度实践锻炼平台"的"南开·繁峙"实践模式。在这一模式下，校地合作不断深化，资源共享不断加强，为学生建立了从固定化到社会中体验学习的"绿色通道"，打通了在实践中提升学生思想政治素质的"最后一公里"，"南开·繁峙"实践育人共同体初步构建。

一直以来，化学学院赴山西实践项目得到了学校、学院的高度重视，也获得了山西省繁峙县委、县政府、教育局等当地部门的大力支持。每年春季，该项目面向全校公开招募实践队员，每年均有近百人参加报名，最终择优选出 20 余名优秀学生加入该年度实践项目。实践队员在指导教师的指导下，进行头脑风暴，完成方案的设计，并与实践地具体对接，最终确定实践方案并按期执行。

在 17 年繁峙实践中，近 20 位教师、230 余名学生骨干先后来到这里，实践队员得到了很大的锻炼和成长，30 多名队员后攻读博士学位，20 余名队员出国深造，10 余位队员留任南开大学教师、辅导员，多人就业于陶氏化学、宝洁公司等知名企业。

以学生实践为桥梁，南开大学化学学院与山西省繁峙县结成了深厚的友谊。

该实践项目育人成果显著，得到了学校和社会的广泛认可。实践队于 2014 年获评全国暑期实践先进团队，多次获得天津市优秀团队和南开大学优秀团队称号。

（张璇、张思彤、张佳庆，南开大学化学学院）

砥砺扎根基层南开紫 培植爱国奋进新青年

引 言

　　"在'公能'校训的熏陶下，我深知学习的目的是奉献祖国、立公基层。"2021年5月17日，2021年全国"最美大学生"荣誉称号获得者、南开大学2017年8名入伍大学生之一的法学院本科生阿斯哈尔·努尔太作为高校毕业生代表参加2021年全国高校毕业生基层就业主题座谈会并发言。

南开校园中，每年都有不少毕业生和阿斯哈尔·努尔太一样，收拾好行囊，带着"允公允能"的理想和"知中国，服务中国"的信念义无反顾地走向基层就业岗位，在总书记"把小我融入大我"的感召下书写南开人动人的奋斗篇章。

一、背景情况

党中央、国务院高度重视高校毕业生就业工作，先后印发了《关于进一步引导和鼓励高校毕业生到基层工作的实施意见》和《关于进一步加强和改进选调生工作的意见》等政策文件，鼓励引导人才向边远贫困地区、边疆民族地区、革命老区和基层一线流动。尤其是新冠病毒感染疫情发生以来，党中央、国务院高度重视就业工作，将稳就业放在做好"六稳""六保"工作的首位。

2020年7月7日，习近平总书记在给中国石油大学（克拉玛依校区）毕业生的回信中指出，当代青年生逢其时、肩负重任，要把个人的理想追求融入党和国家事业之中。高校要切实做好毕业生就业工作，积极支持高校毕业生在各自工作岗位上为党和人民建功立业。

为坚决贯彻落实中央要求和习近平总书记指示精神，南开大学学生就业指导中心多策并举，积极开展各种形式的就业主题教育，健全完善毕业生到基层工作长效机制，全方位引导优秀毕业生到基层就业，在就业指导工作中培养毕业生坚固爱国之情、砥砺强国之志、实践报国之行。

二、主要做法

（一）加强顶层设计，培养择业意识

学校高度重视鼓励和引导毕业生到基层就业，分别于2013年和2020年出台《南开大学关于引导和鼓励毕业生到西部、到基层就业的实施办法》《南开大学关于引导和鼓励毕业生服务国家战略需求就业创业的意见》。学校有针对性地进行就业教育、创业教育，帮助学生转变就业观念，

使毕业生充分认识到在西部和基层就业的重要意义，鼓励毕业生自觉到西部、到基层寻找自己事业的起点。学校划拨专项经费为到中西部基层就业的毕业生发放专项奖励金，近五年累计发放中西部基层就业奖励金1437000元。在毕业生离校前，学校还会为即将赴中西部基层就业的毕业生颁发荣誉证书，在全校营造爱国奋斗的浓厚氛围。

学校依托学生立公研究会，组建立公宣讲团，深入各个学院，针对不同年级和专业需求，宣讲基层就业政策、基层就业途径、基层校友事迹，累计举办百余场，覆盖4000余人次，帮助学生增进对基层就业的认知，较早树立基层就业意识。邀请广西、四川、江苏等30余个定向南开大学招录选调生的省份来校宣讲，开展各省选调生招录宣讲近百场。

（二）扎实实践导向，基层立公增能

为增进学生对基层工作了解，坚定职业信仰和职业选择，自2017年起启动"立公计划"暑期挂职实践活动，以基层需求为导向，选派专业对口的学生开展挂职实践，深度参与挂职地精准扶贫、疫情防控等工作，引导学生知行合一，将爱国之情、强国之志转化为报国之行。5年来累计向11个省份32个地区选派挂职学生300余人，建立11个"南开大学基层实践基地"。

为深化校地联系，丰富学生对基层的认知，学校组织各支实践队在挂职锻炼的同时，充分发挥专业特长，立足乡村振兴战略，开展基层治理、产业发展等实地调研。建党百年之际，第五届"立公计划"暑期挂职实践活动还组织各支实践队围绕"立公脚步点亮百年奋斗路"主题开展党史学习教育活动，通过参观挂职地的革命遗址、红色教育基地，观看红色影片等，传承红色基因，提高担当本领。

"立公计划"校内影响力不断提升，报名人数逐年攀升。本科生尤其是低年级学生报名人数显著增加，"选调生"与"基层就业"在全校学生尤其是低年级学生中的知晓度进一步提高。学生赴中西部基层就业的导向更加明确，"立公计划"品牌力量愈发彰显。

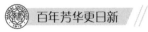

（三）强化宣传导向，选树基层榜样

为充分发挥榜样的力量，引导和带动更多的学生到祖国最需要的地方建功立业，几年来，学校一直坚持开展校友寻访系列活动。5 年来累计采访在各地党政机关工作的校友近 500 人，评选出 40 名"立公基层青年榜样"，依托南开学生立公研究会"南开紫在基层"推送栏目对其事迹进行深度采访和宣传，构建起校地沟通、校友关怀的坚实桥梁和温暖纽带。

树立新时代爱国主义弘扬者和践行者榜样，培养担当民族复兴之任的时代新人。南开大学官方公众号和学习强国等平台上报道的 2017 级南开校友侯荼燕驻村扶贫的事迹，展现了南开人的基层风采，引发广泛反响。新冠病毒感染疫情期间，学生立公研究会以线上形式开展"抗疫先锋在基层"主题宣传，分享基层南开校友的抗疫事迹，引导学生以先进典型为榜样，营造爱国奋斗的浓厚氛围。

三、经验启示

一是突出南开特色，把握就业导向。2019 年 1 月 17 日，习近平总书记视察南开大学，充分肯定南开大学光荣的爱国主义传统。引导和动员毕业生到祖国最需要的地方建功立业是爱国主义教育在就业工作中的具体体现，引导和鼓励毕业生把个人理想追求融入中西部基层建设新征程是就业育人工作的重要意义。学校以爱国主义教育为核心，以开展基层就业宣讲、推进基层就业实践、提供基层就业经验分享三大举措为抓手，形成创新思路，全方位帮助在校生树立基层就业意识，引导毕业生到基层就业创业。

二是贯通就业教育，形成长效机制。学校坚持为学生提供"贯通式"生涯教育服务，将基层就业观念教育融入各年级学生的日常思政教育和实践环节。分层次、分阶段开展生涯规划、职业发展、素质拓展等课程，培训简历撰写、公文撰写、面试技巧等实用技能，鼓励中低年级学生把握基层挂职实践机会，参与基层就业宣讲，"言传"和"身教"相结合，将爱国主义精神深植在学生心中。

三是善用"他山之石"，营造良好氛围。学校密切联系基层校友，通过开展常态化基层校友寻访、初任选调生经验分享等活动，增进学生对基层工作的认知和了解，提高学生对赴基层工作的认同感，坚定学生扎根基层奉献青春的理想信念和远大志向，层层递进，形成"传帮带"的积极作用，打造立德树人、秉公尽能的育人氛围。

四、深入思考

（一）如何进一步突出基层就业的分类指导特色

在新形势下，学生到基层就业的意向、目标逐渐呈现出多样化的趋势，如何实现分类指导、精准帮扶，需要在工作中进行探索。要进一步完善就业信息化平台搭建，全面准确掌握学生的基层就业意向和困难，及时、精准推送相关指导信息，完善"一对一"提供个性化服务模式，创新指导形式。

（二）如何提升学生基层就业力

就业力不足是社会人才供给与需求之间的内在矛盾。要提升学生的基层就业能力，就需要在就业工作中充分引导学生准确判断形势、全面认识自我、合理设立预期，提供专题授课、实地考察、挂职实践等多种学习方式，多渠道引导学生有针对性地提升能力，顺利实现基层就业。

近年来，我校推动毕业生到中西部、基层就业工作取得显著成效。近 5 年共有 3000 余名南开毕业生赴祖国中西部地区和基层就业，其中有 1000 余人考取各省基层选调生。2021 年全国"最美大学生"荣誉称号获得者、南开大学 2017 年 8 名入伍大学生之一的法学院本科生阿斯哈尔·努尔太在毕业后回到新疆、来到基层，再次参军入伍，并作为高校毕业生代表参加 2021 年全国高校毕业生基层就业主题座谈会。

南开大学将继续坚持统筹兼顾，拓宽就业渠道，多措并举积极推动更多的毕业生到祖国最需要的地方建功立业，以实际行动践行"知中国，服务中国"的优良传统，引导学生不忘"允公允能"初心，牢记"服务中国"使命，让青春在最广袤的基层大地熠熠生辉。

（代龙飞，南开大学学生就业指导中心）

构建嵌入式发展平台
铸牢中华民族共同体意识

——以紫石榴工作室助力新时代少数民族学生爱国主义教育

引　言

2021 年 8 月 27 日至 28 日，中央民族工作会议在北京召开，习近平总书记强调要准确把握和全面贯彻我们党关于加强和改进民族工作的重要思想。党关于加强和改进民族工作的重要思想积累于我党的百年民族工作历程，是党的治国方略在民族工作领域的集中体现，也为高校开展民族团结进步教育提供了根本遵循和新的要求。高校要坚持社会主义的办学方向，以铸牢中华民族共同体意识为主线，以立德树人为根本使命，创建多民族互嵌式发展的校园文化环境为各民族学生拔节孕穗。

一、背景情况

当下高校的实际工作，仍面临个别单一民族学生抱团取暖、隐性单一民族学生组织的状况，从而导致少数民族学生视野受限、文化交流封闭、交友交际面窄，甚至出现思想偏激等情况。在一线工作中，学校需要深刻领会铸牢中华民族共同体意识，引导、教育、促进各民族学生广泛交往交流交融，促进各民族学生在理想、信念、情感、文化上团结、统一、进步，加强中华民族认同感，筑牢中华民族一家亲意识；使各民族学生更多地了解中华民族文化、风俗习惯等，促使各民族学生真诚交往交流交融，营造你中有我、我中有你的校园文化氛围。

二、主要做法

（一）成立"紫石榴"工作室，汇聚各民族朋辈力量

2020年7月1日，党委学生工作部"紫石榴"工作室成立。"青莲紫"与"石榴紫"相融合，寓意各民族师生紧密团结在南开园的温暖大家庭里。工作室以弘扬爱国主义为核心的中华民族精神，培育社会主义核心价值观为主要任务，开展政策宣讲、学业帮扶、社会实践、经济资助、就业指导、志愿服务及主题教育活动，增强各民族师生联系交流，深化"中华民族一家亲，同心共筑中国梦"思想，不断铸牢中华民族共同体意识。

（二）强化线上宣传推广度，鼓励紫石榴发声发光

加强民族团结教育，民族理论和政策的学习必不可少。"紫石榴"工作室通过新媒体平台连续开展"寻找最懂民族知识石榴籽"有奖问答活动，紫石榴工作室发布主题为"寻找最懂民族知识石榴籽"的三期民族知识有奖问答推送，帮助同学们在问答中不断了解我国民族政策、各民

族风俗习惯、优秀传统文化等知识。师生通过参加趣味竞答，进一步加深了对我国民族政策、各民族风俗习惯和优秀传统文化的了解。

要想做到"春风化雨"，将民族文化融入校园文化建设就显得尤为重要。"紫石榴"工作室开展了"风华正茂"系列活动，采访了一批各民族优秀学生代表，讲述身边榜样的故事，激励各民族学生奋勇拼搏，将"小我融入大我，青春奉献祖国"，开展了主题党组织生活会、辅导员主讲专题团课、民族团结主题双语素材、选树少数民族学生榜样先锋、少数民族同学交流会暨经验分享会、网文《夸夸我的"石榴籽"》等互动学习。

（三）以开展党史学习教育"我为群众办实事"实践活动为契机，联合各民族同学开展"解忧助困"活动

寒暑假社会实践期间，对少数民族学生进行家访，为学生和家长详解国家资助政策，了解学生困难需求。针对部分少数民族学生学习基础相对薄弱的情况，成立了"学业指导中心"进行学业帮扶，助力少数民族学生学业提升。

面对严峻的就业形势，积极为少数民族同学开展简历制作、面试技巧、公务员考试等专题辅导，设立"求职例行金"，为经济上有困难的少数民族学生提供面试服装费、交通费等，并派专人赴新疆等民族地区有关部门和企业，洽谈学生就业工作。

三、经验启示

两年多来，学校以"紫石榴"工作室为抓手，凝聚各民族同学的力量和智慧，深入贯彻落实全国民族团结进步表彰大会精神，牢固树立"三个离不开"思想，不断增强"五个认同"，紧紧围绕铸牢中华民族共同体意识，丰富创新创建活动举措，连续开展"少数民族团结教育月"项目，协同学院做实做细少数民族学生工作。此外，学校发挥优势服务民族区域经济社会发展，营造了民族团结一家亲的良好氛围。

一是要聚焦党的领导，通过成立工作室进一步夯实中华民族共同体的政治基础。工作室成立以来，开展了系列有影响的活动，吸引了许多同学参与其中，展现了南开学生的良好精神风貌，切实将铸牢中华民族共同体意识落到实处。工作室通过"风华正茂"系列活动，采访了一批各民族优秀学生代表，讲述了一批身边榜样的故事，激励各民族学生奋勇拼搏，将"小我融入大我，青春奉献祖国"；通过"活动通知"板块，将"时代记忆杯·天津市首届少数民族学生创意设计大赛"活动等信息及时传达，推动了校内外交流，展现了南开风采；通过"民族团结"系列活动，推动了学生对国家民族政策知识和各族历史与现状有了更深层次的了解，促进了各族交流与团结。

二是聚焦促进"三交"，增强校园文化氛围，进一步夯实中华民族共同体的社会基础。工作室通过学业帮扶和就业能力提升两个方面，切实提升少数民族学生的学习就业能力，搭建各民族同学互帮互助平台，选树典型优秀学生代表，提高少数民族学生幸福感和获得感。

在学业帮辅方面，成立"筑学计划"，每学期聘请数位高年级优秀学生作为筑学朋辈导师，为我校学业存在困难的少数民族学生进行授课，例如在 2021 年 3 月至 6 月，累计授课时长 226 小时，参与学生达 1500 余人次；在就业提升方面，受邀参加乌鲁木齐经济技术开发区（头屯河区）网络招聘会启动仪式，并与乌鲁木齐经济技术开发区（头屯河区）签订政企校战略合作框架协议，为毕业生提供了超过 5000 个就业岗位。在毕业季，就业指导中心积极为少数民族同学开展简历制作、面试技巧、行测申论辅导培训等工作。

三是聚焦"五个认同"，提升专业技能，进一步夯实中华民族共同体的思想基础。在提高队伍专业化水平方面，举办民族理论政策、民族知识讲座，邀请专家学者参与高校民族团结教育讲座、主题宣讲，发放《新时代民族理论政策问答》等书籍，每学年邀请相关专家老师，面向我校学工队伍开展不少于 6 次的各类关于民族工作的培训与讲座，引导师生成为铸牢中华民族共同体意识的参与者和践行者。2021 年底，召开南开大学民族团结进步工作表彰暨时代新人培育工作高质量发展研讨会，会议立足学校民族工作实际，在总结经验的基础上进一步凝聚共识和合力，聚焦高质量发展，研究明确下一步工作目标。

四、深入思考

一是高校的少数民族学生教育、管理和服务工作，应时时刻刻以习近平新时代中国特色社会主义思想引领各民族青年学生坚定理想信念，培养担当民族复兴大任的时代新人。

习近平总书记指出："我们要胸怀两个大局，一个是中华民族伟大复兴的战略全局，一个是世界百年未有之大变局，这是我们谋划工作的基本出发点。"高校应以"两个大局"为背景，在嵌入式环境中，引领少数民族学生拓宽视野、提升站位、胸怀大局、放眼世界，学会平和理性地做好中国认知和世界比较。

二是要不断提高育人水平，营造师生共同体的育人新生态，切实提升少数民族大学生的培养质量。

面对少数民族学生可能存在的学业困难、经济困难、心理问题、信仰选择等问题，应做好分层分类、问题导向、精准施策，从解决实际问题入手，以解决思想问题为目标，凝聚广大少数民族教师协力为学生成长服务。以育人效果为检验标准，切实提升少数民族学生的学习成绩、能力水平，增加少数民族学生的就业岗位，让学生们有幸福感和获得感。

三是从坚定文化自信方面，强化少数民族大学生教育培养的文化认同。

在互嵌式发展平台中，兼顾各少数民族的共同性和差异性，进一步聚焦解决交往交流交融不深的问题及其文化环境方面存在的主要矛盾。通过建立各民族相互嵌入发展的五育融合平台，增进了解、尊重、包容，促进民族团结，促进和谐的新型民族关系的构建，铸牢中华民族共同体的文化基因。通过讲好民族发展的中国故事，提升各民族同学的文化自信，坚定各民族同学对于我国民族发展的制度自信。

（高珊，南开大学党委学工部）

不忘初心 交出新时代的爱国答卷

——依托新媒体打好"学科+"组合拳

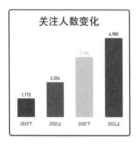

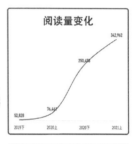

南开大学经院E学工
大数据透视

不忘初心 交出新时代的爱国答卷
依托新媒体打好"学科+"组合拳

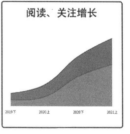

引　言

  在网络与多媒体技术高度普及的"微时代",新媒体平台已经成为青年学生获取信息、表达自我的一种重要手段。运用新媒体技术使爱国主义教育活起来,推动立德树人工作传统优势同信息技术高度融合,增强爱国主义教育的时代感和吸引力显得尤为重要。

经济学院在开展爱国主义教育过程中，始终坚持在工作中不断思考，在思考中不断发展。2018年7月，经济学院优化现有网络宣传资源，建立了以"南开大学经院 e 学工"为核心的宣传矩阵，三年来累计发布图文 1037 篇，阅读量超过 77.3 万，关注人数 5200 余人，用户画像广泛涵盖了在校师生、毕业校友、学生家长和社会人士，在立德树人工作阵地上开辟了新的版块，成为经院爱国主义教育重要的工作阵地。

一、背景情况

互联网打破了知识获取的时空限制，使大学生的思想和行为呈现出诸多时代特征，为新时代大学生烙下深刻印记：他们自带网络基因，拥有个性需求，追求更加多元化。这样的变化，也对爱国主义教育提出了更加灵活的要求，增强爱国主义教育的时代感和吸引力显得尤为重要。

爱国主义教育历来追求"因事而化、因时而进、因势而新"。一方面，经济学院遵循网络思政发展规律，主动适应新时代信息传播、舆论格局和学生认知特点的变化，结合南开经济"双一流"学科建设背景，发掘经济学科内涵，借助经济学科特色扎实开展爱国主义教育工作：利用青年师生喜闻乐见的新媒体方式，充分发挥新媒体全域传播、鲜活表达、导向塑造等优势，帮助青年学生深刻理解新时代爱国主义的诉求，传承践行好新时代爱国主义精神。致力于打造以公众号"南开大学经院 e 学工"为核心的宣传矩阵，奏响爱国主义的主旋律，让互联网这个时代的"最大变量"，变成爱国主义教育的"最大增量"。

另一方面，经济学院创新网络育人模式，多措并举，在青年师生中营造浓厚的经济学科科研学习氛围，利用新媒体的灵活性讲好南开经济学科故事，力图把以爱国主义为核心的民族精神筑成一流学科发展之基，凝聚青年师生形成合力、释放动能，打造经济学科高质量人才培养基地，增强青年师生报效祖国的责任感和使命感。

二、主要做法

（一）优化资源配置，建设"三位一体"宣传矩阵

2018 年 7 月，经济学院优化现有网络宣传资源，开设全新宣传阵地——微信公众号"南开大学经院 e 学工"，并联合微信公众号"南开大学经济学院团委""南开大学经济学院学生会"，打造"三位一体"宣传矩阵，建成"党委书记副书记指导、专职团干部负责、本研团学骨干团队运营"的垂直体系。

中共中央、国务院《新时代爱国主义教育实施纲要》印发之后，经济学院扎实学习、积极落实各项爱国主义教育工作，形成了以"九秩育人华章，献礼建党百年""青年大学习""学子热议""党的经济建设史专题""创经彩""经院战疫"为代表的 19 个品牌专栏，筑牢青年学子的信仰根基、培养青年学子的爱国主义意识。

（二）紧扣时代脉搏，学科融合思政做强正面宣传

习近平总书记提出的南开的魂——光荣的爱国主义传统，已作为师生入校教育的第一课，成为南开教育的常修课，时时提起、念念不忘。经济学院在此基础上，进行了有经济学科特色的工作探索。一方面，经济学院把握历次中共中央重要会议召开契机，及时组织学生学习重要会议精神，梳理时代发展脉络；同时紧跟经济学科前沿、抓住经济领域新词热点，加强主流意识形态的高势位引领，做强正面宣传，与时代同频共振。

重视增强主导力。在党的中央委员会全体会议、两会、庆祝中国共产党建党 100 周年大会、纪念中国人民志愿军抗美援朝出国作战 70 周年大会召开之际，经济学院把握时点营造浓厚的理论学习氛围，确保习近平新时代中国特色社会主义思想，特别是习近平新时代中国特色社会主义经济思想的学习落到实处。依托"南开大学经院 e 学工"公众号结合会议精神对党的科学理论作青年化阐释，学生能够知其然并知其所以然；会后及时收集学生学习感想，择优整理发布、展示学习成果，分享青年

观点、传播青年声音，现已发表"学子热议"专题感想 11 期。

重视提振解释力。借用客观、鲜活的事实或案例讲授学科前沿知识观点，增强话语说服力与认同力，提高青年学子的学科素养。例如，打造"创经彩"品牌栏目解读"进博会""RCEP 区域全面经济伙伴关系协定"等与国家发展息息相关的经济学热词；介绍诺贝尔经济学奖研究成果等国际经济学科发展趋势和潮流；科普"双循环""碳达峰""碳中和"等经济发展新格局、新理念，开阔青年学子的学科视野，增强青年学子科研报国的信念与决心。

（三）充实教育内容，突出主题主线

经济学院依托新媒体扎实推进四史教育、党史学习的工作主线，发挥新媒体的感染力、传播力、信息力，将党的经济建设史和南开经济学科发展史巧妙融入其中，实现历史性和时代性的统一。

发挥学史明理作用。经济学院在迎接建党 100 周年的热烈氛围中推出"党的经济建设史"专栏推送 23 期。梳理中国共产党的经济建设史并按时间顺序甄选发布，带领青年学生回顾了我党在各个重要历史时期领导全国各族人民开展经济建设、取得一系列伟大成就的史实，并学习习近平新时代中国特色社会主义经济思想，充分激发学生的民族自豪感和国家荣誉感，激励学生担当好传承红色基因的政治责任、历史责任，引导学生把爱国情、强国志、报国行自觉融入坚持和发展中国特色社会主义、建设社会主义现代化强国、实现中华民族伟大复兴的奋斗中。

发扬学史增信作用。经济学院依托南开大学经济学科成立 90 周年隆重推出"九秩育人华章，献礼建党百年"院史回溯专题，从"学科发展沿革""学科体系设置""学科建设成果"全方位展现了南开经济学科不畏艰辛、筚路蓝缕、锐意开拓创新、协力共铸辉煌的奋斗历程，增强了青年学子对南开经济学的认同感、使命感、归属感、荣誉感，让南开紫成为青年学生的奋斗底色。

（四）服务师生，传递思政温度

经济学院既注重发挥内容强音的宣传作用，也用心细化宣传方式方

法，采用生动活泼和幽默风趣的话语体系进行理论讲解，生动开展爱国主义教育。经济学院关注当下青年所面临的实际困难和问题，"掌握需求、找准痛点、对症下药"。

在新生入学之际，经济学院依托游园活动开展爱国主义主题教育，在带领新生熟悉校园的同时参观南开大学爱国主义教育基地，知行合一，生动讲述经院先贤的人生故事，深刻传达以爱国主义为核心的南开精神，增强新生对南开经院的认同感和归属感。

在日常生活中，经济学院通过抓住师生对膳食的热切关注，从经济学角度阐释了青年师生的真实消费行为背后相关原理，微信图文《浅谈经济学原理在西南村的应用》一经推出，便迅速燃爆南开人的"朋友圈"，阅读量突破 9000，达到了需求管理和寓教于乐的良好效果。

（五）宣扬学科榜样，发挥典型引领示范作用

榜样是看得见的哲理，是悟得出的真谛，是学得到的真理。一方面，经济学院通过新媒体着力宣传南开经济学科历史先贤和身边的榜样教师人物，进一步弘扬正气、凝聚人心；另一方面，通过推出年度人物巡礼专栏，在年中岁末依托优秀毕业生和先进个人及集体的典型事迹，将空泛的概念变成实在的样板，把精神的感召化为具体的行动。

宣传学科名师事迹，树立学科奋斗榜样。通过宣扬经济学科名师为国家富强和社会主义建设事业无私奉献的光辉事迹，给青年一代师生树立榜样：开设"经济学人"专栏，讲述傅筑夫、何廉、方显廷等南开经济学科先贤的生平历程和学术成果，通过讲述前人筚路蓝缕、为国奉献的事迹，培养后人锐意进取、为伟大的中国梦而奋斗的精神；专访南开大学逄锦聚教授、朱光华教授等身边的榜样教师，赓续经邦济世之志，奉献青春无悔之我，引导学生科研报国，用扎实的专业知识为祖国社会经济发展添砖加瓦。

展播立德树人成果，实现群体"头雁"效应。经济学院依托新媒体平台在五四前夕、毕业季、七一、年终等时点开展优秀学生及先进集体育人成果巡礼展播，通过在朋辈中树立典型、打造样板，用"头雁之姿"

来激发经院学生的奋斗意志，建立起互促互进的浓厚学习氛围，激发经济学人的使命担当意识，让奋斗进取成为新时代大学生爱国主义精神的底色。

（六）激发学生主体力量，打造网络育人"生力军"

新时代青年学生是社会主义事业的接班人，如同期待被点燃的火把，一旦点燃就能发挥"1+1>2"的聚合作用，进而增强爱国主义教育工作实效。故经济学院十分重视新媒体宣传矩阵运营团队的能力培养和组织建设。

知行合一打造金牌团队。经济学院团委新媒体中心学生运营团队成建制参加"师生同行"暑期社会实践活动，在经济学院专职团干部和经济学院骨干青年教师的联合随队指导下开展专题调研，助力乡村振兴。其间，充分发挥媒体人宣传工作经验和优势，拍摄制作视频记录，依托津云等主流媒体拓宽宣传覆盖面，并形成万字报告提交市政府，在实干中抒发爱国情怀。该实践团队获评南开大学暑期实践先进团队。

定制培训练就过硬本领。经济学院开展"经鹰计划"，培养青年学生的爱国主义精神和实干能力：依托线上、线下多渠道开展清单式、模块化、系统性的实用新媒体宣传技能培训，增强学生群体在新形势、新任务下做好宣传工作、带动朋辈厚植爱国主义精神的能力。

开拓创新融合学科特色。经济学院依托经济学科特色开展宣传方式方法创新，充分激发青年学生的创造力，加强青年学生的荣誉感及主动参与爱国爱校工作的使命意识。经济学院新媒体中心学生运营团队以著名经济学家为原型设计制作趣味钥匙扣等文化周边产品，一经推出广受师生喜爱；以经济学科"经邦济世，智圆行方"的育人理念制作徽章盲盒，图文消息《不知道这是不是南开首套盲盒，反正我没抽中隐藏款》借由南开地标式建筑和标志性人物的周边衍生传递爱国精神，阅读量超过 2.5 万，并获得南开大学官方微博的推广，赢得广大网友的关注和点赞，在互联网背景下展现出新一代的爱国表达方式。

三、深入思考

（一）如何进一步激发师生开展新时代爱国主义教育的主动性参与性

经济学院在爱国主义教育中，结合南开特色，秉持经济学科"经邦济世"的理念，建立以"南开大学经院 e 学工"为核心的宣传矩阵，深入开展爱国主义教育。推进爱国主义教育工作的落实需要着力构建课堂内外相互补充、主辅渠道相互促进、理论实践相互印证的爱国主义教育体系。这就要求在立德树人工作中进一步联系师生的学习生活，结合学科特色有针对性地举办活动、开展工作，以春风化雨的姿态融入师生日常生活的细节中去，提高师生在爱国主义教育中的参与感和认同感。

加强新时代爱国主义教育，关键要通过生动鲜活、亲切质朴的方式让爱国主义精神入脑入心、牢牢扎根。这就要求高校要注重发挥学生主体作用，采用互动式、启发式、交流式教育，新媒体平台亦是如此。受学生群体认可且积极参与的活动方可广受好评且影响深远，其既丰富了学生的课余生活，也为爱国主义精神和经济学科知识的运用提供了发展的空间。

（二）如何构建完备的宣传机制和反馈体系

经济学院从立德树人工作的实际需要出发，对之前已有的宣传资源进行整合，打造出"三位一体"的宣传矩阵，通过制定明晰采编发规章制度提升新媒体平台的宣传工作质量，使得各项育人活动的开展和反馈实现即时触达和数字量化，架构明朗，权责清晰；同时，经济学院也在不断探索新的宣传方向，致力于多方位展现高校师生的精神面貌，推进思政工作的全面落实。由该模式产生的相关课题研究已通过南开大学大学生思想政治教育专项结项、南开大学第六届思想政治工作精品项目结项、南开大学关工委专题调研结项等，相关经验做法在不同场景下已经得到有效验证及优先推广。

（颜季凌、任雨蝶，南开大学经济学院）

继承革命传统 携笔从戎报国

——以军旅精神教育树立总体国家安全观、弘扬爱国主义精神

引　言

　　2017 年，习近平总书记给南开大学 8 名新入伍大学生回信，肯定了他们携笔从戎、报效国家的行为。南开大学金融学院自 2016 年建院以来，共输送 4 位优秀本科生到部队成长淬炼，接收 5 名退伍本科生、10 名"退役大学生士兵专项硕士研究生计划"学生返校学习。金融学院始终高度重视大学生征兵入伍工作，关心关怀入伍大学生的成长成才，坚持为入

伍大学生召开欢送会、为退伍复学大学生召开欢迎会，肯定与支持金融学子携笔从戎之志与参军报国之行；组织退伍大学生士兵成立金融青年参军报国宣讲团，汇报军旅经历感悟，弘扬参军报国精神；与武警部队开展校军共建，增强国家安全意识，共话青年责任担当。以上活动的开展，在学院内营造了浓厚的"爱国、爱党、参军、强军"氛围，进一步传承弘扬了南开大学光荣的爱国主义传统，将爱国奉献精神发扬光大。

一、背景情况

2017 年 9 月 23 日，习近平总书记给我校 8 名新入伍大学生回信，肯定了他们携笔从戎、报效国家的行为，勉励他们把热血挥洒在实现强军梦的伟大实践之中，书写绚烂、无悔的青春篇章。

2021 年，中国共产党迎来百年华诞，全党开展党史学习教育，备受瞩目。中国人民解放军军史是一部我党独立创建人民军队、领导武装斗争、争取民族独立和人民解放的恢弘史册，是我党百年历史中浓墨重彩的篇章。

武警新疆总队某机动支队，坐落在沙漠腹地、戈壁滩上，是维护新疆安全的一支重要力量。2019 年金融学院赴莎车暑期社会实践队建立了南开大学在武警部队的第一个"南开书屋"、第一个"红色文化育人"社会实践基地。

一直以来，金融学院具有浓厚的拥军、爱军的氛围，建院 6 年以来，学院输送 4 位优秀本科生到部队成长淬炼，接收 5 名退伍本科生、10 名"退役大学生士兵专项硕士研究生计划"学生返校学习。其中，收到总书记回信的 8 名战士之一李业广同志，退役后也在金融学院 2018 级金融学本科专业就读。

在此背景下，金融学院持续开展"继承革命传统，携笔从戎报国"项目，紧紧围绕习近平总书记在党史学习教育动员大会上的重要讲话、"七一"重要讲话和《中共中央关于党的百年奋斗重大成就和历史经验的决议》等内容，通过师生座谈、军旅宣讲、经验传承和校军共建，学习党史中的强军兴军历程，引导青年学生树立国家安全意识、厚植爱国主义情怀、携笔从戎报国，在学院内营造更为浓厚的"爱国、爱党、参军、强军"氛围。

二、主要做法

（一）师生座谈：肯定携笔从戎之志　支持参军报国之行

为持续学习贯彻习近平总书记给南开大学 8 名入伍大学生的回信精神，进一步培养学生的爱国奉献精神，金融学院领导班子、班导师、辅导员每年坚持召开入伍学生欢送会与退伍学生欢迎会。欢送会邀请入伍大学生家长到校共同参会，充分肯定了入伍学生的携笔从戎之志，支持他们的参军报国之行。欢迎会表达了对退伍大学生优秀品质和过硬表现的敬佩，退伍学生分享在部队栉风沐雨、淬炼军魂的宝贵经历，交流复学后的思想动态及学习生活情况。学院勉励大家进一步学习了解南开校史、踏实学习知识、赓续红色传统，立鸿鹄志、做奋斗者、求真学问、做实干家。金融学院始终重视大学生征兵入伍工作，关心关怀入伍大学生的成长成才，座谈会的召开在学院内营造出参军报国的浓厚氛围。

（二）报国宣讲：汇报军旅经历感悟　弘扬参军报国精神

为进一步弘扬携笔从戎、参军报国的爱国精神，让更多的青年学子听到退伍大学生的军营故事和军旅感悟，金融学院组织退伍大学生成立青年参军报国宣讲团，开展形式多样的宣讲活动，鼓励更多的青年学子继承革命传统，携笔从戎报国。

2021 年 5 月和 11 月，学院两次举办军旅精神报告会，共同学习习近平总书记给南开大学入伍大学生的回信精神，并邀请八学子之一、空军退役士兵李业广，2018 级本科生、火箭军退役士兵温学斌，2019 级本科生、陆军退役士兵周欻，2019 级硕士研究生、陆军退役士兵李天兴等 11 名退伍大学生进行"热血铸军魂""国防有我，青春无悔"等主题宣讲，宣讲会参与人数达 300 余人，进一步弘扬了爱国奋斗精神，在学院内营造了更为浓厚的"爱国、爱党、参军、强军"氛围。

（三）经验传承：讲好绿色军营故事，共促青年学习成长

习近平总书记一直鼓励大学生参军入伍，并给 2017 年南开大学 8 名参军入伍大学生回信。金融学院有退役大学生士兵专项计划硕士研究生、退伍复学本科生、正在部队服役大学生士兵、计划入伍在校生，学院充分利用这种梯队的优势，组织开展座谈交流，进行"军旅故事分享""退役考研辅导""征兵政策宣讲""生涯规划与学业辅导"，在答疑解惑中共同学习成长。

（四）校军共建：提升国家安全意识，共话青年责任担当

继 2019 年金融学院赴莎车暑期社会实践队建立了南开大学在武警部队的第一个"南开书屋"、第一个"红色文化育人"社会实践基地后，2020 年，金融学院与武警新疆总队某机动支队政治工作处，以"共话中国青年的责任与担当"为主题，开展校军共建活动。

南疆渤海，语短情长诉信仰。活动中，青年学子从武警官兵维护国家边疆安全稳定的事迹中，感受到他们保家卫国的爱国情怀，并从自身出发，畅谈新时代国家安全的重要性，以及在新冠病毒感染疫情肆虐的特殊时期，当代青年的责任与担当。学生们表示，身处和平年代，我们更应心怀大我，有责任为维护中国金融安全和社会保障做出我们独有的贡献。

响应感召，负重前行塑品格。武警新疆总队某机动支队的政治工作处主任鼓励大学生"到军队大熔炉中淬炼"，勉励大学生士兵退伍后将军人的无私奉献和血性担当带回社会、服务社会。青年学子因战士们的家国情怀备受鼓舞，与武警官兵合唱《强军战歌》，诵读了学生党员写给武警官兵们的信，表达了对武警官兵的崇敬。

青春战疫，建功立业新时代。活动中，青年学生合唱《山河无恙在我胸》，结合"十四亿分之一的光"视频，讲述全国各行各业的"90 后""00 后"青年在面临疫情的大考中经受住考验，在磨炼中体现担当，在担当中扛起责任，并介绍了我院学生党员"亮明党员身份"，积极参与防疫工作，磨炼意志担大任的情况。

"一代人有一代人的长征，一代人有一代人的担当！"武警官兵、大

学生以及携笔从戎的大学生士兵们在共建活动中讲述自己的青春故事，共话青年的责任与担当，为青年学生们上了一堂国家安全教育和思政教育课。

三、经验启示

（一）拥军氛围鼓舞人心

金融学院对征兵入伍工作的高度重视、对入伍大学生的关心关怀、对他们复学之后的帮扶支持，在学院内营造了浓厚的拥军、爱军、参军、强军氛围。目前已形成具有退役大学生士兵专项计划硕士研究生、退伍复学本科生、正在部队服役大学生士兵、计划入伍在校生的梯队优势，鼓舞更多的金融学子携笔从戎，参军报国。

（二）军旅精神振奋人心

金融青年参军报国宣讲团的成立及青春报国宣讲会的举办，重温了习近平总书记对南开大学爱国奉献光荣传统的肯定，对南开学子参军报国志向和激情的高度赞扬。退伍大学生结合自身携笔从戎、投身军营，分享军旅感悟。"东风浩荡，雷霆万钧，大国长剑，威震苍穹"的火箭军军种介绍，空军机务兵的军旅生活分享，戍边战士保家卫国英勇牺牲的故事，"有苦有泪，有声有色"的军旅生涯，赴内蒙古朱日和基地进行战术演练的经历，从初心和坚守、集体和荣誉、平凡和责任诠释的参军入伍的体会等内容，使青年学子学习了革命军队史，了解了军营生涯，明白了"忠诚于党、热爱人民、报效国家、献身使命"的军人精神，深深地激发了青年学子担当使命、报效国家的爱国情怀。

（三）国家安全深入人心

与武警新疆总队某机动支队的校军共建活动，让青年学子看到了保家卫国守边疆的武警战士的挺拔身姿、抱定"远地方，苦地方，建功立业的好地方"信念主动请缨守卫祖国边陲的同龄人的担当、"舍小家为大家"在反恐一线一待十多年南开校友的军人形象，使命与担当在南开学子心中油然而生，国家安全意识和观念根植在青年学子心中。

（四）感悟分享指点迷津

依托参军报国的梯队优势开展的座谈交流，树立青年榜样，为低年级在校生提供了了解征兵政策、军营生活、生涯规划、学业指导的信息平台，帮助在校生了解如何开始军旅生涯、如何在军旅生涯中锻炼和升华自我，明确未来发展方向。

四、深入思考

（一）结合党史与军史学习，深入理解党军关系

习近平总书记在庆祝中国共产党成立100周年大会上的讲话中强调，"以史为鉴、开创未来，必须加快国防和军队现代化。强国必须强军，军强才能国安。坚持党指挥枪、建设自己的人民军队，是党在血与火的斗争中得出的颠扑不破的真理。"本项目打破孤立进行党史学习和军旅宣讲的壁垒，将党史学习与军旅精神宣讲相结合，通过回顾抗战史、抗美援朝史等引导青年学子深入理解党史军史的不可分割性，明确党对军队绝对领导的重要作用，增强青年学子"爱国、爱党、参军、强军"意识，将南开爱国主义传统、爱国奉献精神继续发扬光大。

（二）组建参军报国宣讲团，建立长效机制

金融青年参军报国宣讲团的组建，实现了"让有信仰的人讲信仰"，鼓励更多的大学生携笔从戎、参军报国，同时吸纳了更多的退伍大学生加入宣讲团，带动更多的青年党员、团员坚定理想信念，建功立业新时代，形成长效机制和良性循环。

（三）树立总体国家安全观 贡献学科力量

本项目通过军旅宣讲和校军共建，帮助青年学子提升国家安全意识。同时，引导新时代南开金融青年，树立总体国家安全观，充实专业理论知识，为完善国家自然灾害应急管理体系、保障和补偿人民群众人身及财产权益、防范化解系统性金融风险，在推进国家安全体系和能力建设中，贡献专业和学科力量。

（袁芳、季芳、王晓娟，南开大学金融学院）

强军宣讲 强体塑造 强能训练 强志引领

——以"四位一体"国防育人工作推进新时代爱国主义教育

引　言

收到总书记回信勉励的南开学子胡一帆和董旭东自退伍返校后，积极参与南开大学国防育人工作室的工作，被聘为"南开大学国防育人工作室朋辈导员"，用行动诠释爱国奉献的精神内涵，为广大有志青年树立榜样。2020 年 6 月 29 日，两位同学在周恩来总理像前，面向党支部全体党员汇报自己在预备期间的学习表现，表明自己的态度和决心。

一、背景情况

南开大学是具有百年历史的著名高等学府，南开大学八里台校区入选天津市爱国主义教育基地。2017 年，我校 8 名学子携笔从戎参军报国，习近平总书记于 2017 年 9 月 23 日给南开大学入伍的 8 名学子回信，并于 2018 年 9 月 21 日再次勉励肯定，希望同学们把忠诚报国、担当奉献作为毕生追求，为实现强军梦、强国梦贡献力量。2019 年 1 月 17 日，习近平总书记视察南开大学，对南开百年来的办学理念和办学成绩给予充分肯定，指出"南开大学具有光荣的爱国主义传统，这是南开的魂"。

深入学习宣传贯彻习近平总书记回信勉励指示精神，立足南开爱国主义传统和公能育人特色，以"强军宣讲、强体塑造、强能训练、强志引领"四位一体建设南开大学国防育人工作室，做好思想引领、舆论宣传、军事实践、环境渲染等工作，发挥学校国防教育作为全民国防教育的基础性作用，着眼培养社会主义事业的建设者、保卫者和接班人，推进新时代爱国主义教育工作。

二、主要做法

（一）强军宣讲——讲好强军故事，宣传强军思想

工作室坚持以习近平新时代中国特色社会主义思想和强军思想为指引，持续深入学习宣传贯彻落实习近平总书记视察南开大学重要讲话和回信、勉励精神，不断推进国防育人改革创新，讲好强军故事，宣传强军思想。

工作室在第十八个全民国防教育日邀请到经济管理系 1982 级校友、《士兵突击》总制片人张谦先生，以他的军旅经历为出发点，为军训新生开展题为"八千里路云和月"的主题讲座，上好国防第一课。工作室成员——马克思主义学院讲师孙海东，主讲共青团中央"青年公开课——好好学习"之"中国特色强军之路"，并开设通识选修课"中国人民解放军战史"，深受广大同学们的欢迎。

习近平总书记回信勉励的 8 名南开入伍学子之中的胡一帆和董旭东，在入伍之前面向本科新生开展军训专题座谈会，分享他们爱国强军的青春故事，将这份强军重任传递给新生同学。他们讲解征兵入伍的相关政策，鼓励新生同学要敢于在艰苦的环境中接受磨炼，以强国为己任，保持为人民服务的赤诚之心。

八里台爱国主义教育点位激情宣讲、"巍巍如南开，风华正百年"环境科学与工程学院第八届话剧节、"小我融入大我，爱国奉献担当，做新时代新青年"主题党课、"寻根铸魂铭初心，行稳致远新征程"徒步活动、红色歌曲改编大赛、经典电影重演大赛等，每一项活动都凝聚着工作室成员的深入思考与精心筹划，力争用学生喜闻乐见的形式做好国防和爱国主义宣传教育活动，得到广大同学的积极参与和高度评价。《译说百年南开 以史立德树人》，"以史育人"开展党员思政教育工作，获得 2018 年天津市辅导员精品项目优秀奖。

（二）强体塑造——"强国必先强种，强种必先强身"

南开大学历来重视体育教育，张伯苓老校长以"铸民族魂"为目的的体育思想被后世广为传扬，历久弥新，其提出的"强国必先强种，强种必先强身"的时代强音，把体育提高到民族素质和国家富强的高度。

工作室成员连续多年在八里台校区举行以"爱国精神薪火传，公能情怀勇担当"为主题的纪念一二·九爱国运动校园跑活动。来自全校各学院的 60 余名学生代表在火炬的引领下，从南开大学八里台校区总理像前出发，途经综合实验楼、马蹄湖、新体育馆、体育场、二主楼等地，最终抵达校钟。整条路线呈火炬造型，寓意"高举一二·九火炬，以青春之我，勇担时代使命"。

为培养一批具有强健体魄的热血青年，工作室依托南开大学龙舟队，面向新生招募组成"军训龙舟训练营"、举办南开大学拉汽车大赛、积极申办教育部万人计划"阳光体育伴我行"津港澳大学生交流营活动，引领南开师生将体育锻炼作为一种习惯，将身体健康作为人生追求，继承和发扬拼搏竞争、耐受输赢的体育精神，同时加强了与香港、澳门高校学生间的体育文化探讨交流，使港澳学子感受到南开大学的育人理念与体育氛围，相互学习，共同发展，培养爱国主义情怀。

（三）强能训练——培养"公能兼备"的时代新人

"允公允能、日新月异"的校训，表达了南开人的价值取向和精神品质。工作室不断创新工作方法，努力做到因事而化、因时而进、因势而新，注重国防育人与"公能"素质教育的深度融合，增强爱国主义教育活动感染力，培养学生成为"公能兼备"的时代新人。

打造南开先锋特训营，将部队的光荣传统和优良作风融入学生党员及骨干教育培训。通过校外集中军政培训和校内日常习惯养成相结合，在坚定学生党员及骨干理想信念的基础上，不断提升其领导力、执行力、语言表达能力、应急救护能力等，让学生党员及骨干真正成为有意愿、有能力服务人民的优秀学子。

社会实践中，工作室成员指导多支实践队奔赴祖国各地。参观走访八一南昌起义纪念馆，并模拟起义动员，深入学习"八一精神"；走进天津梨园头监狱某武警中队参观部队训练操课和荣誉室，共议中国特色强军之路与民族复兴的百年梦想，用行动牢记总书记的嘱托；赴中国人民解放军某集团军红一师团开展体验式实践教学，荣获天津市优秀暑期社会实践队荣誉称号，实践队队长、商学院 2015 级本科生戈福军说："我们不仅亲身体验当代军人的生活，更深入感悟了军人身上的铮铮铁骨，我们要把理想信念的火种传下去，将青春热血淬炼成钢。"

（四）强志引领——小我融入大我，青春奉献祖国

2019 年 1 月 17 日，习近平总书记在视察南开大学时寄语南开师生，只有把小我融入大我，才会有海一样的胸怀，山一样的崇高。希望你们脚踏实地，在新的起点作出你们这一代人的历史贡献，成为南开大学新的骄傲。

2020 年 6 月 29 日，为庆祝中国共产党成立 99 周年，商学院特开展"对标争先担使命，商青建功迎百年"主题党日活动。胡一帆和董旭东两位同学，在部队递交了入党申请书，退伍返校后，积极参与工作室的工作，被聘为"南开大学国防育人工作室朋辈导员"，用行动诠释爱国奉献的精神内涵，为广大有志青年树立榜样。在周恩来总理像前，胡一帆和董旭东面向党支部全体党员宣读自己的转正申请，汇报自己在预备党员期间的学习表现，表明自己的态度和决心。董旭东说："在党支部中无论是理论学习还是党日活动，我都从中吸取营养，坚定了服务群众、把小我融入大我的个人追求，毕业后我将加入选调生队伍，到基层一线服务群众，在实干奋斗中激荡青春。"胡一帆毕业后重返军营，考取了军队文职岗位，董旭东被天津市选调生录取，在基层担任社区党支部副书记，用实际行动服务人民，奉献祖国。

工作室努力培养学生服务中国的能力，鼓励学生走出校园，认识中国。组织学生赴东北三省、四川巴中、西藏拉萨、河北涞源等地开展实践工作。在东北三省，通过调研高校和爱国主义教育基地，促进学生担当抵制错误思潮的责任；在四川巴中和河北涞源，通过访谈扶贫干部、与贫困群众同吃同住同劳动，充分认识基层群众生活现状，促进学生担当扶贫扶志的责任；在西藏拉萨，通过岗位实践、走访非公企业，促进学生担当服务西部的责任。在学生就业工作中结合国家需要和政策导向开展学生生涯规划指导，已有多名优秀毕业生先后投身军事院校，扎根军营、基层岗位，报国奉献，屡获佳绩。

三、经验启示

一是构建学校国防育人大平台。工作室目前共有 8 名成员，包括 6 名一线专职辅导员、1 名学工部专职干部和 1 名思政课教师。其中，有军事学专业背景的 4 人，其他 4 名成员在学生党员教育、红色文化育人、校史育人等方面均取得一定成果。通过构建学校国防育人平台、聚力专业人才，确保爱国主义教育活动的专业性和育人成效。

二是着力打造形式多样的精品项目。工作室成员在各自的岗位上通过新媒体平台、社会实践、激情演说、影视赏析、纪念活动等多种途径精心打造多项精品项目，线上线下立体化开展爱国主义教育活动，力求吸引更多的学生参与进来，不断扩大爱国主义教育活动的深度与广度。

三是立足丰富南开爱国主义教育体系。百年南开爱国传统，八里台校区爱国主义教育基地，南开大学具有丰富的爱国主义教育历史积淀和物质文化资源，南开大学也有众多师生致力于开展爱国主义教育工作。始于国防育人工作室的大国防教育，以国防教育为基点，丰富南开大学爱国主义教育体系，厚植学生爱国主义情怀，培养有理想、有能力的社会主义事业建设者、保卫者和接班人。

四、深入思考

（一）如何增强新时代爱国主义教育活动的吸引力

爱国主义教育活动要突出思想内涵，强化思想引领，通过分层分类，指导党团班建设，使爱国主义教育活动更加接地气、有生气、聚人气。同时，充分利用新媒体技术，运用同学们喜闻乐见的形式或新颖的活动模式，降低活动难度，激发师生参与热情，通过网络新媒体平台进行传播，并形成专题栏目，如《历史的榜样，前行的力量》《FM1919：心尖上的南开往事》等，得到同学们的积极参与，切实增强了新时代爱国主义教育活动的吸引力。

（二）如何提升爱国主义教育活动的科学性

爱国主义教育要求真务实，注重实效，这就需要加强理论指导，在提升爱国主义教育活动效果的同时，增加理论成果的产出，使经验可传承、可复制。要注重加强与学校校史研究中心、专业教师、武装部、校外专家顾问等各方资源的联系，依托军地人才资源，采取专兼结合的办法，不断扩大外脑支撑，提升爱国主义教育活动的水平。

（三）如何充分发挥先进典型在爱国主义教育活动中的引领作用

习近平总书记回信勉励 8 名南开入伍学子，对南开师生起到了很好的示范引领作用，这充分说明了人们往往更容易被身边的人和事感动，因此要不断挖掘师生身边的先进典型，用师生自己的事、身边的事讲好爱国故事，使爱国主义教育有情感、有深度、有温度，以榜样的力量激励人、鼓舞人，增强新时代爱国主义教育活动的实效性，引导广大师生把敬仰与感动转化为干事创业、精忠报国的实际行动，在个人学习和职业选择中，把小我融入大我，用青春奉献祖国。

（张玉川，南开大学商学院）

如何做好家庭经济困难生赴海外交流期间的
爱国主义教育和价值引领

——以留学助学金项目探索让资助更寓"育人味儿"

引　言

随着脱贫攻坚战的全面胜利，我国开启全面建设社会主义现代化国家的新征程。新时代教育对外开放的背景下，国家实施人才培养国际化战略，学生资助工作的重要内容便是助力培养学生的国际视野与国际竞争力。高校应当紧紧围绕立德树人根本任务，坚持和加强党对学生资助工作的全面领导，探索学生资助工作服务国际化人才培养的有效途径。

一、背景情况

为丰富资助体系，帮助家庭经济困难生获得平等、多样、优质的学习机会，拓展国际视野、丰富学习阅历、提升综合素质，我校 2013 年在全国率先尝试设立本科生留学助学金，用于资助品学兼优的家庭经济困难本科生出国（境）学习交流。学校出台《南开大学本科生留学助学金资助工作暂行规定》。入选学生只要成功申请到学校组织的本科生公派出国（境）学习交流项目，即可获得包括往返机票、学费、保险费、住宿费和生活费在内的全额资助。截至目前，学校成功资助近 200 名学生赴瑞士、美国、日本，以及中国香港和台湾等地进行交流学习，资助金额300 余万。根据不完全统计，国内三十几所高校均效仿采用类似模式，选派品学兼优的家庭经济困难生出国出境交流，效果显著。

然而，受到世情、国情和文化的影响，不断增长的赴国境外交流困难生数量给资助育人的爱国主义教育与价值引领提出了新挑战。

二、主要做法

（一）加强内训，多角度充分准备，提振自身信心

家庭经济困难生面对第一次出国出境容易产生焦虑担忧的情绪，可以围绕留学期间如何进行有效的心理调节以及如何以积极的心态与行为融入留学生活展开心理培训；面对快速融入新集体的人际交流，可以在跨文化沟通与交流方面给予相关指导和建议；面对多种文化专业交流研讨，适度开展"国际政治与安全形势"专题讲座，把好政治方向；面对才艺展示、文体竞技等，提前帮助同学们发掘自身优势，挖掘一技之长，准备充分，自信展示。此外，在生活习俗、交通常识、沟通礼仪等方面

亦可开展培训，帮助同学们减少陌生感，从而更容易融入本土文化。

（二）拓展眼界，全方位认知中国，提升中国自信

在选拔学生后，认真分析资助对象的成长特点，通过多种途径使学生在出行前全面了解国情，把握时代大势，形成对中国特色社会主义发自内心的深刻认识和充分自信，树立民族自尊心和自豪感，在多元的社会价值观和思潮面前排除干扰。

一是开展国情教育。例如，开展党史、新中国史、改革开放史、社会主义发展史宣传教育，让学生全方位了解中国。学生对自己的祖国了解越全面，认识越深刻，所产生的爱国主义情感就会越深厚。二是开展爱国主义教育。巧妙地选用内容和方法，用新中国的巨大成就激发学生爱国之情。例如，带领学生去上海一大会址，了解中国共产党带领人民争取自由解放的发展历程；参观宝钢等国企，看大国制造；参观港珠澳大桥，感受中国建设奇迹、体验口岸高效便捷出行。三是感恩报国教育。这是学生爱国之情的巩固和发展，是学生爱国情感的升华，是爱国主义精神的重要体现。例如，参观各地校友会，了解优秀校友在地方社会经济发展的作为和担当。四是中外国情与文化的对比教育。这是为了提高学生对外来价值观的识别力和判断力，对外来生活方式的理解力和适应力，使学生在以开放、理性、包容、辩证的观点看待多元文化的同时，去其糟粕取其精华，不断促进中华优秀传统文化的传承与发展。

（三）严格过程化管理，激发学生主动性，传播南开声音

出行前，引导学生了解目的地国家或地区的情况，尤其要强调遵守我国和目的地国家或地区的法律法规，遵守母校和交流学校或机构的相关管理规定。过程中，要通过线上线下多种方式定期与学生进行思想交流，强调维护民族尊严、国家利益和学校利益，自觉维护国家、学校和学生个人形象。在外学习期间，派出人员须认真完成既定任务，积极参加学术活动，及时向学校汇报学习进度、研究进展并附上学习和生活照片。立足全球视野，讲好中国故事，将"知中国，服务中国"的办学宗旨深化为"爱中华，复兴中华"的实际行动。派出人员应按时回国等等。

三、经验启示

（一）赴海外交流前，要精准分析学生的成长规律和特点

与普通学生相比，家庭经济困难生因为成长过程中缺少能力培养提升的机会，容易产生自卑感，表现为缺乏自信心、性格敏感、不善与人交流、不愿参加集体活动。在国境外的交流活动中，多数活动或者课程需要课堂交流、分组讨论、才艺展示、体育竞技等，旨在让学生快速体验融入。但短时间、高频段、数量多的交流活动，更会加剧家庭经济困难学生不自信的感受。

为此，广泛调研、深入分析、精准施策成为确保整个社会实践发挥育人作用的基础和前提。

（二）赴海外交流中，要时时引导学生做好中国认知和世界比较

各高校选拔的均为品学兼优的家庭经济困难学生，总结他们的成长规律发现，他们存在群体的特殊性和共性，即在进入高校前，他们鲜有去往国内北上广等一线城市的经历，缺少对中国前沿发展的体验和认知。因此，会出现出国出境时，缺乏中国自信，从而不能全面、客观、平和地进行中国认知和世界比较的情况，这与为党育人、为国育才、立德树人的教育目标不相合。

为此，借助每个实践环节，时时刻刻点点滴滴做好爱国主义教育和思想引领，需要教育者科学预判、深入浅出、因时因地。

（三）赴海外交流后，价值引领更需问题导向，精准发力

在机制方面，多数高校组织集中性的行前培训，偏重仪式性，缺乏个性化的教育和辅导。学校对学生出境期间和回国后的思想状况关注较少。在管理人员方面，部分管理人员缺少境外学习和生活经历，缺乏处理涉外问题的能力，或者是对新时代新问题总结梳理不足，思想交流缺乏针对性。

为此，学生返回国内后，学校更应持续追踪学生在思想、行为等方面的表现，关注学生变化，针对变化开展深入的价值引领，以此作为思政教育最深入持久的部分，从而形成真正发生变化的教育"爆破点"，这

也是全体思政教育工作者的重点难点课题。

四、深入思考

（一）要始终坚持资助育人的工作目标，将理想信念教育和价值观培育牢牢植根于资助全过程

家庭经济困难学生享受了更多的国家资助，更能体会社会主义制度的优越性，应该比其他学生更念党恩国恩，具有更加坚定的理想信念。青年时期是人生三观确立并稳固的关键期，教育者应抓住此阶段，通过帮助学生解决成长难题实现对学生的思想引导，实现"解困—育人—成才—回馈"的良性育人机制。

（二）要始终坚持探索引导家庭经济困难生树立对中国特色社会主义的"四个自信"的具象化途径

到革命圣地沉浸式体验伟大建党精神，到国内一线城市感受改革开放的时代脉搏，到祖国边陲感受多民族国家的治理能力，到极度贫困地区感受扶贫之路的决心和力度，在实景实情中坚定家庭经济困难生跟党走的信心。此外，走出国门，倾听世界，在海外从不同视角感知"中国力量"，贡献"中国智慧"，增强"四个自信"。

（三）要始终坚持总结教育规律和学生成长规律，精准资助

我们要始终牢记为党育人、为国育才的使命。面对家庭经济困难生这一独特的群体，通过广泛调研、座谈、大数据分析等方式，从成长链条的角度深入总结分析这一群体的特征和需求，精准施助、因材施教，因人而异，不断更新丰富教育内容和体验形式，从而达到以经济资助实现走出去，以能力帮扶实现有信心地走出去，以价值引领实现自信地走出去并走回来的育人目标。

（高珊，南开大学党委学工部）

沉浸式党史学习教育：
一场新青年与历史的隔空对话

——为新时代爱国主义教育注入"新活力"与"年轻态"

引 言

"将情报传到以后，我在组织的安排下待产。我们的孩子，就叫辛天津。他呼吸的第一口空气，就是新天津、新中国、新世界的空气。我带着你们的心愿，还有我们的孩子，每一天都充满希望地活着，我得替你们看看你们用生命换来的新世界啊，看看你们的愿望实现了吗……"一位体验者满含热泪地演绎着红色剧本《兵临城下2：你好，新天津》里的情节。这是南开大学"红传思政"项目组在校内首创的红色沉浸式党史学习教育。

为在广大青年中开展深入、持久、生动的爱国主义教育，让爱国主义精神牢牢扎根，项目团队首次将当下青年人喜闻乐见的"剧本杀"与党史学习教育和爱国主义教育结合起来，让新时代的青年人与历史隔空对话，在角色演绎中谈古今、论实事、颂英雄、怀家国，为新时代爱国主义教育注入了"新活力"与"年轻态"。

一、背景情况

2021 年是中国共产党成立 100 周年，全党上下深入开展党史学习教育，"学党史，悟思想，办实事，开新局"。2021 年初，习近平总书记在党史学习教育动员大会上指出：各地在开展党史学习教育时要"推进内容、形式、方法的创新，不断增强针对性和实效性"。"剧本杀"是当下最受青年人欢迎的社交方式之一，将其融合"红色"内涵形成的"红色剧本杀"正是进行爱国主义教育的良好素材和开展党史学习教育的绝佳形式。

2021 年 5 月，《人民日报》刊发文章《剧本杀行业，是否应经历"第二次人生"？》，将"剧本杀"定义为现代青年的"新社交"，更称"2021 年是线下剧本杀进入大众视野的全新元年"。不仅如此，全国各地更是掀起一股"红色剧本杀"热潮，纷纷解锁了党建宣传、主题党日、党史学习教育新模式。例如北京、上海、广州、无锡、三亚等城市的地方政府均陆续展开尝试。这些红色主题剧本，大多聚焦在抗日战争或是解放战争时期，或是主打谍战阵营，或是偏沉浸情感，极具主旋律气质。自 2021 年 4 月起，南开大学"红传思政"项目组在思政课改革创新和党史学习教育的大背景下，积极探索新时代爱国主义教育的新形式、新做法，将"红色剧本杀"融入党团活动、党史学习教育等场景，在南开大学各学院广泛开展"红色沉浸式党史学习教育"活动，红色育人效果显著，在校内外反响热烈。

二、主要做法

（一）抓住"剧本杀"热潮，为爱国主义教育注入"年轻态"

不同于普通的"剧本杀"，"红色剧本杀"以红色文化、家国情怀为核心，故事背景聚焦真实历史事件，结合当下新兴娱乐方式，通过沉浸式戏剧体验和跨时空对话的形式，以沉浸式教育场景，向受众传递爱国主义精神。通过"演绎"这一生动而深刻的形式，参与者全身心投入扮演的角色当中，以第一视角去身临其境地体验那些跌宕起伏、惊心动魄的革命故事，设身处地地理解革命先辈们的艰难抉择，真实代入当时的处境与历史隔空对话。该形式有效取代了较为传统的照本宣科模式，解决了参与者"人在心不在"的基本问题，真正激发了学生主动学习、深度学习的热情，加深其对历史的感悟，为爱国主义教育注入"年轻态"与"新活力"，让红色基因在新一代青年中真正传承与发扬下去。

目前，项目团队已经引入数个红色剧本，在校内外多个单位举办了数十场红色主题的爱国主义教育活动。

（二）用好用活红色资源，自主设计开发原创剧本

历经战火淬砺的天津，蕴含丰富的革命历史、红色文化等教育资源。在抗日战争时期，天津成为北方重要的情报中心，党中央十分关注天津地区的抗日斗争与情报工作，在开展敌后游击战争、城市斗争中作出了许多重要指示。党的交通站和秘密电台在天津建立兴起，党中央和北方局与河北省委建立了密切的联系。毛泽东经常以"天津来电"为代号，将河北省委向中央的请示报告转发聂荣臻等，并作出相应指示。

依托天津红色资源和校内外相关资料，南开大学马克思主义学院师生以及校外资深"剧本杀"玩家共同创作了以天津为历史背景的原创"红色剧本杀"《天津呼叫》。该"剧本杀"以抗日战争时期党中央和北方局与河北省委建立密切联系的电报"天津来电"与天津内部电话局职工拒绝交出电话局控制权和电话通讯主权的"抗交"斗争为背景，以不同的视角一窥抗日战争时期天津的风云际会及情报斗争的波谲云诡。学习天

津抗战历史，感受当年的艰辛与感动，体悟先辈的困境与抗争。

（三）走进新时代青年内心，让爱国主义精神牢牢扎根

国家的希望在青年，民族的未来在青年。我们开展爱国主义教育，最终目的是推动爱国主义精神入脑入心，深深扎根在青年的心中。

"红色剧本杀"满足了当代青年对线下社交的需求，以年轻化、潮流化的沉浸式教育场景，向年轻一辈传递红色爱国主义精神，真正走进了青年人的内心。新时代青年具有最活跃的创造力和最强大的好奇心。随着国际关系的不断变化和国际沟通的日益频繁，他们在吸收外来文化的同时，也对本国文化和历史有着更强烈的探索欲。然而，部分青年在国际交流和网络生活中，没有意识到自身言行对国人形象的影响，种种行为都暴露了爱国主义教育缺失的问题。

我们将"红色剧本杀"与党史学习教育结合起来，不仅在内容上满足了青年对历史的探究和对时代新问题的好奇，更在形式上推陈出新，贴近新时代青年的现实生活，让他们在学习中确立正确的人生观和价值观，让爱国主义精神牢牢扎根青年心中。

三、实施效果

自 2021 年 8 月份以来，已有来自天津青年宫、南开大学团委、南开大学第二十四届研究生支教团、南开大学药化生国家重点实验室、马克思主义学院、物理科学学院、商学院等单位的近百名师生体验了红色沉浸式党史学习教育，得到师生的广泛关注和高度认可。

"沉浸式红色党史教育给我上了一节生动的课，和我曾经玩过的'剧本杀'完全不一样，真正代入到人物中，代入到那个年代中，我真切地感受到屈辱、不甘、愤恨与大义。在那个年代，国破家亡，若不反抗，就永远不会有未来，我们所学习的某一段历史是当年革命先烈实实在在的一生，这份重量是沉甸的。我们所能做的不只是铭记历史，更要珍惜现在，活出当年先烈们想象的未来。"

四、深入思考

（一）坚定信念，充分彰显爱国本色

牢牢坚守爱国本色始终是我们的首要任务。"剧本杀"虽然是一种娱乐方式，但融入"红色"元素即赋予其本身更强的教育意义，因此处理好教育性与娱乐性之间的关系、充分发挥教育价值、彰显爱国本色是我们未来需要关注的首要问题。

"剧本杀"作为当下最受青年人欢迎的社交方式之一，本身是一种极具娱乐性的活动方式。将其融合"红色"内涵形成"红色剧本杀"，就是用年轻人喜欢的方式来学习历史，将娱乐与教育相结合，兼顾趣味性与教育性，正是进行爱国主义教育的良好素材和开展党史学习教育的绝佳形式。目前，已有不少"红色剧本杀"创作者受到地方政府部门和学校的邀请，围绕当地和本校历史文化资源定制原创剧本。此外，越来越多的地方选择在文旅项目上与"剧本杀"产品进行深层次合作。

在我们看来，作为一种爱国主义教育的新形式，娱乐性与教育性在"红色剧本杀"中并不冲突，教育价值甚至是主要价值，让参与者在轻松、趣味的过程中于无形中接受红色主题教育、历史知识等，做到润物无声。

（二）扎根阵地，更加突出南开特色

在爱国主义教育中，如何结合南开特色，如何根据个人特点，调动最具主观能动性的因素，是我们一直以来在思考的问题。

巍巍南开，学府北辰，穿越百年历史沧桑，爱国主义始终是南开大学的厚重底色。作为一所拥有百年历史的著名高等学府，尤其是八里台校区，具有光荣的爱国主义历史传统和丰富的红色文化资源，它见证了南开大学因救国而生和迅速崛起的历程，铭刻了民族危亡之际，张伯苓校长提出振聋发聩的"爱国三问"，记载了 1937 年日军侵华、炸毁南开等重大历史事件。2019 年 1 月 17 日，习近平总书记视察南开大学时指出，"南开大学具有光荣的爱国主义传统，这是南开的魂"。

为继承和发扬南开爱国主义传统，进一步突出爱国主义教育的南开

特色，我们充分利用南开校史资源，将沉浸式党史学习教育与爱国主义教育、校史教育、新生入学教育等相结合，设想未来在南开园开展南开校史、爱国主义教育等主题的"大型实景搜证式红色剧本杀"。参与者穿上角色服装，走进历史实景，拥有更大的活动空间和更强的代入感。

（三）创新形式，呈现厚重时代底色

习近平总书记指出："经过长期努力，中国特色社会主义进入了新时代，这是我国发展新的历史方位。"在新时代开展爱国主义教育，不仅面临着新形势新思想新要求，迎接着新使命新任务新挑战，更需要开创新方法新路径新模式。新时代爱国主义教育除了传统学校教育之外，还扩展到了网络空间领域，教育内容上也呈现融合创新的趋势。未来我们也将从内容和形式上进一步创新，推动爱国主义教育呈现厚重的时代底色。

一方面，内容上我们将从沉浸式党史学习教育的核心——剧本入手，严格把握剧本内容。第一，我们将继续利用红色文化资源，将近代以来中国共产党领导中国人民在革命、建设和改革过程中留下的物质财富和精神财富充分融入剧本内核，充分把握近代以来爱国主义精神内涵的发展脉络，这是凸显爱国主义精神真实性和质朴性的关键环节。第二，除了现有的以真实历史事件改变的剧本以外，我们还将胸怀两个大局，从"世界百年未有之大变局"和"实现中华民族伟大复兴的历史全局"出发，坚持立足中国又面向世界，以更加包容开放的态度认清中国发展、认识国家利益。同时，将新时代面临的国内外新形势和新问题融入教育内容之中，特别是针对错误思潮进行澄清、批判和否定，让爱国主义教育更具有针对性和说服力。第三，在受众群体方面，我们还将走出大学校园，在中小学生、党政机关乃至中老年群体中开展多种方式的沉浸式学习教育，面向全体人民、聚焦青少年，让各界群众都能在沉浸式体验中感悟爱国主义情怀，使爱国主义成为全体中国人民的坚定信念、精神力量和自觉行动，让爱国主义教育更具有广泛性和群众性。

另一方面，形式上我们将突破传统的课堂灌输和理论学习，将思政小课堂和更广阔的网络大课堂相结合，开创"互联网+红色剧本杀"的沉

浸式党史学习教育新形式，增强新时代爱国主义教育内容的共享性和丰富性、方式的开放性和互动性。通过充分利用团队资源和不同专业优势，拟开发线上"红色剧本杀"小程序，拓宽爱国主义教育的空间和平台，从而实现新时代爱国主义教育的日常化和多样化。

（杨蕊，南开大学汉语言文化学院）

追寻上海红色记忆 深读党史这本"教科书"

——利用红色资源在"师生同行"社会实践中开展爱国主义教育

引 言

2021年7月4日至10日，在南开大学党委学生工作部指导下，学工宣传中心设计并开展了"追寻党史初心：上海记忆里的红色脉络"师生同行暑期社会实践，前往中国共产党的"诞生地"——上海，追溯党成立初期走过的道路，实地走访和参观调研红色遗址，拍摄制作微纪录片，并通过"南开微学工"微信公众号发布，引发广泛关注，筑牢南开学子信仰之基。

一、背景情况

《新时代爱国主义教育实施纲要》（以下简称《纲要》）提出，要坚持爱党爱国爱社会主义相统一，当代中国，爱国主义的本质就是坚持爱国和爱党、爱社会主义高度统一。纲要还明确要求广泛开展党史、国史、改革开放史教育，结合中华民族从站起来、富起来到强起来的伟大飞跃，引导人们深刻认识历史和人民选择中国共产党、选择马克思主义、选择社会主义道路、选择改革开放的历史必然性。要加强改革开放教育，引导人们深刻认识改革开放是党和人民大踏步赶上时代的重要法宝，是坚持和发展中国特色社会主义的必由之路，是决定当代中国命运的关键一招，也是决定实现"两个一百年"奋斗目标、实现中华民族伟大复兴的关键一招，凝聚起将改革开放进行到底的强大力量。

在党史学习教育动员大会上，习近平总书记指出："在一百年的非凡奋斗历程中，一代又一代中国共产党人顽强拼搏、不懈奋斗，涌现了一大批视死如归的革命烈士、一大批顽强奋斗的英雄人物、一大批忘我奉献的先进模范，形成了一系列伟大精神，构筑起了中国共产党人的精神谱系，为我们立党兴党强党提供了丰厚滋养。"2021 年 7 月，恰逢中国共产党百年华诞，抓住并利用好这一重大时间节点，在暑期社会实践活动中融入党史学习教育、爱国主义教育和改革开放史教育，是筑牢师生的信仰之基的良机。"追寻党史初心：上海记忆里的红色脉络"师生同行暑期社会实践活动，通过实地走访党的诞生地上海，致敬党的辉煌岁月，感受改革开放带来的伟大巨变，以此激发爱国爱党情怀，是一次将爱国主义教育情感化、具体化、内涵化的有益尝试。

二、主要做法

（一）精心规划红色主题路线，把握党史红色脉络

上海是中国共产党第一次全国代表大会的举行地，更是我国改革开

放的排头兵。为了探索建党初心，缅怀前辈楷模，回顾党的百年奋斗历程，寻访地点从中共一大旧址、二大旧址、毛泽东纪念馆、周公馆、四行仓库纪念馆，到上海博物馆、人民大剧院、中华艺术宫、东方明珠、外滩金融中心，从追溯党的诞生到回望抗战烽火，从探索解放往事到近距离观察新时代耕耘收获，通过观察历史遗迹、观看红色话剧、观赏当今风貌，助力学生从多维度、多视角把握党史红色脉络。

（二）精挑细选实践参与对象，提前组织相关培训

学生是本次社会实践活动的受众，也是关键参与者。为了最大程度发挥团队优势，学工宣传中心着力队伍建设。一是优化队员组成结构，形成专业年级互补、专长与技能互补的社会实践队伍。二是提前组织相关培训，包括摄影技巧、摄影机操作、无人机操作、镜头语言、稳定器操作等拍摄必备技能。三是组织学习历史史实，搜集整理上海相关党史资料、典籍、人物、地点等信息，撰写微纪录片脚本。

（三）精准定位指导教师职责，发挥学生主观能动性

社会实践指导教师除了应负责团队的安全，还应通过科学化分工与培养学生主观能动性相结合，抓好队伍思想建设的同时，引导实践内容积极正向。在本次社会实践中，指导教师科学调配、精准履职，一是将团队分工分组为联络组、办公组、摄影组、剪辑组、文案组、后期组，并设立两个行动组以保障出行安全；二是着力锻炼团队协同力、团队控制力，以及一旦出现突发情况下的判断力和执行力，积极发挥学生自我管理的主观能动性。

（四）精巧设计实践活动环节，激发实感以促进团队增信

本次实践活动坚持在每日行程结束后安排队员座谈交流，在激发队员思想碰撞与灵感火花的同时，增强团队间的互识互信。为了发挥实践队的示范引领作用，团队组织专人对交流成果进行采编、整理和排版，并作为阶段性成果通过微信公众号、微博等新媒体网络宣传平台发布随行报道，大大增强了队员的荣誉感和获得感，提升了爱国主义教育的实效。

（五）精意打造成果献礼建党百年，提升学工宣传品牌形象

本次实践活动的最终成果以《上海记忆里的红色脉络》微纪录片形式，依托南开大学学工宣传中心"南开微学工"微信公众平台呈现，引发了广大师生的强烈共鸣。作为献礼中国共产党百年华诞的学工宣传中心原创作品，丰富充实了党史学习教育内容，拓宽了辐射影响范围，唱响了礼赞新中国、奋进新时代的昂扬主旋律。

三、经验启示

一是要找准守正与创新的结合点，选好教育实践活动的时间点和切入点。新时代爱国主义教育绝不能是简单的说教，思政课不仅应该在课堂上讲，也应该在社会生活中来讲。书本、课堂教授等方式缺乏创新性，在当前的爱国主义教育形势下，学生对书本上的爱国理论知识认识不深刻、不全面，更多的是应付，单一化的教育方式很难对大学生的爱国主义行为产生强烈的影响作用，因此，找准时间点和切入点显得尤为重要。

二是爱国主义教育和党史学习教育要走近历史场景，发挥"党史"这本教科书的生动作用。历史是最好的教科书，也是最好的清醒剂，中国共产党百年历史就是最生动、最有说服力的教科书。借助各类革命纪念馆、遗址等场所，能够更加生动有效地开展爱国主义教育，通过与党史中的人物、物品和场景近距离接触，能够让学生更加直观、全面地感受和触碰到鲜活的历史，对比自己当下的生活，更能感悟和体会到革命先辈的艰辛，由此得到思想的启迪，触发对今天来之不易的美好生活的珍惜和热爱之情，激发爱国主义情怀。

三是要做好随队指导教师的职责定位，充分调动学生的主观能动性。要想在社会实践中开展好爱国主义教育，指导教师要首先做好思想和价值引领，指导、制定和设计好团队的学习路线。此外，还要做好团队建设，以最大限度地调动和发挥教育主体——学生的主观能动性。一方面，要重点培养高年级同学的领导力、组织力、协调力，以老带新，培养成员吃苦耐劳、敢于担当的精神，增强团队纪律性、凝聚力和集体荣誉感。

另一方面，要对队员个人情况、专长进行充分了解，保证实践过程中能达到人尽其才，最大程度发挥团队优势，对实践队员展开全面培训，全方位拓展学生的技能、知识与视野。

四、深入思考

（一）爱国主义教育要以认知为基础，强化学生政治认同

正确的认知是情感和行动的基础。面向大学生开展爱国主义教育，要让学生从党的非凡历程中深刻领会中国共产党为什么能、马克思主义为什么行、中国特色社会主义为什么好，明确我们从哪里来、根扎在哪里、要走向哪里。从建党的开天辟地，到新中国成立的改天换地，到改革开放的翻天覆地，再到党的十八大以来党和国家事业取得的历史性成就、发生的历史性变革，波澜壮阔的百年彰显了党的光辉历程，通过学习教育，增进学生对国家政治体系的拥护与支持，这是引导和强化学生政治认同的关键所在。

（二）爱国主义教育要以情感为重点，涵养学生爱国情怀

学生只有厚植情感才能更加坚定理想信念，也更能经受时间和困难的考验。同时，学生如果缺乏对党史的学习和感悟，就难以理解实现中华民族伟大复兴这个近代以来中华民族最伟大的梦想，也就难以形成对祖国强大的归属感、荣誉感。爱国主义情感充沛的党史故事是最好的学习资料，利用好红色资源，持续引导和激励学生，党史中的爱国主义精神，是激励中华儿女热爱祖国、建设祖国、奉献祖国的不竭动力和源泉。

（孙玥，南开大学党委学工部）

学史讲法知国情 同心共铸中华文明

——线上线下双助力 落实港澳台学生国情教育

引 言

一直以来，学校立足南开光荣爱国主义传统，充分利用校内爱国主义教育基地的实体资源，在港澳台学生国情教育网络培训教学平台的基础上，将促进爱国主义教育的种子深深埋藏在了各位港澳台学子的心中。具体来说，学校依托丰富资源、多样形式，自觉将港澳台学生国情教育同"三全育人"及"公能"素质教育内涵相结合，并在落实立德树人根本任务的同时引导学生将"小我融入大我",进一步提升了港澳台青年一代的历史使命感与社会责任心。

一、背景情况

以习近平同志为核心的党中央高度重视爱国主义教育,固本培元、凝心铸魂,作出一系列重要部署。学校党委始终从战略高度重视港澳台工作,全面贯彻落实《新时代爱国主义教育实施纲要》,爱国奉献精神已点亮校内每一位师生心中的信仰之火。在港澳台学生国情教育方面,学校切实对照各项新理念、新部署、新要求,进一步理顺工作体制机制,开展多样实践交流,在方式方法上力求创新,取得了一定教育成果。

二、主要做法

(一)博古而知今,以历史星火点亮爱国热情

光荣的爱国主义传统,是南开教育的常修课,也是港澳台学生的必修课。在国情教育课程学习的过程中,港澳台学生以线上的形式参加网络课程培训,同时通过多样线下活动切身体验并感受历史巨变与发展成就。通过线上线下相结合的多样培养模式,港澳台同学切身感受并触摸到了时代发展的脉搏,以历史的星火点亮了心中爱校、爱津、爱国的热情。

因为热爱,港澳台同学在校的生活也具有了强烈的归属感,这是作为一名南开人心中的星火,也是扎根于热爱,吸收知识养分,获得个人成就感的力量源泉。

(二)实践验真知,以知行之力凝华家国天下之情

百年南开,春华秋实。校内丰富的历史文化教育资源滋养了一代又一代南开人。在这丰厚肥沃的精神土地上,学生们通过"学宪法法律"和"知国情世情"的相关课程,将学习与研讨相结合,在学习中不断思考进步,在研讨中碰撞思想的火花。

在开展新时代爱国主义教育的指引下,南开大学港澳台同学以知行合一的方式,不断以实践检验真知。有的同学积极探索新的学习方向,

更好地"知中国，服务中国"；有的同学将南开的知识种苗，播撒回自己生长生活的地方，回馈家乡；有的同学通过参与扶贫，致力于以个人的力量造福一方水土。以知行之力凝华家国天下之情，是南开精神对于港澳台学生涵养的生动体现。

港澳台学生以自身的故事和独特的经历，将允公允能的校园力量带向了更广阔的时空，也在别具一格的心灵之旅中充分体味着成长的光华与蜕变的快乐。

（三）同根更同心，以精神之骨血铸中华文明

港澳台学生与内地（大陆）学生同根同心、携手成长，在南开的精神泉水中感受公能日新、与时俱进的校园文化与时代精神。港澳台学生国情教育课程围绕经济、政治、文化等方面内容，将在线学习、交流研讨、线下参观相结合，让港澳台学生在精神思辨中，进一步知中国、了解中国，切实以公能之力助力个人成长，以精神之美共铸中华文明。

港澳台学生在校园生活中也感受到了家庭的温暖，每一次节日的问候，每一次相聚的快乐，每一次思想与灵感碰撞的火花，都是家国情怀的新旋律，这些微弱而轻盈的音符最终汇集在每位同学的心中，书写出同根美妙的乐章。

三、经验启示

在发挥南开爱国情怀与公能日新南开精神的基础上，依托本次国情教育网络培训，学校线上线下建立了全方位的港澳台学生国情教育体系。具体来说，工作以"思想性、专业性、亲和力、激励感、规范化"为原则，以线上学习、课程设计、活动安排、交流座谈为主要方式，致力于突出教育主题、建设精品课程、创新教育形式。

一是明确目标步骤。深入学习贯彻习近平总书记对港澳台学生教育工作重要论述和党的二十大精神，切实发挥学校党委在对港澳台学生国情教育工作目标制定、教育教学、队伍建设等方面的领导作用，探索"目标引领、学校统筹、部门协同、学院实施、师生自觉参与"的创新工作

机制。同时，与校内各部门密切联动，开展面向校内师生的调研座谈，切实听取港澳台学生意见反馈并做针对性部署。为此，学校港澳台事务办公室、教务处、研究生院、学工部、研工部、马克思主义学院等六家单位专题研讨，明确任务分工与时间节点，并就人员安排、培训要求、课程体系等内容进行重点讨论。

二是推动教育创新。发扬南开爱国主义传统，持续推动教育教学改革，整合学校各部门职能，全过程、全体系搭建学生招生入学、教育教学、社会实践、求职就业服务保障机制。例如，进一步鼓励并支持优秀学生来校学习；继续开展传统文化与思政国情教育；推动港澳台学生职业教育，涵养学生"爱中华、复兴中华"的信仰情怀；不断健全以课堂教学、网络学习、自主学习、社会实践、指导帮扶、文化引领为一体的学生培养管理体系。

三是深化交流合作。结合新时期教育开放交流的要求，以交流为要，丰富对港澳台交流合作模式，积极创新工作思路，探索开展疫情背景下多样化线上线下合作。突出项目品牌优势，结合疫情发展态势探索建立基于网络平台的线上交流项目，为师生开展交流合作提供线上依托与多样选择，逐步推动实现由规模驱动走向内涵发展，由内生形态走向双边共融。

四是线下多样部署。通过线上线下相结合的方式，积极拓宽国情教育培训实施路径，将线上理论学习与线下情感体验有机融合，开展多维度立体化培训。具体来说，在传授基本知识、理论知识和其他社会知识的基础上，培养学生发现问题、分析问题和解决问题的能力，提高综合素质。目前，学校线下开设了37门国情教育选修课程，所涉课程能够基本涵盖中华文化通识教育与新时代国家发展战略重点，初步建立了较为完备的校内国情教育培养体系。

五是丰富实践研学。结合港澳台青年培养工作要点，探索"云交流""云活动""云关爱"等多样学生文化交流活动，内容涉及国情校史、文化传承、生活指导、就业创业等。例如，2021年9月，举办"百年南开述芳华·两岸同心促发展"台湾师生迎中秋参观交流活动；2021 年 10 月，以"公能携行 梦圆南开"为主题召开学校首次港澳台新生见面会；2022 年 3 月，面向全校港澳台师生发出线上新年贺信；2022 年 4 月，依托学校历史学院与港澳台事务办公室，建立"南开大学港澳台学生中华传统文化研习基地"；等等。

六是探索整建制培养。为保证港澳台青年培养的全面性、连贯性、时效性，学校于 2022 年 4 月首次推出"星火赋能计划"。具体而言，该计划将课业辅导、文化传承、交流实践、就业创业相结合，致力于探索港澳台学生整建制培养新模式。目前，已举办各类交流活动近 20 次，其中还包括鎏金制作、景泰蓝制作等线上手工艺制作体验课程。可以说，该计划是学校探索港澳台学生培养的一次创新尝试，在增进学校港澳台学生文化认同与民族认同方面收效显著、反响较好，具有一定示范性与可推广性。例如，遴选学生骨干以周为单位开展整体性的高数朋辈辅导，同时"一对一"做好学生各类高数问题的答疑解惑；鼓励学生积极参加班委选举，同时将班级学生分组，以小组为单位每人一周轮值组长，充分调动学生参与班级事务管理的积极性。

四、深入思考

（一）如何开展最适宜港澳台师生的新时代爱国主义教育活动

新时代爱国主义教育活动具有多样性的特征，在开展的过程中，需广泛听取港澳台师生的意见和建议。以港澳台师生为重点，将爱国主义教育的形式与内容有机结合，充分收集师生基础资料，通过问卷等方式获取一手信息，从而制定适合的活动方案，进一步提升港澳台师生的活动体验。

（二）如何全面调动港澳台师生参与新时代爱国主义教育的积极性

在新时代爱国主义教育中，全面调动港澳台师生的积极性是工作的重点。在前期的基础上，增强与港澳台师生的交流，采用港澳台师生喜闻乐见的新方法、新路径和新模式，与社会热点、历史文化、节庆等主题充分结合，不断实现方式方法创新，更好地发挥新时代港澳台师生爱国主义教育的实际效果，获得良好的活动效益。

（三）如何将港澳台师生新时代爱国主义教育的成果推广延伸

目前，爱国主义教育工作已取得初期成果，将这一阶段的经验推广有助于促进工作的延续性，取得更优质的发展，获得更为有效的成果。目前，学校新时代爱国主义教育的成果，多次受到有关部门肯定，可为天津市其他高校和兄弟省市高校所借鉴，具体传播路径与推广方法有待进一步深入探索。

（四）如何开展港澳台师生新时代爱国主义教育专业干部队伍建设

为更好地开展港澳台师生新时代爱国主义教育，还应该进一步提升队伍的政治素养与管理服务水平，选优配强工作团队，打造一支信仰坚定、业务精良、敢担当、勇进取、乐奉献的港澳台学生培养工作队伍。

（史王鑫磊、郑栋，南开大学港澳台事务办公室）

后 记

为深入学习贯彻党的二十大精神，进一步弘扬南开光荣的爱国主义传统，在新时代牢记殷殷嘱托，谱写"爱国奋斗、公能日新"的新篇章。按照学校党委部署，南开大学党委宣传部组织编写了这本《百年芳华更日新——南开大学加强新时代爱国主义教育实践案例集》。

本书围绕新时代爱国主义教育面临的新形势新要求，深刻分析高校加强新时代爱国主义教育的新使命新任务，深度总结新时代爱国主义教育的新探索新路径，反映了南开大学各学院各单位和广大师生近年来贯彻落实《新时代爱国主义教育实施纲要》，传承弘扬南开优良传统，推动打造爱国本色彰显、时代底色厚重、南开特色鲜明的爱国主义教育品牌的创新探索和实践努力。

学校领导始终关心本书的编写并给予重要的指导。本书在编写出版过程中，还得到了南开大学新闻中心、南开大学出版社等单位的帮助和支持，在此一并表示衷心感谢。

由于编者水平有限，书中难免存在疏漏和不足，敬请广大读者批评指正。

编者

2022 年 12 月